공정하고 균등한 입시제도를 위하여

입시,
어떻게
바꿀 것인가?

공정하고 균등한 입시제도를 위하여

입시,
어떻게
바꿀 것인가?

초판 1쇄 인쇄 2018년 7월 7일
초판 1쇄 발행 2018년 7월 17일

지은이 노기원
펴낸이 김승희
펴낸곳 도서출판 살림터

기획 정광일
편집 조현주
북디자인 꼬리별

인쇄·제본 (주)현문
종이 월드페이퍼(주)

주소 서울시 양천구 목동동로 293, 22층 2215-1호
전화 02-3141-6553
팩스 02-3141-6555
출판등록 2008년 3월 18일 제313-1990-12호
이메일 gwang80@hanmail.net
블로그 http://blog.naver.com/dkffk1020

ISBN 979-11-5930-071-4 03370

이 도서의 국립중앙도서관 출판예정도서목록(CIP)은
서지정보유통지원시스템 홈페이지(http://seoji.nl.go.kr)와
국가자료공동목록시스템(http://www.nl.go.kr/kolisnet)에서 이용하실 수 있습니다.
(CIP제어번호: CIP2018021355)

공정하고 균등한 입시제도를 위하여

입시,
어떻게
바꿀 것인가?

노기원 지음

살림터

성열관_경희대학교 교육대학원장

　이 책은 교육에 대한 현직 교사의 치열한 고민의 산물이다. 무엇보다 일반인이 구체적으로 알기 힘든 교육 현실에 대한 생생한 실상이 담겨 있으며, 그것을 분석하고 이해하기 위한 독특한 방법론을 제시한다. 저자는 한국 교육의 현실을 분석하기 위해 '법의 정신'을 살펴보자고 한다.

　사회계약설에 의하면 사회를 구성하는 개인들은 계약을 통해 정치사회를 구성하는데, 법은 바로 정치사회를 구성하는 개인들의 계약서다. 따라서 교육법은 교육을 둘러싸고 사회 구성원들이 맺은 계약 내용을 보여주는 것이며, 이를 통해 교육에 대한 사회적 합의와 그 정신을 알 수 있다. 나아가 모든 법의 근본이 되는 헌법을 통해서도 교육에 대한 사회적 합의 정신을 알 수 있다. 저자에 따르면 헌법은 '교육의 기회균등'을 명시하고 있고, 교육법에 의하면 학교교육은 '민주시민을 양성하기 위한 전인교육'을 목적으로 한다.

　이 책에서 저자는 헌법과 교육법에 명시된 교육의 정신과 목적을 어떻게 실현할 수 있을지에 초점을 맞춘다. 민주시민교육을 단순한 구호로 받아들이는 것이 아니라 이를 학교현장에서 어떻게 실현할지 구체적인 방안을 제시한다. 그 방안으로 입시제도 개혁을 매개 고리로 삼는데, 이는 탁월한 현실 감각을 보여주는 예다. 입시제도는 대표적 사회계약이라 볼 수 있기 때문이다.

저자는 민주시민을 위한 전인교육과 교육의 기회균등을 실현하기 위해 "수능의 완전한 자격고사로의 전환, 교과내신만을 통한 대학 선발제도"를 주장한다. 과연 이런 제도의 도입이 저자가 기대하는 만큼 효과가 있을지는 논란의 여지가 있다. 그러나 저자는 이런 제도의 도입이 가져올 여러 가지 문제를 분석하고 대안을 제시한다. 왜 저자가 이런 주장을 하는지, 그리고 이 제도 도입이 과연 민주시민을 양성하는 과정에서 전인교육과 교육의 기회균등을 실현할 수 있는 방안일 수 있는지 궁금하다면 이 책을 꼭 읽어보기를 권한다. 공정하고 균등한 교육에 대한 꿈이 있는 독자라면 반드시 읽어보아야 할 책이다.

　　오늘날 한국의 학생들은 과연 행복할까? 이들은 오직 대학을 가기 위해 세계 어느 나라와 비교할 수 없을 정도의 학습을 감당하고 있다. 특히 고등학생들은 아침 일찍 학교에 가서 저녁 늦게까지 공부하고 집으로 들어온다. 이들이 대학 진학을 포기하지 않는 이상 하루 12시간 넘는 학습을 감당해야 하는 현실에서 쉽사리 벗어날 수 없다. 이들은 하루에 7시간 가까이 학교에서 정규 수업을 받은 후 보충수업과 자율학습을 하거나 학원에서 수업을 받는다. 이런 고된 생활을 매일 감내하면서 바라는 것은 오직 하나, 원하는 대학에 입학하는 것이다.

　　오늘 한국 교육의 문제점은 대학 입시에 집약되어 나타난다. 학생들의 살인적인 학습은 대학에 들어가기 위한 것이다. 학생들은 어릴 때부터 좋은(?) 대학에 들어가기 위한 경쟁에 익숙해져 있다. 치열한 입시경쟁 과정에서 신음하는 학생들 중에는 그 심적인 부담을 감당하지 못해 심지어 자살을 택하는 경우도 있다. 그런데 사회와 어른으로부터 강요된 압박을 견디지 못해 자살하는 학생들이 계속 나오지만 놀랍게도 이에 대한 사회적 성찰은 거의 없다고 해도 과언이 아니다. 이는 이상하리만치 불가항력적인 일로 받아들여지고 있다.

상위 서열의 대학에 들어가기 위해서 학부모와 학생들은 사교육에 엄청난 투자를 한다. 많은 가정들이 사교육비를 감당하느라 허리가 휘고 있음에도 이는 미래를 위한 투자로 어쩔 수 없이 감당해야만 하는 일로 치부되고 있다. 물론 사교육비 부담은 서민들의 몫이며 부유한 사람들에게는 그리 커다란 문제가 되지 않는다. 이런 교육의 불평등이 자연스러운 현실로 받아들여지고 있는 것이다.

학생들의 공부와 사교육에 대한 투자는 대학 입시제도로부터 직접적인 영향을 받는다. 입시제도에 발맞추어 시간과 돈을 투자하는 것이다. 노무현 정부 시절 절대평가제였던 내신제도를 9등급제의 상대평가로 바꾸고 내신의 비중을 강화하자, 서울의 소위 명문 대학들은 내신 평가를 믿을 수 없다는 명목으로 논술 평가를 도입하였다. 이에 즉각적으로 모든 고등학교에서 논술 강좌를 개설하여 학생들에게 논술 공부를 시켰고, 학원들도 이에 발맞추어 논술 강좌를 열었다. 심지어 이런 추세는 확대되어 유치원에서도 논술교육을 한다는 웃지 못할 풍경이 벌어졌었다.

당시 노무현 정부와 대립각을 세우던 보수적 신문들은 죽음의 트라이앵글, 즉 내신, 논술, 수능을 모두 공부해야 하는 학생들의 처지를 생각(?)하면서 내신 비중을 강화하는 제도의 도입에 적극 반대하였다. 그러나 이들은 겉으로의 비판과는 달리 발 빠르게 논술 시장에 뛰어들어 돈벌이에 나섰다.

입시제도의 위력은 이명박 정부 때의 입학사정관제도(현재의 학생부종합전형) 도입에서 더욱 잘 드러난다. 지금은 학생부종합전형이라는 이름으로 서울에 있는 중·상위권 대학들에서 그 비중이 점점 높아지고 있다. 이에 따라 고등학교에서는 학생들의 학교생활의 이력을 늘리기 위해 독서, 동아리활동, 봉사활동, 논문 쓰기 등 각종 비교과 활동 프로그램을 양산하고 있다. 학생들은 공부 이외에 각종 비교과와 관련된 학내 활동으로 정신이 없다. 학원들은 학생부종합전형을 위한 비교과 활동에 대해 학생들에게 컨설팅을 하는 촌극을 연출하고 있다. 제도 하나의 변경으로 이렇게 많은 사람들이 민감하게 움직이는 것은 대학 입시를 제외하면 거의 찾아보기 힘들 것이다.

우리나라 교육문제의 모순은 입시제도에 집약되어 있고, 교육개혁의 출발점은 입시제도에서 시작되어야 한다. 사실 교육제도, 특히 입시만큼 지속적으로 변해온 것은 없다. 정권이 바뀌면 제일 먼저 손보는 것이 입시제도였고, 정권이 무언가 가시적인 성과를 보여줄 필요가 있을 때도 가장 손쉽게 제시할 수 있는 것이 입시와 관련한 교육문제였다. 그만큼 입시제도는 전 국민적인 관심사이고, 제도의 변화를 피부로 느낄 수 있는 것임에 틀림없다. 입시제도는 모든 국민의 공통 관심사로 함께 토론을 할 수 있는 유일한 사안이라 해도 과언이 아니다. 거의 모든 국민이 준전문가에 가깝다고 자처하는 분야이기도 하다.

이제까지 입시제도의 개혁은 주로 과열된 입시경쟁을 완화하고 학생들을 입시 지옥에서 구하겠다는 명분으로 이루어졌다. 그리고 과도한 사교육비 지출로 인한 국민들의 고통을 완화하겠다는 그럴듯한 명분을 내걸었다. 그러나 이런 명분을 내걸었음에도 현재까지 이런 목표는 달성된 적이 한 번도 없다. 오히려 제도를 바꿀수록 학생과 학부모의 혼란만 가중되어 입시와 사교육비 부담만 더욱 늘어날 뿐이었다.

모두가 입시 전문가를 자처하는 나라에서 이렇게 많은 사람들이 제도 개혁에 관심이 많고, 수없이 개혁을 시도했음에도 문제가 점점 악화되는 이유는 무엇일까? 혹자는 입시제도를 어떻게 바꾸든 문제를 근본적으로 해결하지 못할 것이라고 단언하기도 한다. 한국 사회는 학력에 기초한 학벌사회이기 때문에 좋은 학벌을 갖기 위한 대학 입시경쟁은 치열할 수밖에 없다. 이에 학생들을 입시경쟁의 지옥에서 구출하고 사교육비를 경감하는 일은 학력에 기초한 학벌사회의 현실이 바뀌지 않는 한 사실상 불가능할지도 모른다. 사실 입시제도를 어떻게 개혁하든 바뀐 제도에 보다 잘 적응하여 입시경쟁에서 승리하려는 사람들의 욕망 구조가 사라지지 않는 한 이는 슬프지만 사실일 것이다.

그렇지만 학벌사회가 사라지지 않는 한 입시를 어떻게 바꾸든 아무런 소용이 없다는 체념 섞인 말은 아무것도 하지 않겠다는 이야기와 다름없다. 비록 학벌사회가 입시경쟁에 뛰어들도록 사람들에게 강하게 압력을 가한다고 할지라도 학생들의 학습 부담과 사교육비를 절감할 수 있는 최선의 입시 방책, 아니 차선책이라도 내와야 한다. 그만큼 현재의 입시 현실은 많은 학생들과 학부모들에게 고통을 주는 것은 물론 그 한계에 이르렀다고 할 수 있기 때문이다. 이제 입시를 교육의 목적에 조금이라도 더 가깝게 바꾸어야 한다. 초·중등교육을 정상화할 수 있고, 학생과 학부모의 고통을 조금이라도 덜어줄 수 있는 입시제도 개혁 방안이 매우 절실하다. 과연 이런 방안은 존재할까?

이 책은 필자가 20년 가까이 고교 교사로 재직한 경험을 바탕으로 쓴 것이다. 그동안 입시를 비롯한 교육제도의 문제점을 피부로 느꼈고, 이에 대해 오랜 고민을 해왔다. 고통받는 학생들을 보면서 입시제도의 개혁을 통해 교육을 정상화하고 학생들의 고통을 조금이라도 덜어주었으면 하는 마음을 갖게 되었다.

이 책은 필자의 경험 속에서 오랫동안 교육의 문제를 성찰한 결과물이다. 교육제도, 특히 입시제도에 대한 고민과 성찰을 더 많은 사람들과 나누고 싶다는 욕구를 강하게 느꼈다. 물론 이런 생각의 나눔은 현실의 제도를 조금이라도 교육적 방향으로 개혁하기 위한 것이다. 이 글을 읽고 함께 고민을 나누고 토론함으로써 한국 교육의 현실을 조금이라도 바꿀 수 있으면 기쁠 것이다.

덧붙이자면, 이 책은 교육과 입시제도를 연구하는 논문 형식을 띠지 않을 것이다. 입시제도의 현실을 연구하기 위해 각종 자료를 활용하여 연구 논문을 쓰고 개선 방향을 제시하는 것은 굉장히 중요한 작업이다. 하지만 솔직히 필자에게는 이런 능력이 없다. 그리고 논문 형식의 글쓰기는 독자들과 공감하고 함께 대화를 나누는 데에는 적절한 수단이 아니라고 판단하였다. 오히려 입시제도와 같이 거의 모든 국민들이 준전문가로 자처하는 문제에 대해서는 여러 사람들과 함께 공감할 수 있는 평이한 글쓰기가 더욱 중요하다고 생각하였다. 따라서 이 글은 각종 자료를 거의 활용하지 않을 것이다. 오히려 사람들이 느끼는 현실을 일상적인 언어에 가까운 방식으로 써나갈 것이다. 그래서 좀 더 많은 사람들이 쉽게 공감할 수 있고, 함께 소통할 수 있는 길을 모색할 것이다.

필자는 이 책의 제목처럼 입시제도의 개혁 방안을 제시할 것이다. 그러기 위해서는 먼저 교육을 바라보는 공통된 시각의 정립이 필요하다. 교육을 이해하고 바라보는 방식이 다르다면, 교육의 현실을 진단하는 데 차이가 나고 이에 따라 그 처방도 달라질 것이다.

여러 계층의 생각이 다른 사람들이 함께 모여 살아가고 있는 사회에서 공통된 시각을 이끌어내는 것은 쉽지 않다. 서로의 입장과 처지에 따라 교육을 바라보는 시각과 문제를 해결하는 방식에서도 커다란 차이가 발생할 가능성이 매우 높다. 이를 극복하기 위해서는 대부분의 사람들이 합의할 수 있는 공통의 시각을 정립해야만 한다.

근대사회와 국가는 시민들 간의 사회계약을 통해서 성립된다고 가정된다. 이때 사회와 국가의 구성은 법에 토대를 두고 있다. 이를 일반적으로 '법치주의'라 한다. '헌법'은 시민사회와 국가를 구성하는 가장 근본이 되는 법이다. 즉, 사회와 국가는 헌법 정신과 그 법조문에 기초해서 구성되는 것이다. 그리고 사회 각 분야와 관계하는 법들은 헌법의 하위 법으로 헌법 정신을 구현하기 위해 존재하는 것이라 할 수 있다. 한마디로 시민들 간의 사회계약을 맺기 위한 "계약서"가 바로 법인 것이다. 계약서의 작성은 계약을 하는 당사자 간의 합의에 기초한다. 따라서 법의 정신과 법조문은 최소한 사회적으로 합의될 수 있는 근본적인 사회적 시각을 제공할 수 있다.

'교육법'은 교육을 둘러싼 시민들 간에 합의된 계약서이다. 교육법은 교육문제에서 최소한 사회적으로 합의될 수 있는 관점을 제공한다. 교육법에 나타난 교육의 정신과 목적은 교육문제를 진단할 때 가장 중요한 참조 근거가 될 것이다. 이 글은 헌법과 교육법에 나온 교육의 정신과 목적에 입각하여 교육의 현실을 분석하고 진단할 것이다. 그리고 이에 입각하여 입시제도를 비롯한 교육에 대한 전반적인 개혁 방안을 제시할 것이다. 이는 사회의 대다수 구성원이 최소한 합의할 수 있는 교육개혁 방안이 되리라 믿어 의심치 않는다.

이 책은 세 명자의 화자가 등장하여 토론하는 형식을 취하고 있다. 이는 교육 현실에 대해서 보다 쉽게 공감할 수 있게 하기 위함이다. 세 명의 화자 중 한 명은 사회자로서 토론을 이끌어나가는데, 그는 중학생과 고등학생을 둔 평범한 직장인 부모로 설정하였다. 나머지 두 명은 교육과 관련된 주제들에 대해서 토론을 벌이는 사람으로 등장한다. 한 사람은 오래된 교직의 경험을 통해서 교육문제를 깊이 있게 통찰하고, 교육의 문제를 합리적으로 해결할 수 있는 방안을 내오는 현직 교사이다. 또 다른 한 명은 교육부를 중심으로 진행되던 교육개혁

이념인 수요자 중심 교육(일명 신자유주의 교육)을 교조적으로 따르는 인물이다. 이들 간의 토론은 현실에 실제로 존재하는 교육에 대한 시각의 차이를 반영한 것이다. 물론 이들 간의 대화에서 중심인물은 학교현장에서 오랫동안 교육 경험을 가지고 구체적으로 교육문제를 고민한 현직 교사가 될 것이다. 그는 입시제도의 개혁 방안을 통해 한국 교육의 현실을 바꾸려는 꿈을 간직한 인물이다.

차례

서일학

사회자. 47세의 평범한 직장인으로, 일반고 3학년과 자율형사립고 1학년에 재학 중인 자녀가 있다. 대한민국의 절대다수를 차지하는 서민을 대변하며, 한국에서 자녀 교육이 왜 이리 힘든지 몸으로 체험하고 있다. 그래서 누구보다 교육개혁을 간절히 바란다. 자녀들의 사교육비와 입시 부담을 조금이라도 덜 수 있는 방안을 진정으로, 간절히 염원한다.

신보관

보수적인 57세의 교육부 관료. 김영삼 정부가 '1995년 5·31 교육정책'에서 표방한 '수요자 중심 교육' 정책을 오랫동안 추진해왔다. 주된 업무는 중등교육과 관련된 정책을 입안하고 실행하는 것이다. 교육을 시장주의적 관점으로 바라보는 수요자 중심 교육에 대한 절대적인 믿음이 있다. 그의 과제는 시장에 참여하는 교육 주체 간 경쟁 시스템을 강화하는 것이다. 그에게 무엇보다 중요한 것은 학생들의 학력 신장인데, 이를 위해 경쟁 시스템 도입만이 살 길이라 굳게 믿고 있다.

현진교

51세의 현직 교사. 인문계 고등학교에서 오랫동안 교직 생활을 하면서 학교현장에서 느낀 문제점에 대해 고민 해왔다. 특정 이념을 교조주의적으로 따르지 않고, 한 국 교육의 여러 문제에 대한 합리적인 해결책을 모색하 고 있다. 교육현장 체험을 토대로 교육개혁을 위한 구체 적이고 실질적인 방안을 제시하는 그는 이번 토론을 이 끌어가는 중심적인 인물이기도 하다. 이 토론을 통해 교육에 대한 깊이 있는 사회적 성찰과 토론이 이어지길 바란다. 학생들이 입시에 매몰되지 않고 민주시민으로 서 잘 성장할 수 있는 참교육에 대한 한결같은 소망을 간직하고 있다.

첫째 날

한국 교육의 문제를
진단하다

두 분 반갑습니다. 우리가 이렇게 모인 것은 한국 교육의 문제를 진단하고 이에 대한 해결책을 모색하기 위해서입니다. 사회자인 저는 교육개혁을 간절히 바라는 마음을 가진 평범한 학부모의 입장으로 이 자리에 있습니다. 신보관 님은 오랫동안 교육부 관료로서 교육개혁을 주도해오셨지요. 현진교 님은 인문계 고등학교에서 약 20년 동안 학생들을 가르치고 있는 현직 교사이십니다.

제가 알기로 교육부는 1995년 이래로 꾸준히 "수요자 중심 교육"을 표방하고 이에 입각하여 교육개혁을 꾸준히 추진해왔습니다. 거기에 신보관 님도 주역으로 참여하셨으므로 한국 교육의 현실에 대해 매우 잘 알고 계시리라 생각합니다. 이에 비해 현진교 님은 학교현장에서 교육부의 교육개혁 정책을 몸소 체험하셨지요. 두 분의 오랜 고민을 통해 얻어진 혜안이 토론 과정에서 잘 드러났으면 합니다.

오늘은 첫째 날로 한국 교육의 문제를 진단해보겠습니다. 문제를 제대로 진단해야 올바른 해결책이 나올 수 있을 테니까요. 어느 분께서 먼저 말씀해주시겠습니까?

제가 먼저 이야기해보겠습니다. 한국 교육은 매우 많은 문제를 안고 있습니다. 여기에서는 문제점을 모두 나열하기보다 가장 핵심적인 문제가 무엇인지 이야기하는 것이 좋겠습니다. 저는 한국 교육의 핵심적인 문제로 여전히 많은 사람들이 평등주의적인 사고에 경도되어 교육 수요자의 다양한 교육적 욕구를 충분히 충족시키지 못하고 있다는 사실을 지적하고 싶습니다.

좀 더 자세한 설명을 부탁드립니다.

교육 분야에서도 교육을 제공받는 주체와 교육을 제공하는 주체가 있을 것 아닙니까? 흔히 교육을 제공받는 주체를 '교육 수요자'라 하고 교육을 제공하는 주체를 '교육 공급자'라 합니다. 교육 수요자는 당연히 학생과 학부모를 말하며 교육 공급자는 학교와 교사일 것입니다.

그런데 교육 수요자인 학생과 학부모는 모두 동일한 욕구를 지닌 존재가 아니라 다양한 교육적 욕구를 지니고 있습니다. 이에 교육 공급자는 교육 수요자들의 다양한 욕구를 충족시킬 수 있어야 합니다. 교육 수요자의 다양한 교육적 욕구를 충족시킬 때에만 교육을 받는 사람들이 올바로 성장할 수 있을 거라고 믿습니다. 특히 창의적인 인재는 자신의 욕구에 맞는 교육을 받을 때에만 제대로 길러질 수 있습니다. 이런 관점에서 보았을 때, 우리의 평준화된 교육 시스템은 교육 수요자들의 다양한 욕구를 충족하지 못하는 획일주의적인 교육의 근본 원인이라 생각합니다. 흔히 한국 교육의 문제를 '하향 평준화'에 있다고 지적하는 것은 바로 이를 말하는 것입니다.

 잘 알겠습니다. 이에 대해 현진교 님은 어떻게 생각하시나요?

 그러한 말씀은 이미 이십 년이 넘게 줄기차게 들어온 주장입니다. 즉, 1995년 김영삼 정부의 "5·31 교육과정"에서 표방한 "수요자 중심 교육" 이래로 꾸준히 제기된 주장입니다. 수요자 중심 교육은 이후 더욱 자세히 다루어야 할 사안입니다. 다만 말씀드리고 싶은 것은 수요자 중심 교육이 표방된 이래로 교육 수요자들의 다양한 욕구를 충족시키기 위해서 하향(?) 평준화된 교육제도가 이미 많이 해체되었다는 사실입니다.

알다시피 고등학교의 경우 이미 과학고등학교(이하 과고), 외국어고(이하 외고) 등 특수목적고(이하 특목고)와 자율형사립고(이하 자사고) 그리고 일반계 고등학교로 나뉘어서 평준화 제도는 형식적 틀만 유지될 뿐 실제로는 거의 해체되었다고 해도 과언이 아닙니다. 여기에 기존의 특성화고와 더불어 예술고등학교, 조리고등학교 등 새로운 특성화고 등도 많이 생겨났습니다. 이미 학교는 교육 수요자의 다양한 욕구를 충족시킬 수 있을 정도로 충분하다고 생각합니다. 현재의 학교는 단순히 하향 평준화되어 있지 않다는 점만을 말씀드리고 싶습니다.

 현진교 님은 조금 다른 주장을 하시는군요? 이에 대해 어떻게 생각하십니까?

 물론 고등학교의 경우 현진교 님의 주장은 어느 정도 인정할 수 있지만, 중학교로 내려가면 평준화된 시스템에서 거의 벗어나지 못하고 있습니다. 그리고 저는 고등학교의 경우에도 교육 수요자의 욕구를 충분히 만족시킬 정도로 특목고와 자사고 등이 충분치 않으며, 여전히 큰 틀에서는 하향 평준화를 완전히 탈피했다고 보긴 어렵다고 생각합니다.

 두 분의 현실 인식이 매우 다르군요. 앞으로 치열한 토론이 예고되는 것 같습니다. 이번에는 우리 교육의 문제점에 대해서 현진교 님의 생각을 듣고 싶습니다.

1. 법의 정신과 교육

1) 법과 법의 정신

 한국 교육의 문제를 진단하기 전에 먼저 말씀드리고 싶은 것이 있습니다. 교육을 바라볼 때 관점이 다르다면 교육문제를 다르게 파악할 것입니다. 이에 교육문제를 진단하려면 최소한 사회적으로 합의할 수 있는 공통된 관점이 필요합니다. 그래야만 문제를 동일하게 바라볼 수 있고, 합의된 개혁안을 이끌어낼 수 있을 것입니다.

 현진교 님의 주장은 매우 공감이 갑니다. 신보관 님은 어떻게 생각하시나요?

 저도 기본적으로는 동의합니다. 관점이 일치되지 않으면 문제를 다르게 보고 따라서 합의된 해결책도 없겠지요. 그런데 사회에는 생각이 다른 사람들이 너무나 많은데 사회적으로 합의가 가능한 공통된 관점이 있을 수 있을까요? 저는 그런 공통된 관점을 이끌어내는 것은 쉽지 않다고 생각합니다.

맞습니다. 사회에는 다양한 생각을 가진 여러 계층들이 모여 살고 있습니다. 이에 사회적으로 합의할 수 있는 관점이 있다는 것에 회의적인 것은 어쩌면 당연한 생각일지 모르겠습니다.

그럼에도 저는 사회적으로 합의가 가능한 공통된 관점을 이끌어낼 수 있다고 확신합니다. 저는 이를 '법'에서 찾고 싶습니다. 법은 단순히 법조항으로만 이루어진 것이 아닙니다. 그 법조항을 구성하는 법의 정신(또는 이념)이 있습니다. 법의 정신은 최소한 사회적으로 합의를 이룰 수 있는 공통된 관점을 제공할 수 있다고 생각합니다.

 왜 그렇게 생각하시는지요?

 두 분 모두 "사회계약설"에 대해서 알고 계실 것입니다. 사회계약설은 근대사회와 국가의 근본적인 구성 원리를 보여줍니다. 이 학설은 "사회가 원자화된 개인으로 구성되어 있다"는 근본적인 가정에 기초합니다.

이 학설의 대표적인 인물인 홉스는 원자화된 개인을 이기적인 존재로 생각하여 사회를 만인과 만인의 투쟁이 일어나는 곳으로 보았습니다. 이에 사회 무질서와 혼란을 극복하고 사회질서를 유지하기 위해 시민들 간에 계약을 통해서 국가를 만든다고 주장하였습니다. 때문에 홉스는 당시의 절대왕정을 사회질서를 위한 필요악으로 긍정하였던 것입니다.

이에 비해 로크는 원자화된 개인을 자유와 평등의 자연권을 가진 존재로 보았고, 이에 시민들이 계약을 통해서 구성한 국가는 시민들의 자연권을 보호하고 확대해야 한다고 주장하였습니다. 민주주의의 기본 원리는 기본적으로 로크의 생각에 토대를 두고 있습니다. 즉 민주국가는 시민이 주권을 가지고 있으며 국가를 구성하는 주체로 봅니다. 이에 국가는 시민의 자연권인 자유와 평등 그리고 인권을 보장하고 확대하는 역할을 해야 한다고 믿고 있는 것입니다.

여기에서 시민들이 서로 계약을 통해 국가를 구성한다면, 이들 상호 간 체결된 계약서가 있어야 합니다. 그럼 시민들 상호 간 맺은 계약서는 무엇일까요? 그것은 바로 '법'입니다. 근대 국가가 '법치주의'를 표방하는 것은 "국가가 시민들 간의 계약에 의해 구성된다"는 믿음에 기초한 것입니다. 그렇다면 시민들 상호 간에 이루어지는 계약서인 법은 사회적 합의를 통해서 만들어진 것입니다. 합의 없이 계약서를 작성하는 일은 있을 수 없으니까요. 그리고 시민들 상호 간의 계약서인 법은 시간이 지나면서 늘 개정됩니다. 시간이 지남에 따라 시민들 간의 이해관계가 상충되어 갈등이 생기게 되면 이해관계를 재조정하여 새로운 합의서를 작성하는 것입니다. 이렇듯 시민들의 합의란 항상 잠재적인 것입니다. 그렇지만 현 시점에서 법과 법의 정신이 사회적 합의의 산물이라는 점은 부인할 수 없습니다.

이런 관점에서 볼 때 교육에 관한 사회적 합의는 교육법의 근저에 놓여 있는 정신을 살펴보면 될 것입니다. 물론 시민들 간의 사회적 계약을 위한 합의 정신의 근간을 이루는 것은 헌법이겠지요. 교육법도 헌법 정신에 기초하여 만들어진 것입니다. 당연히 헌법에도 교육에 관한 시민들 간의 근본적인 합의 정신이 내재되어 있습니다. 따라서 교육에 관한 사회적 합의 정신을 알기 위해선 헌법과 교육법을 살펴보아야 할 것입니다.

2) 헌법 정신과 교육

 어떤 말씀을 하시는지 잘 알겠습니다. 그럼 헌법과 교육법에 나온 교육의 기본 정신이 무엇인지 말씀해주시겠습니까?

● 교육의 기회균등 정신

 먼저 헌법에 나온 교육에 관한 조항을 살펴보겠습니다. 헌법 제31조 1항에는 "모든 국민은 능력에 따라 균등하게 교육을 받을 권리를 가진다"라고 규정하고 있습니다. 이것이 교육에 관한 가장 근본적인 정신입니다. 이 조항을 보면 교육을 근본적으로 "권리의 개념"으로 이해하고 있습니다. 즉, 교육 또한 인간이 마땅히 누려야 할 천부인권적인 권리입니다. 그런데 이런 인간의 권리는 "능력에 따라 균등하게 누려야 한다"는 것입니다. 이 문구야말로 헌법에 나온 교육에 대한 가장 근본이 되는 정신일 것입니다.

주지하듯이 근대사회가 도래하면서 신분제가 폐지되고, 인간은 법 앞에 누구나 평등한 존재가 되었습니다. 신분제[1] 사회에서는 태어나면서 사회적 지위와 직업이 결정되었다면, 법 앞에 평등한 근대사회는 사회적 지위와 직업이 태어나면서 결정되지

---

1. 신분제를 이해할 수 있는 핵심 개념은 '혈통'과 '직업'이다. 혈통은 자식의 사회적 지위는 부모의 신분에 의해서 결정됨을 의미한다. 이에 양반의 자식은 양반이 되고 백정의 자식은 백정이 되는 것이다. 그런데 신분제를 이해하기 위해선 혈통의 개념만으로 부족하다. 신분은 직업, 즉 사회적으로 하는 일과 관련되어 있다. 양반은 글을 읽고 과거를 통해 관료로 진출하여 세상을 통치하는 일에 종사하는 존재이다. 이에 비해 백정은 사회적으로 가장 천한 일인 도살업에 종사하는 존재이다. 신분제가 폐지된 근대에 "직업에 귀천이 없다"는 말이 유행한 것은 신분제가 직업과 관련이 있음을 보여주는 것이다.

않습니다. 근대사회는 오직 개인의 노력과 능력에 의해서만 직업과 사회적 지위를 획득해야 한다고 믿습니다. 이런 생각은 헌법 정신에 반영되어 있습니다.

예컨대, 우리 헌법의 전문에 나온 "~정치·경제·사회·문화의 모든 영역에서 있어서 각인의 기회를 균등히 하고, 능력을 최고도로 발휘하게 하며~"라는 구절은 법 앞에 평등한 근대사회의 원리를 반영한 것입니다. 그리고 헌법 제11조 1항은 "모든 국민은 법 앞에 평등하다. 누구든지 성별·종교 또는 사회적 신분에 의하여 정치적·경제적·사회적·문화적 생활의 모든 영역에 있어서 차별을 받지 아니한다"라고 되어 있습니다.

교육은 개인이 능력과 실력을 갖추기 위해 반드시 필요한 가장 중요한 요소입니다. 일반적으로 교육을 계층 상승의 통로로 이해하는 것은 교육이 개인의 능력을 갖추는 데 가장 중요한 요소임을 전제로 하는 것입니다. 이에 헌법은 오직 개인의 노력과 실력에 의해서 사회적 지위가 결정되는 사회를 위해 "능력에 따라 균등하게 교육을 받을 권리"를 명시하고 있는 것입니다. 이때 능력은 개인의 공부 능력과 실력을 말하는 것으로 이해해야 합니다. 공부 능력을 제외하고 교육을 받는 데 그 어떠한 차별이 있어서는 안 될 것입니다. 이럴 때에만 근대사회의 가장 중요한 원리인 개인의 노력과 능력에 의해서 사회적 지위와 직업을 획득할 수 있는 기회를 균등하게 누리는 사회를 만들 수 있습니다. 따라서 국가는 각 개인에게 교육을 받을 권리를 균등하게 부여하여 계층 상승할 수 있는 기회를 공평하게 제공해야 하는 기본 책무를 지니는 것입니다. 이것이 헌법에 나타난 교육에 관한 근본정신이며, 이는 사회적으로 충분히 합의할 수 있는 공통된 관점이 될 것입니다.

 음! 현진교 님의 주장은 상식적인 주장이지만 다시 한 번 깊이 되새겨야 할 말씀입니다. 신보관 님은 어떻게 생각하시나요?

 저도 기본적으로는 동의합니다. 모든 국민들에게 교육의 기회를 균등하게 제공해야 하는 것은 너무나 당연하고도 중요한 말씀입니다. 저는 우리 사회만큼 교육의 기회를 균등하게 부여하는 사회가 없다고 생각합니다. 본인이 공부를 열심히 하고 실력만 있으면 전국의 어느 대학이라도 가서 공부할 수 있지 않습니까? "개천에서 용 난다"는 말이 괜히 생긴 게 아닐 것입니다.

3) 교육법에 나타난 교육의 정신과 목적

 헌법 정신에 대해선 두 분이 공통된 의견을 지니신 것으로 보입니다. 새삼 헌법은 사회를 구성해나가는 근본 원리라는 것을 느낍니다. 그럼 이번에는 교육법에 나온 교육의 기본 정신에 관한 이야기로 넘어가보겠습니다.

● 민주시민 양성을 위한 전인교육과 수학능력을 위한 학교교육

알겠습니다. 우선 정정해야 할 것이 있는데 흔히 '교육법'이라고 말하지만, 교육에 관한 법의 공식 명칭은 〈교육기본법〉입니다.

〈교육기본법〉 제2조는 "교육은 홍익인간弘益人間의 이념 아래 모든 국민으로 하여금 인격을 도야陶冶하고 자주적 생활능력과 민주시민으로서 필요한 자질을 갖추게 함으로써 인간다운 삶을 영위하게 하고 민주국가의 발전과 인류공영人類共榮의 이상을 실현하는 데에 이바지하게 함을 목적으로 한다"라고 명시하고 있습니다. 제3조는 "모든 국민은 평생에 걸쳐 학습하고, 능력과 적성에 따라 교육받을 권리를 가진다"는 내용입니다. 이 조항들은 교육의 정신과 목적에 관한 규정으로 이해할 수 있습니다.

〈교육기본법〉에는 또한 교육의 근본정신과 목적에 토대를 둔 학교교육에 관한 규정이 존재합니다. 〈교육기본법〉 제9조 1항은 "유아교육·초등교육·중등교육 및 고등교육을 하기 위하여 학교를 둔다"라고, 3항은 "학교교육은 학생의 창의력 계발 및 인성人性 함양을 포함한 전인적全人的 교육을 중시하여 이루어져야 한다"라고 되어 있습니다.

〈교육기본법〉의 각 조항들에 나온 교육의 정신과 목적은 명확합니다. 먼저 교육은 "국민들이 인격을 도야하고 자주적 생활능력을 갖추며 더욱 중요하게는 민주시민으로서 필요한 자질을 갖추기 위한 것"이어야 한다는 것입니다. 이런 교육 이념과 목적은 학교교육에서 실현되어야 하는데, 이를 위해 학교는

"전인적 교육"을 실시해야 한다는 것입니다. 한마디로 〈교육기본법〉에 나온 교육의 정신과 목적은 "생활능력을 갖춘 민주시민을 양성하기 위해 전인적 교육을 실시해야 하는 것"으로 요약할 수 있습니다. 이런 교육을 실시할 때에만 국민들이 인간다운 삶을 영위하고 민주국가와 인류공영에 기여할 수 있는 자질을 갖춘 사람이 될 수 있다는 것입니다.

〈교육기본법〉에서 또 하나 주목해야 할 점은 학교가 '공공성'을 가지고 있다는 점을 명확히 한 것입니다. 즉 〈교육기본법〉 제9조 2항에는 "학교는 공공성을 가지며, 학생의 교육 외에 학술 및 문화적 전통의 유지·발전과 주민의 평생교육을 위하여 노력하여야 한다"라고 명시되어 있습니다. 학교는 영리를 추구하거나 사적 이익을 위해 시장에서 경쟁하는 조직이 아니라 사회의 공적 이익을 위한 기관이라는 것입니다. 사실 이런 공공성을 제대로 갖출 때에만 학교는 민주시민으로서 필요한 자질을 기르는 역할을 제대로 할 수 있다고 생각합니다.

앞에서 〈교육기본법〉 제9조 1항 "유아교육에서부터 고등교육까지 담당할 학교를 둔다"라는 내용을 보셨지요. 이에 〈교육기본법〉에 더하여 〈초·중등교육법〉과 〈고등교육법〉을 두어서 초등학교에서 대학교까지 각 학교의 목적과 위상을 규정하고 있습니다.

먼저 〈초·중등교육법〉 제38조에는 "초등학교는 국민생활에 필요한 기초적인 초등교육을 하는 것을 목적으로 한다"라고 되어 있습니다. 이 법규 제41조는 "중학교는 초등학교에서 받은 교육의 기초 위에 중등교육을 하는 것을 목적으로 한다"라고 명시하고, 제43조에는 "초등학교를 졸업한 사람이거나 동등한 학력이 인정되는 시험에 합격한 사람" 등으로 중학교 입학 자격 규정을 두고 있습니다. 또한 이 법규 제45조는 "고등학교는 중학교에서 받은 교육의 기초 위에 중등교육 및 기초적인 전문교육을 하는 것을 목적으로 한다"라고 명시하고, 고등학교 입학 자격 규정은 초등학교에서 중학교로 진학할 때와 동일하게 규정해놓았습니다.

고등교육(대학교육)에 관한 것은 〈초·중등교육법〉과 분리하여 〈고등교육법〉을 따로 두어 규정하고 있습니다. 초·중등교육은 일반적으로 "보통교육"으로 이해합니다. 이는 시민으로서 기본적인 교양과 자질을 습득하는 교육을 말합니다. 이에 비해 대학은 고등교육 기관으로 심오한 학문을 하는 곳입니다. 즉, 〈고등교육법〉 제28조는 "대학은 인격을 도야陶冶하고, 국가와 인류사회의 발전에 필요한 심오한 학술이론과 그 응용방법을 가르치고 연구하며, 국가와 인류사회에 이바지함을 목적으로 한다"라고 규정하고 있습니다. 물론 전문적인 학문을 하는 대학의 입학자격은 고등학교를 졸업하였거나 그에 준하는 학력을 가진 사람입니다.

근대사회로 접어들면서 학교는 생물학적 발전 단계에 따라 조직되었습니다. 이는 생애주기와 연관되어 있습니다. 초등학교는 8세에서 13세의 소년기(아동기)에 해당하며 기초적인 초등교육을 실시합니다. 초등교육의 핵심은 기초적인 읽기와 셈하기 정도일 것입니다. 초등교육 다음으로 청소년기(14세에서 19세)에는 중등교육이 이루어집니다. 일반적으로 청소년기는 전기와 후기로 나뉘는데, 전기는 소년에 보다 가까운 단계로 중학교가 이에 해당합니다. 물론 중학교에는 초등학교를 졸업한 학생과 이에 준하는 학력을 가진 사람만이 입학할 수 있습니다. 중학교를 졸업하거나 이에 준하는 자격을 가진 사람들은 성인에 좀 더 가까운 고등학교에 들어가 공부합니다.

이렇듯 근대사회에서는 생물학적 나이의 단계에 맞게 교육의 수준과 단계를 정해놓았습니다. 이는 "생물학적 나이의 단계에 따라 인간의 신체적 정신적 능력이 발달한다는 사고에 기초하고 있는 것"입니다. 그런데 청소년기에 해당하는 중등교육 단계까지는 아직 심오한 학술이론을 가르치는 기관은 아닙니다. 청소년기는 독립적인 성인으로서 성장할 수 있도록 준비하는 단계입니다. 심오한 학술이론을 교육하는 고등교육은 부모로부터 독립한 성인(청년)이 되어야 가능하다고 보고 있는 것입니다. 이에 중등교육까지는 "교양을 갖춘 시민을 양성하는 보통교육을 실시하는 것"을 가장 중요한 목적으로 합니다.

〈교육기본법〉에 나오는 "자주적 생활능력과 민주시민으로서 필요한 자질을 갖추기 위한 전인적 교육"은 중등교육까지가 가장 중요한 시기입니다. 성인이 되어야 다닐 수 있는 대학은 심오한 학술이론을 가르치는 기관입니다. 성인이 된 다음에 자주적 생활능력과 민주시민의 자질을 갖춘다는 것은 이미 늦었다고 할 수 있습니다.[2]

여기에서 주목할 점은 학교가 생물학적 나이에 따라 단계가 나뉘어 있다는 점입니다. 초등학교를 졸업하거나 이에 준하는 학력 수준이 있는 학생만이 중학교에 입학할 수 있습니다. 이는 고등학교와 대학교도 마찬가지입니다. 대학에 입학하려면 고등학교를 졸업하거나 이에 준하는 학력을 갖추어야 합니다. 이는 아래 단계의 학교는 상급 단계의 학교로 진학할 때 상급 단계의 학교에서 공부할 수 있는 자격, 즉 "수학능력"을 갖출 수 있도록 해야 함을 의미합니다. 이에 학교교육의 또 다른 중요한 목적은 상급 학교에 진학하여 공부할 수 있는 수학능력을 갖추게 해주는 것입니다. 따라서 "초·중등교육의 목적은 학생들에게 민주시민으로서 기본 자질을 길러주는 전인교육을 실시하는 것과 동시에 수학능력을 갖추는 것"이라고 결론을 내릴 수 있습니다.

 설명 잘 들었습니다. 교육에 대해 명쾌하게 정리되는 느낌을 받았습니다. 이를 간단히 정리해보겠습니다. 우선 헌법에는 "(공부)능력 이외에는 어떠한 차별을 받지 않고 균등하게 교육을 받을 수 있는 권리"를 규정하고 있습니다. 이것은 근대사회로 접어들면서 태어나면서 사회적 신분(직업)이 결정되는 것이 아니라 개인의 노력과 실력에 의해서 사회적 지위와 직업을 획득해야 한다는 사회원리의 헌법적 표현으로 이해할 수 있습니다. 그렇다면 누구나 열심히 노력해서 사회적 지위 상승이 가

---

2. 모든 학생들이 대학에 들어가는 것은 아니다. 대학에 들어가지 않는 사람들도 민주시민으로서 기본 자질과 교양을 갖추어야 하는 것은 너무나도 당연하다. 따라서 민주시민으로서 기본 자질을 기르기 위한 가장 중요한 시기는 보통교육을 실시하는 고등학교까지라 할 수 있다.

능한 사회적인 여건을 만들어야 할 것입니다. 이를 위해 가장 필요한 것은 누구나 균등하게 교육을 받을 수 기회를 보장하는 사회입니다.[3]

한편 교육법을 통해서 보면 교육은 크게 보통교육(초·중등교육)과 고등교육(대학교육)으로 분류할 수 있습니다. 초·중등교육에서 가장 중요한 교육 목적은 민주시민의 자질을 기르기 위해 전인교육을 실시하고 상급 학교에 진학하여 공부할 수 있는 수학능력을 길러주는 것입니다. 고등교육인 대학 교육은 민주시민의 자질을 갖추고 수학능력이 있는 학생들을 받아들여서 심오한 학문을 하는 교육기관입니다. 이렇게 정리하면 되겠습니까?

 네, 매우 잘 정리하신 것 같습니다.

 저도 그렇게 생각합니다.

앞에서 정리한 내용을 통해 교육에 대해 사회적으로 합의할 수 있는 공통된 관점을 획득할 수 있을 것입니다. 앞으로 두 분의 의견 대립이 있더라도 이를 통해서 충분히 의견을 조율할

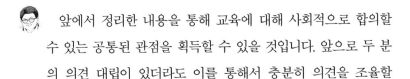

3. 모든 시민들이 균등하게 교육을 받을 권리를 위해서는 두 가지 조건이 필요하다. 우선 학비의 문제이다. 현재처럼 학비가 비싸면 가난한 사람들은 교육을 받을 균등한 권리를 누릴 수 없다. 두 번째는 학교에 입학할 자격의 문제이다. 학교에서 공부할 수 있는 능력을 갖추면 그 누구라도 학교에 입학하여 교육을 받을 수 있는 균등한 기회를 누려야 한다. 현재는 고등학교까지는 누구나 학교에 들어가서 공부할 수 있다. 문제는 대학 입학 자격이다. 물론 형식적으론 내신과 수능 성적이 좋으면 누구나 대학에 들어갈 수 있지만, 실제로는 내신과 수능 성적을 잘 받는 데 사회경제적 지위가 커다란 영향을 미치고 있다. 이는 대학 입학에서 기회균등의 원리가 제대로 작동되고 있지 않다는 것을 의미한다. 이 문제는 앞으로 입시제도와 관련하여 자세히 다룰 것이다.

수 있겠지요. 이에 대한 다른 의견이 있으신지요?

 헌법과 교육법에 나온 교육의 정신과 목적이 사회적으로 합의할 수 있는 공통적인 관점을 제공할 수 있으나 이를 통해 모든 교육문제를 평가할 수는 없을 것입니다. 왜냐하면 사회는 매우 복잡하기 때문에 헌법과 교육법에 나온 교육의 이념과 목적만으로 모든 교육 현상을 포괄할 수 없을 테니까요. 특히 각론에 들어가면 헌법과 교육법이 제공하는 관점만으로 합의할 수 없는 것들이 매우 많을 것입니다.

 신보관 님의 지적이 일리가 있군요. 어떻게 생각하시나요?

 사회가 복잡해질수록 교육적 현상도 매우 다양하고 복잡해질 것이라는 점은 충분히 예견해볼 수 있습니다. 그러나 지금까지 이야기한 것은 교육적 현상을 평가할 보편적인 관점에 관한 것입니다. 이는 헌법과 교육법에 나온 교육의 정신과 목적을 기반으로 할 수밖에 없습니다. 이 외에 다른 방식으로 합의를 이끌어낼 수 있는 길은 없을 것입니다. 사회의 다양한 계층이 각자의 이해관계에 따라 자기주장을 한다면, 사회적 합의를 이룰 방법은 없습니다. 우리가 이 자리에 모여서 함께 토론하는 가장 중요한 목적은 교육에 관해 최소한 사회적으로 합의를 이룰 수 있는 길을 모색하기 위해서입니다. 원론적으로 헌법과 교육법은 시민 간 계약의 산물이며, 따라서 이는 사회적 합의를 이끌어낼 수 있는 공통된 관점을 제공해줄 수 있는 유일한 것이라 생각합니다.

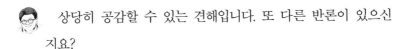 상당히 공감할 수 있는 견해입니다. 또 다른 반론이 있으신
지요?

음! 저 또한 기본적으로는 현진교 님의 생각에 동의합니다.
사회적으로 합의할 수 있는 근거를 헌법과 교육법에서 찾으신
것은 탁월한 발상입니다. 다만 헌법과 교육법에 나온 교육의
이념이 사회에서 발생하는 교육적 현상을 모두 포괄하지 못하
리라는 생각에는 변함이 없습니다. 이 점 또한 잊지 않았으면
합니다.

2. 교육의 정신과 목적에 비추어 본 한국 교육의 현주소

1) 입시경쟁교육의 현주소

 잘 알겠습니다. 일단은 헌법과 교육법에 나온 교육의 정신과 목적에 기본적으로 동의하는 것으로 이해하겠습니다. 그럼 지금부터 헌법과 교육법에 나온 교육의 정신과 목적에 입각해서 한국 교육의 문제점을 진단해보겠습니다. 아무래도 현진교 님이 먼저 이야기를 풀어나가야 할 것 같습니다만.

 네. 우리나라 교육에 매우 많은 문제점이 있다는 것은 모두 인정할 것입니다. 저는 고등학교에서 학생들을 가르치면서 교육의 문제점을 생생하게 체험하고 있습니다. 학생들은 아침 일찍 등교하여 약 7시간 동안 수업을 듣습니다. 학교 수업이 끝나면 학교에서 실시하는 '방과후수업(보충수업)'을 하거나 자율학습을 합니다. 이를 하지 않는 학생들은 학원에 가서 밤늦도록 공부합니다. 학생들의 기본 학습량은 하루 최소 12시간에서 많으면 16시간에 이르기도 합니다. 그야말로 살인적인 학습량입니다. 어쩌면 학생들은 사회적 학대를 받고 있는지도 모릅니다.

학생들은 공부 이외에 다른 것에 관심을 둘 여유가 없습니다. 일 년 내내 공부에 짓눌리며 살아가고 있습니다. 방학 때에도 학교에서 실시하는 보충수업과 자율학습을 하거나 학원에서 공부하면서 지내기 때문에 맘 놓고 쉬거나 놀 수 없습니다. 한마디로 현재 학생들은 공부하는 기계라 해도 과언이 아닙니다.

알다시피 매우 많은 아이들이 초등학교 이전부터 이미 사교육을 받습니다. 이는 초등학교를 거쳐 고등학교 때까지 지속됩니다. 중학교는 이미 1960년대 후반에 입시가 폐지되었고, 고등학교도 지역마다 차이가 있지만 1970년대에 접어들면서 입시가 폐지되기 시작했습니다. 그럼에도 초등학교와 중학교 학생들조차 학원을 전전하거나 과외를 받고 있습니다. 이는 학생들의 궁극적인 목표가 중학교와 고등학교에 입학하는 것이 아니기 때문입니다. 이들의 목표는 오직 명문 대학에 들어가는 것입니다. 이를 위해 많은 학생들이 학원과 과외 등 사교육에 상당히 의존하고 있습니다.

이렇듯 초등학교 이전부터 사교육에 의존하고, 살인적인 학습을 견디는 것은 오직 입시경쟁에서 승리하여 좋은(?) 대학에 들어가기 위함입니다. 학부모님들이 허리가 휘는데도 불구하고 자녀를 학원에 보내는 것은 결국 치열한 입시경쟁에서 승리하기 위해서입니다. 이에 저는 한국 교육의 문제를 한마디로 "입시경쟁교육"이라고 명명하고 싶습니다.

 흔히들 한국 교육을 입시경쟁교육이라 하는데, 저는 그것이 왜 큰 문제인지 잘 모르겠습니다. 좋은 대학에 들어가기 위한 치열한 경쟁으로 학생들은 열심히 공부하고 있고, 세계 어느 나라에도 뒤지지 않는 높은 학력 수준을 가지게 되었습니다. 치열한 입시경쟁 과정에서 학생들이 힘겨워하는 것은 사실이지만 이는 높은 성과를 위해 어쩔 수 없이 치르는 기회비용이 아닌가 생각합니다. 무엇이 그리 큰 문제인지 잘 모르겠습니다.

 저도 입시경쟁교육이 왜 그렇게 문제가 되는지 궁금합니다. 학생과 학부모들이 어느 정도 고통을 받고 있지만 경쟁 사회에서는 어쩔 수 없는 필요악이라는 생각이 들기도 합니다. 그것이 왜 그렇게 문제가 되는지요?

● 입시경쟁교육의 문제

 많은 사람들이 입시경쟁교육에 대한 문제의식을 가지면서도 그것이 교육적으로 왜 문제인지 깊이 생각해보지 않았을 것 같습니다. 물론 입시경쟁교육으로 많은 학생들과 학부모님들이 고통을 받고 있고 이를 개혁할 필요성에 대해선 어느 정도 사회적 공감대가 형성되어 있음은 누구도 부정하지 못할 것입니다.

앞에서 우리는 헌법과 교육법에 나온 교육의 정신과 목적을 살펴보았습니다. 이는 최소한 사회적으로 합의 가능한 교육에 대한 공통된 관점이 될 것이라는 점에 동의를 했습니다. 그렇다면 이런 관점에 입각하여 입시경쟁교육이 왜 그렇게 문제가 되는지 진단해야 할 것입니다.

앞에서 살펴보았듯이 초·중등교육의 목적은 "민주시민의 자

*입시경쟁교육으로 학생과 학부모들이 고통받고 있는 게 사실이지만
경쟁 사회에서는 어쩔 수 없는 필요악*

*입시경쟁교육은 주입식 교육, 일방통행적 교육,
지식 위주의 교육, 비교과 활동조차 입시에 종속,
이는 비민주적이고 인권에 반하는 교육의 일상화를 불러와*

질을 기르기 위한 전인교육과 상급 학교에서 공부할 수 있는 수학능력을 갖추기 위한 것"으로 간략히 정리했습니다. 입시경쟁교육은 오직 대학 입시경쟁에서 승리하기 위한 교육에 완전히 매몰되어 있는 것을 의미합니다. 한마디로 현재의 교육은 오직 입시경쟁에 초점을 맞춤으로써 초·중등교육의 목적인 "민주시민의 자질을 갖추기 위한 전인교육"을 제대로 하지 못하고 있다는 것입니다.

초등학교와 중학교는 대학 입시와는 상대적 거리가 있어서 입시경쟁교육에 완전히 매몰되어 있다고 할 수 없을지도 모릅니다. 그러나 고등학교에 들어오면 학교교육은 민주시민의 자질을 양성하는 전인교육과 거리가 매우 멀고 입시경쟁에서 승리하기 위한 "입시 위주의 교육"에 완전히 매몰되어 있습니다.

여기에서 입시경쟁교육이 구체적으로 어떻게 나타나는지 그 양상을 살펴볼 필요가 있습니다. 저는 현재 고등학교에서 근무하기 때문에 초등학교와 중학교에서 이루어지는 교육의 모습은 구체적으로 잘 알지 못합니다. 이에 고등학교에서 이루어지는 교육을 중심으로 이야기를 하겠습니다.

현재 고등학교에서 이루어지는 교육을 흔히 "주입식 교육"이라고 합니다. 주입식 교육은 주어진 문제에 대해 학생들이 주체가 되어서 창의적인 사고를 하거나 다양한 해결책을 모색하지

않고, 정해진 답을 아무런 문제의식 없이 수용하는 교육을 말합니다. 이는 입시경쟁에서 승리하려면 교사가 제시하는 것에 대해 고민을 하거나 의문을 갖지 않고, 주어진 정답을 빨리 찾고 습득하는 것이 가장 확실한 방법이기 때문에 나타나는 현상입니다.

이런 교육 형태는 민주시민을 길러내는 것과는 거리가 멀어도 정말로 너무 먼 것입니다. 민주시민은 정해진 길을 아무런 문제의식 없이 그냥 따라가는 존재가 아닙니다. "민주시민은 비판적 사고와 성찰을 할 줄 알며 서로 다양한 의견을 주고받는 존재"입니다. 이런 점에 비추어 보면 주입식 교육은 민주시민의 자질을 양성하는 것과는 완전히 상반됩니다.

2010년 서울에서 열린 G20 폐막 기자회견장에서 오바마 미 대통령이 주최국인 한국의 기자들에게 자유롭게 질문할 기회를 주었음에도 단 한 명의 기자도 질문을 하지 않아서 민망한 상황이 연출되었다는 보도를 기억하실 겁니다. 이는 한국 교육의 현주소를 가장 잘 보여주는 사례입니다. 수업 시간에 학생들은 질문 자체를 별로 좋아하지 않습니다. 대체로 교사들이 일방적인 강의를 하고 이를 듣고 피동적으로 수용하는 것을 편안하게 여기고 이에 상당히 길들여져 있습니다. 이런 주입식 교육에 오랫동안 길들여진 사람들이 다양한 문제에 대해 깊이 생각하고 자유롭게 질문하며 토론하는 능력을 기를 수 없는 것은 어쩌면 당연합니다. 민주시민의 가장 중요한 자질은 비판적 사고 능력을 바탕으로 서로 질문하고 토론하며 소통 능력을 갖추는 것입니다. 아마 이는 입시경쟁교육이 배태한 주입식 교육으로는 영원히 도달할 수 없는 꿈인지도 모릅니다.

입시경쟁교육으로 인한 주입식 교육의 양상은 단지 교실에서 이루어지는 교과 수업의 양상만을 뜻하는 게 아닙니다. 주입식 교육은 일방통행적이며 강제적인 성격을 띤 교육을 내포하고 있습니다. 이는 민주주의 이념에 위배되는 것으로 학생들의 민주시민으로서의 자질과 심성을 키우는 데 최대의 장애물입니다.

예컨대, 현재의 많은 고등학교는 오직 대학 입시라는 지상 최대의 목적을 위해 상당히 비교육적인 행태를 보여주고 있습니다. 강제적인 자습과 강제적인 보충수업(방과후수업)은 가장 대표적인 모습입니다.[4] 이는 고등학교 교육이 오직 대학 입시에 맞추어져 있기 때문에 일어나는 현상입니다. 치열한 입시경쟁이 학생들에게 공부만을 강요하는 문화를 만들었고, 이것은 일상적인 인권 침해로 이어집니다. 이러한 상황은 오랜 독재체제에 길들여진 심성과 맞닿아 있을 것입니다.

강제적인 야간자습과 보충수업을 하지 않는 학교에서도 입시 위주의 교육은 민주시민의 자질 육성과는 거리가 멉니다. 일단 학교에서는 입시에 도움이 되지 않는 프로그램은 축소하거나 등한시합니다. 이런 현실에서 가장 커다란 희생을 당하는 것은 공부를 못하거나 대학에 마음이 없는 학생들입니다. 이들

---

4. 정확한 통계 자료가 없어서 그 실태를 정확히 알 수는 없지만 현재에도 많은 학교에서 강제적 야간자습과 보충수업을 실시하고 있다. 이는 입시경쟁교육의 가장 적나라한 모습이라 할 것이다. 공부도 강제적으로 해야 하는 나라에서 어떻게 민주적인 심성과 자질이 길러질 수 있을까?
그런데 현재 재미있는 사실은 재수를 하는 학생들의 학원 생활이다. 학원들은 심지어 학교보다 더 재수생들을 엄격하게 통제하고 관리를 한다. 이것은 오직 대학 입시경쟁에서 승리하기 위한 것임은 두말할 나위가 없다. 학생들은 대학에만 들어갈 수 있다면 어떠한 부당한 대우와 통제도 기꺼이 받아들이고 있는 것이다. 이런 상황이야말로 특정 목적을 위해선 인권 침해도 받아들일 수 있는 사회적 환경과 문화를 만드는 것이고, 민주주의에 역행하는 사회적 관행을 만드는 것이다.

은 학교가 오직 입시를 위해 존재한다는 것을 몸으로 느끼고 있습니다. 당연히 주입식 교육으로 인해 수업에 별로 흥미가 없습니다. 이들의 관심은 졸업장뿐이며 고졸 자격증을 위해서 아무런 흥미도 없는 학교생활을 견디고 있습니다. 그래서 지각이나 결석이 잦고 학교에서 말썽을 부리거나 수업 시간에 떠들거나 자는 모습을 보입니다. 학교는 이런 학생들을 배려하기는커녕 학교의 입시 성과를 위해서 그들을 배제되어야 하는 존재로 여기는 경향이 강합니다. 여기에 무슨 인권과 민주적 학교문화가 있을 수 있겠습니까?

입시경쟁교육은 민주시민의 자질을 기를 수 없을 뿐만 아니라 지식 위주의 교육으로 인해 전인교육을 상당히 제약하고 있기도 합니다. 전인교육이 정확히 무엇을 말하는지는 논란이 있을 수 있지만, 인간이 단지 지적인 존재만은 아니라는 것은 확실합니다. 전인교육을 위해선 지적인 교육만이 아니라 정서 함양에 도움이 되는 교육을 균형 있게 실시해야 합니다. 그래서 음악, 미술, 체육 등과 같이 정신적·육체적 건강을 도모하고 정서를 함양할 수 있는 교과가 존재하는 것입니다.

전인교육은 단순히 음악, 미술, 체육 등과 같은 교과 수업만으로는 부족합니다. 이에 "비교과 활동은 전인교육"을 위해서 매우 중요합니다. 비교과 활동은 특별활동(동아리활동)과 자치활동, 진로활동, 봉사활동 등으로 구성되는데, 수학여행이나 체육대회, 수련활동 등도 여기에 속합니다. 이런 활동을 통해 학생들은 지적 공부에만 매몰되지 않고 전인적인 성장을 꾀할 수 있습니다.

하지만 지금 학교의 현실은 비교과 활동조차도 대학 입시에 종속되어 있습니다. 특히 이명박 정부의 입학사정관제(현재의 학생부종합전형) 도입으로 더욱 심화되었습니다. 학생부종합전형(입학사정관전형)은 교과 성적 이외에 비교과 활동도 평가의 중요한 요소로 보기 때문에 많은 학생들이 비교과 활동을 대학 입학과 연계시켜 활동하고 있습니다.

예컨대, 현재 학교에서 이루어지는 동아리활동을 보면 이런 현실은 분명하게 드러납니다. 일반적으로 동아리활동이란 학생들이 지적인 교과 공부 이외에 관심 분야의 동아리를 만들어서 자유롭게 활동하는 것을 말합니다. 대표적인 것으로 춤, 운동, 영화 감상, 문예활동, 과학활동 등 다양한 분야가 있습니다.

학생부종합전형이 도입된 이래 동아리활동은 대학에 들어가기 위한 활동으로 변질되었습니다. 이제 학생들은 자신의 관심 분야보다는 대학 입시에 도움이 되는 동아리를 만들어 활동하고 있습니다. 더욱 놀라운 것은 정규 교육과정으로 이루어지는 기존의 동아리활동에 더하여 '자율동아리'를 만들어서 정규 수업 시간 이외에 짬을 내서 활동을 한다는 것입니다. 이는 순전히 대학 입시를 위한 것입니다. 결국 현재의 동아리활동은 대학 입시를 위한 활동으로 전락해 학생들의 정서 발달을 오히려 저해하고 전인적 성장을 방해하고 있다고 해도 과언이 아닙니다.

이는 비단 동아리활동만의 문제가 아닙니다. 입학사정관제도가 도입된 이후로 기존에 없었던 소논문 쓰기, 독서 이력, 각종 경시대회 등 많은 비교과 활동 프로그램들이 양산되고 있습니다.[5] 이런 프로그램들이 학생부종합전형에 대비해 만들어진 것은 물론입니다. 대학 입시를 위해 어쩔 수 없이 이런 활동에 참여해야 하는 학생들의 부담은 상상을 초월합니다. 현재 학생들에게 전인적인 발달과 정서 함양을 위한 비교과 활동은 그야말로 사치스러운 이야기일 뿐입니다. 결국 입학사정관제 도입 이후 비교과 활동은 학생들의 전인적 성장이라는 그 존재 이유를 완전히 상실하게 되었습니다.

마지막으로 교육현장에서 나타나는 입시경쟁교육의 적나라한 실상을 말씀드리고 싶습니다. 고등학고 3학년(이하 고3) 교실만큼 입시 위주 교육이 극명하게 드러나는 공간은 없을 겁니다. 고3 교실에서는 대부분의 수업이 문제풀이 위주로 진행되고 있습니다. 당장 수학능력시험(이하 수능)에서 좋은 성적을 거두어야 하니까 이는 지극히 현실적인 문제입니다.

그런데 고3 교실이 단지 문제풀이 수업만으로 나타나는 것은 아닙니다. 고3 교실은 입시경쟁교육의 모순이 집약되어 나타나는 공간입니다.

현재 중학생들은 일반고에 진학할 때 자신들이 원하는 학교를 선택합니다. 이에 일반고는 학생들이 선호하는 학교와 선호하지 않는 학교로 나뉘는 경향이 있습니다. 비선호 학교는 대체로 공부를 못하는 학생들이 많이 모이는 곳인데, 당연히 이런 학교 학생들의 학력 수준은 낮습니다.

때문에 비선호 학교에 다니는 학생들은 전국의 모든 학생들

---

5. 원래 비교과 활동은 정규 수업 시간에 하는 활동이다. 그런데 입학사정관제 도입 이후 정규 수업 시간 이외에 활동하는 비교과 활동이 양산되었다. 이는 교육과정상에 있는 것이 아니라 학교에서 자체적으로 만든 비교과 활동이다. 물론 교육부는 학생부종합전형으로 인해 이런 비교과 활동을 인정하고 생활기록부에 이런 활동을 기록하도록 배려(?)하고 있다.

과 경쟁하는 수능 위주로 선발하는 정시보다는 대체로 내신 위주로 선발하는 수시모집에 주력합니다. 현재 수시모집은 9월 중순부터 원서를 접수하는데, 3학년 1학기까지의 내신 성적만 들어갑니다. 수시모집에서는 수능 최저학력기준[6]을 요구하는 대학도 있지만 그렇지 않은 대학들도 많습니다. 학력이 낮은 학생들은 수능 최저학력기준을 요구하지 않는 대학에 주로 들어갑니다.

이런 상황은 교실현장에서 어떤 모습으로 나타날까요? 수시에서 수능 최저학력기준이 없는 대학교에 지원하는 학생들에게는 3학년 1학기까지의 내신 성적만 필요하고 수능 성적은 필요치 않습니다. 이런 학생들은 대체로 정시모집에 응시할 생각을 하지 않으니까 수능 공부에는 거의 관심이 없습니다. 결국 이들은 3학년 2학기에는 수업을 할 이유가 없습니다. 그러니 수업을 아예 듣지 않거나 잠을 자곤 합니다. 수업이 제대로 이루어질 리 없습니다. 특목고나 자사고, 일반고 중에서 비교적 공부를 잘하는 학생들이 모이는 학교는 학생들이 정시도 생각하고, 수시에서도 수능 최저학력기준이 필요한 대학에 원서를 많이 내니까 3학년 2학기에도 수능을 대비한 수업은 어느 정도 이루어질 것입니다. 이는 결국 지금의 학교교육은 입시경쟁교육에 완전히 사로잡혀 있음을 의미합니다. 여기에서 민주시민을 양성하기 위한 전인교육이 이루어질 수 있을까요? 저는 결단코 없다고 생각합니다.

---

6. 수시모집에서 대학은 내신 성적을 통해서 학생의 학력을 변별하고 선발한다. 이에 비해 수능 점수는 최저학력기준으로만 활용한다. 가령, 최저학력기준을 언, 수, 외 등급 합 6 등급을 설정하면 수집모집에서 합격하더라도 수능에서 받은 언, 수, 외 등급을 합하여 6 등급 이내로 받아야 최종 합격이 인정되며 이를 넘어가면 최종 불합격 처리된다.

2) 입시경쟁교육과 수학능력

   헌법과 교육법에 나온 교육의 정신과 목적에 입각해서 한국 교육의 문제를 진단해주셨는데, 신보관 님은 이에 대해 어떻게 생각하시나요?

   우선 현진교 님의 진단은 극히 상식적인 것으로, 전문가의 진단과는 거리가 멀다고 할 수 있습니다. 상식적인 차원으로만 한국 교육의 문제를 보는 것은 한계가 있습니다.

저는 교육정책을 오랫동안 입안하고 실행한 사람으로서 그러한 생각의 근본적 한계를 지적해보겠습니다. 앞에서 우리는 교육법에 나온 교육의 목적으로 "하위 단계의 학교는 상급 학교로 학생들이 진학하여 공부할 수 있도록 수학능력을 길러주어야 한다"는 점을 확인했습니다. 현진교 님은 학교교육의 이런 측면을 무시하고 매우 추상적인 민주시민 육성과 전인교육에 대해서만 이야기를 한 것으로 보입니다.

사실 고등학교의 가장 중요한 역할이 무엇입니까? "민주시민의 자질을 키워주는 것"도 중요합니다. 그러나 그것은 교과 공부나 학교에서 다양한 활동을 하면서 부수적으로 길러지는 것이지, 의식적으로 이루어지는 것은 아닙니다. 고등학교 교육에서 더욱 중요한 것은 역시 "수학능력을 길러주는 것"입니다. 이런 점에서 우리 교육이 입주 위주인 것은 어느 정도 문제이긴 하지만, 본질적인 문제는 아닙니다. 오히려 입시가 중요해지면서 수학능력을 길러주는 목적에 충실하고, 이로부터 학생들의 학력 수준이 매우 향상되는 긍정적인 효과가 있다고 생각합니다.

우리나라 학생들의 학업성취도가 국제적으로 최상위권을 형성한다는 사실은 이제 상식입니다. 이는 입시를 중시하는 우리 교육의 성과입니다. 우리나라가 이만큼 경제적으로 성공한 것도 따지고 보면 자식들을 가르치려는 수많은 부모님들의 엄청난 교육열 때문인 것은 누구나 인정하는 사실입니다. 이런 열망으로 높은 성취를 이룬 것입니다. 입시경쟁교육은 오히려 수학능력을 기른다는 학교의 목적을 더욱 효과적으로 달성할 수 있게 하는 원동력이므로 그리 문제가 될 게 없습니다. 이 과정에서 학생들과 학부모님들이 좀 힘든 것은 사실이지만 모든 높은 성취에는 그만한 희생이 따르기 마련입니다. 이런 점에 비추어 볼 때 현진교 님의 주장은 큰 그림은 보지 못하고 작은 것만 보는 단시안적인 진단이라 생각합니다.

 충분히 일리 있는 주장인 것 같습니다. 이에 대한 반론이 있으신가요?

● 입시경쟁교육과 학업성취도 그리고 수학능력의 문제

 치열한 입시경쟁이 학생들의 학력 수준을 높이는 원동력이 된다는 측면에서 긍정적으로 보아야 한다고 주장하시는 것 같습니다. 그런데 과연 그럴까요?

경제협력개발기구OECD에서 실시하는 만 15세 이상 학생들을 대상으로 하는 '국제학업성취도평가PISA'에서 우리 학생들이 최상위권의 성적을 내고 있는 것은 알 만한 사람은 거의 다

알 것입니다. 약 57개국이 참가하여 3년마다 실시하는 평가에서 우리 학생들은 2~5위권 정도의 최상위권 성적을 거두고 있습니다. 2015년 평가에서 한국 학생들의 순위가 조금 하락한 것으로 나왔지만, 최소 8위권 안에 드는 최상위권 성적을 거둔 사실에는 변함이 없습니다.

여기에서 주목해야 할 지점은 '읽기', '수학', '과학' 등 학업성취도 시험 성적은 최상위권을 유지하지만, 학업 흥미도 조사에서는 학업성취도를 한참 따라가지 못한다는 것입니다. 이는 학생들이 재미없는 공부를 억지로, 놀랍게도 열심히 하고 있다는 사실을 의미합니다.

흥미도 없는 공부를 억지로 하는 것을 제대로 된 공부로 보기엔 뭔가 이상하다는 생각이 듭니다. 이때 제대로 된 공부는 단지 답만 아는 것이 아니라 그것이 왜 정답인지를 묻고 깊이 성찰하는 교육을 말합니다.

예컨대 우리는 '5+4=?'라고 질문을 한다면, '국제학업성취도평가'에서 우리와 같이 매번 최상위 성적을 거두는 핀란드는 '9=?'라고 질문을 던진다고 합니다. 우리는 문제에 대한 하나의 정답만을 알고 그 답만을 외우는 주입식 공부를 하고 있음에 비해, 핀란드는 문제의 원리를 통해서 다양한 해답을 찾는 교육을 실시하고 있음을 의미합니다. 깊이 있는 사고와 통찰을 통해 다양한 해답을 스스로 찾는 공부야말로 제대로 된 공부입니다. 핀란드 학생들이 학업성취도에서 높은 성적을 거두었을 뿐 아니라 학업 흥미도도 매우 높게 나온 것은 어쩌면 당연한 것입니다.

사실 민주사회는 하나의 주어진 정답이 아니라 다양한 해답을 찾을 수 있는 사람들을 길러내고 이를 수용하는 사회입니다. 이에 비해 독재국가는 하나의 정답을 요구하는 사회입니다. 급속한 산업화가 이루어지던 박정희 시대를 보면, 통치자가 신속히 정답을 내고 사람들은 이를 그냥 믿고 따르기만 하면 되었습니다. 이런 독재체제는 '효율성'이라는 이름으로 정당화되었습니다.

이제 시대가 바뀌었습니다. 1987년 6월 민주항쟁 이후 서서히 민주화의 길로 접어들었습니다. 하나의 정답을 믿고 따르는 시대는 역사의 뒤안길로 사라지게 되었고, 새로운 시대에 맞는 교육이 요청되고 있습니다. 새로운 시대에는 다양한 해답을 생각하고, 이에 대해 자유롭게 의견 교환을 할 수 있는 교육 시스템과 문화가 필요합니다.

여기에서 주목할 놀라운 사실은 우리나라 학생들의 학습 시간이 핀란드 학생에 비해 거의 2배에 이른다는 것입니다. 핀란드 학생들은 하루 6~8시간 공부하는데, 우리 학생들은 거의 12~16시간 동안 공부하고 있습니다. 공부의 절대량이 적음에도 불구하고, 학업성취도에서 결코 뒤지지 않는다는 사실은 정말 많은 생각을 하게 합니다.

이는 핀란드 교육의 강점에 대해서만 주목해야 한다는 것을 의미하지 않습니다.[7] 오히려 우리 교육에 대해 더욱 깊이 성찰

---

7. 한때 핀란드 교육에 대한 관심이 고조된 적이 있었다. 이에 핀란드의 교육 방식(교육 콘텐츠)을 우리 교육에 접목하려는 흐름이 생기기도 하였다. 그러나 핀란드 교육의 콘텐츠(소프트웨어)는 핀란드의 사회체제와 교육 환경(하드웨어)을 기반으로 하여 만들어진 것이다. 이에 핀란드에서 실시하는 교육 콘텐츠는 곧바로 우리나라에 적용될 수 없다. 핀란드의 교육 콘텐츠를 적용하려면 사회체제와 교육 환경을 바꾸는 것이 선행되어야 한다. 우리 교육에서 핀란드식 교육이 되지 않는 이유를 구체적으로 분석하고 이를 개선함과 동시에 우리 실정에 맞는 교육 콘텐츠(소프트웨어)를 개발하는 것이 올바른 개혁 방향일 것이다. 물론 이 과정에서 핀란드식 교육은 하나의 참조 사항이 될 것이다.

해보아야 합니다. 우리 학생들은 왜 그렇게 많은 시간을 들여서 공부를 하면서도 그 절반 정도의 시간만을 들이는 핀란드 학생들의 성적보다 뛰어나지 않을까요? 이는 입시경쟁교육에서 비롯되었다는 생각이 강하게 듭니다. 즉, 우리 학생들은 입시를 위해 흥미도 없는 공부에 힘겹게 매달리고 있는 것입니다. 이제 더 이상 이런 현실을 외면해서는 안 됩니다.

마지막으로 언급하고 싶은 것은 "우리 교육이 과연 수학능력을 제대로 길러주고 있느냐?"입니다. 결론적으로 말하면, 아이러니하게도 입시경쟁교육은 수학능력조차도 제대로 길러주지 못하고 있습니다.

수학능력은 무엇을 말할까요? 만약 대학에 진학할 학생이 있다면 그 학생은 대학에서 공부할 수 있는 능력과 자질을 갖추어야 합니다. 가령 이공계열에 진학하는 학생이 수학에 대한 기초적 소양이 없다면, 그 학생은 수학능력을 갖추지 못한 것으로 보아야 합니다.

현실의 입시경쟁교육은 놀랍게도 수학능력조차도 제대로 길러주지 못하고 있습니다. 이런 주장에 대해 납득이 되지 않는다고 생각하는 분들이 많을 것입니다. 입시경쟁교육으로 인해 그 어떤 나라 학생들보다 열심히 공부하고 있는데 수학능력조차 제대로 길러주지 못한다니요? 이를 도저히 받아들일 수 없을지도 모릅니다.

대학 입학을 위해 학생들은 수능시험을 봅니다. 수학능력시험은 말 그대로 대학에서 공부할 수 있는 능력이 있는지 없는지를 판별하는 시험입니다. 그러나 현실의 수능은 상대평가의 9등급제로 운영됨으로써 학생들의 수학능력이 아니라 '학력'을 판별하는 기능을 수행하고 있습니다. 이는 대학이 서열화되어 있는 현실을 반영하는 것입니다.

현재 수능시험은 5지 선다형의 객관식 시험인데, 한 번호만 찍어서 답안지에 표기를 해도 등급은 나옵니다. 심지어 한 번호만 찍어서 표기해도 운이 좋으면 100점 만점에 20점이 훨씬 더 나올 수도 있습니다.[8] 이 경우 최하위 9등급보다 더 높은 등급을 받을 가능성이 있습니다. 이는 단 한 문제도 자신의 능력으로 풀지 않고서도 최하위 등급보다 좋은 등급을 받을 수 있음을 의미합니다. 이에 수능과 수험생의 수학능력을 측정하는 것은 무관합니다. 수능은 그 용어와는 달리 수학능력이 아니라 수험생의 상대적 서열 정도를 측정하는 학력고사입니다.

현재의 입시제도 아래에서 중요한 것은 학생의 수학능력이 아니라 높은 등급을 받아서 명문 대학에 많이 입학시키는 것입니다. 따라서 수학능력이 떨어지는 학생들의 학업능력을 향상시켜 수학능력을 갖추게 하는 것에는 그리 관심이 없습니다.

학생들을 명문 대학에 많이 진학시키는 데 관심이 있기 때문에 학교의 교육활동은 오직 공부 잘하는 학생들에만 관심

---

8. 이는 현재 수능시험은 각 문항당 동일한 점수를 부여하는 것이 아니라 문항에 따라 점수를 달리하기 때문이다.

을 둡니다. 현재 이를 가장 잘 보여주는 것이 많은 학교에서
운영하고 있는 '심화반' 제도입니다. '심화반'은 상위권 학생들
로 구성된 일종의 '우등반'입니다. 방과후수업이나 자율학습,
학생부종합전형을 대비한 다양한 비교과 활동 프로그램 등
학교의 주요한 교육활동은 이들 학생들에 초점을 맞추고 있습
니다.

　물론 기초학력이 부족한 학생들을 위해 예산을 배정하고 방
과후수업 등을 통해 이들의 수학능력 향상을 위해 노력하고
있긴 합니다. 그러나 이런 수업은 대체로 형식적으로 진행되며,
무엇보다 학생들 스스로 열의가 없습니다. 이 학생들의 방과후
수업은 이미 열등반의 이미지를 가지고 있습니다. 또 이들은 대
체로 대학에 대한 꿈이 없거나, 대학 진학에 관심을 갖더라도
애초에 하위권 대학에 들어갈 수밖에 없기 때문에 열성적으로
공부할 필요를 느끼지 못합니다. 온 사회가 오직 상위권 대학
입시에 초점이 맞추어진 상황에서 이런 학생들이 공부에 의욕
을 가진다는 것은 애초에 가능하지 않은 일입니다. 상위권 대
학의 입학만을 중시하는 사회적 분위기가 바뀌지 않는 한, 그
리고 수능이 상대평가제로 남아 있는 한 수학능력이 떨어지는
학생들의 수학능력을 길러주는 교육활동은 애초에 관심의 대
상이 아닙니다. 이것이 우리 교육의 현주소입니다.

 　현진교 님의 의견은 충분히 이해하겠습니다. 이에 대한 반론
이 있으신지요?

 　우리 학생들이 대학 입시를 위해 흥미도 없는 공부를 열심

히 하는 모습을 보이는 면이 적지는 않습니다. 그러나 저는 이를 그리 심각한 문제로 보지 않습니다. 원래 공부는 그리 재미있는 것이 아닙니다. 재미없는 공부를 열심히 하게 만드는 시스템은 오히려 상당히 강점이 있다고 보아야 하지 않을까요?

물론 현진교 님이 지적하신 수학능력이 떨어지는 학생들에 대한 대책을 강구해야 할 필요성은 인정합니다. 현재 기초학습이 부진한 학생에 대한 예산을 배정하고 이들을 대상으로 방과후수업을 실시하는 등 나름 노력을 하고 있지만, 큰 성과가 없는 것이 사실입니다. 이 점은 면밀히 검토할 필요가 있습니다.

 신보관 님께서 현실 교육의 문제점에 공감해주시니 매우 기쁩니다. 그러나 기본적으로 입시경쟁교육을 강점으로 생각하시는 것은 유감입니다. 다시 한 번 헌법과 교육법에 나오는 교육의 정신과 목적에 입각하여 현실의 문제를 살펴보셨으면 합니다.

 예상대로 두 분의 의견은 상당히 차이가 있군요. 서로 다른 관점을 가진 분들의 토론에서는 어쩔 수 없는 것이겠죠. 헌법과 교육법에 나온 교육의 정신과 목적을 통해서 교육을 이해하려고 했지만, 이를 이해하는 방식에서 두 분의 시각 차이가 존재하는 것 같습니다. 이 자리에서 두 분이 끝장 토론을 했으면 좋겠지만, 그렇다고 해서 반드시 하나의 의견으로 통일되는 것은 아닐 테니 이 문제는 여기서 마무리하겠습니다. 지금까지 토론을 지켜본 독자들께서 현명하게 판단하시리라 생각합니다.

두 분은 어떻게 생각하시나요?

 저는 사회자의 의견에 기본적으로 동의합니다.

 저도 동의합니다.

3) 입시사회체제

 현진교 님은 헌법과 교육법에 나온 교육의 정신과 목적에 입각해 우리의 교육을 '입시경쟁교육'으로 정의하였습니다. 그런데 세상에 일어나는 모든 현상과 문제들은 그것이 나타나게 되는 근본적 원인이 있습니다. 이를 파악해야만 그 현상들을 제대로 이해할 수 있지요. 입시경쟁교육도 그 근본적인 원인이 있을 것입니다.

지금부터 입시경쟁교육의 근본적 원인에 대해서 이야기해보겠습니다. 이를 통해 교육 현실을 좀 더 깊이 있게 이해할 수 있었으면 좋겠습니다. 아무래도 입시경쟁교육의 문제점을 지적해주신 현진교 님께서 먼저 풀어나가는 게 좋겠군요.

● 학력에 기초한 학벌사회와 입시경쟁교육

 저는 '입시경쟁교육'의 근본적인 원인에 대해 꾸준히 고민해왔고 나름의 생각을 정리하였습니다. 이에 대해 간략히 말씀드리겠습니다.

교육은 사회의 다른 분야와 마찬가지로 홀로 동떨어져 존재하지 않습니다. 교육 또한 사회의 여러 분야로부터 영향을 주고받는 것입니다. 이런 측면에서 보았을 때 입시경쟁교육은 사회의 구조적 문제가 교육 분야에 반영되어 나타나는 사회적 현상입니다. 저는 이런 관점에 입각해서 입시경쟁교육의 근본적인 원인을 한마디로 "학력에 기초한 학벌사회"로 진단합니다.

　　익히 알다시피 우리 사회는 학력에 따른 임금 격차가 상당합니다. 이때 학력의 기준이 대학 졸업장이라는 것은 누구나 아실 것입니다. 그런데 학력에 따른 임금 격차가 단순히 대졸이면 임금을 더 많이 주는 것만을 의미하지는 않습니다. 더욱 중요한 것은 학력에 따라 직업의 종류가 달라지는 것입니다. 가령 대졸자들은 주로 화이트칼라라고 부르는 사무직에 취업합니다. 특히 고임금을 받는 대기업의 사무직은 대졸 이상이 대부분을 차지합니다. 예전에는 실업계인 상업고등학교 출신들이 은행과 같은 금융업에 많이 진출했지만, 지금은 이조차도 거의 대졸 사원으로 채워집니다. 고졸은 입사를 하더라도 직급이 낮고 승진에 불리한 구조입니다. 또 우리 사회에서 최고 수준의 소득을 자랑하는 변호사, 의사, 세무사, 변리사, 회계사 등의 전문직은 거의 대졸 출신들이 차지하고 있습니다. 고위직 공무원도 거의 대부분이 대졸 출신입니다.

　　고졸 이하의 사람들은 블루칼라라고 불리는 생산직이나 유통업체의 단순 서비스직, 또는 단순 노무직이나 일용직 등의 직종에서 주로 일합니다. 이런 직종은 육체적으로 힘들고 임금 수준도 낮습니다. 물론 블루칼라층 중에서 대기업의 생산직으로 일하는 노동자들은 비교적 임금 수준이 높습니다. 그런데 대기업 생산직 노동자의 임금은 세계 최장의 노동 시간으로 얻어지는 것입니다. 평일의 잔업이나 휴일의 특근으로 얻어지는 시간외 수당이나 특근 수당이 아니면 고임금은 꿈도 꿀 수 없습니다.

대기업 노동조합이 파업을 할 때면 언론들은 늘 이들의 고임금을 거론하는데, 이를 듣고 많은 사람들이 분노합니다. 그 밑바탕에는 학력에 따른 임금 차별을 내면화하고 있는 사람들의 무의식이 자리 잡고 있습니다. 즉, "대학도 나오지 않은 사람들이 그렇게 고임금을 받으면서도 파업을 하다니…"라고 생각하는 것입니다. 이미 사람들은 학력에 따른 차별을 스스로 내면화하고 있으며, 이런 무의식적 사고가 자식들을 교육시키는 밑바탕에 흐르는 정서인 것입니다.

앞에서 살펴본 것처럼, 우리 사회는 학력에 따라 직업 종류에 차이가 납니다. 대졸 이상이 고임금이나 고소득을 올리는 직종을 주로 차지하고 있습니다. 대졸 이하는 대체로 육체적으로 힘들고 임금이 적은 직종에 진출합니다. 이를 조금 학술적으로 표현하자면, 학력에 따른 노동시장의 분단 현상이라고 합니다. 대졸 이상과 고졸 이하가 진입하는 노동시장이 처음부터 단절되어 있는 것입니다. 따라서 많은 사람들이 자기 자식만은 좋은 직업과 직장을 가질 수 있도록 대학 교육에 열을 올리는 것입니다.

현재는 고등학교 졸업생 거의 전부를 수용할 수 있을 정도로 대학이 많이 있습니다. 마음만 먹으면 누구나 대학에 들어갈 수 있습니다. 따라서 입시경쟁이 치열할 이유가 없는데도 대학 입시경쟁은 매우 치열합니다. 왜 그럴까요? 그것은 대학이 서열화되어 있기 때문입니다. 현재 대학들은 소위 서울대와 연·고대 등 스카이라 불리는 대학에서부터 그 아래로 매우 뚜렷한 서열 구조를 이루고 있습니다.

대학의 서열 구조는 왜 생겼을까요? 이를 설명할 수 있는 것이 바로 '학벌사회'입니다. 우리 사회에서 고소득을 보장하는 직종에 진입하려면 대학 졸업장이 필요합니다. 그러나 대학 졸업장만으로는 고소득을 보장하는 직종으로의 진출이 자동으로 보장되지 않습니다. 이러한 직종으로 진출하려면 상위 서열의 대학에 들어가는 것이 훨씬 유리합니다. 서열이 낮은 대학에서 고소득을 보장하는 직종으로 진출하는 것은 구조적으로 매우 힘든 것이 현실입니다.

대기업의 사무직이나 금융계, 전문직이나 고위 공무원 등의 고소득을 보장하는 직종에는 소위 서열이 높은 상위권 대학 출신들이 많이 진출해 있습니다. 이들은 일종의 학벌집단을 이루고 있습니다. 이것은 무의식적으로 작동하는 사회적 네트워크입니다. 같은 대학 출신들끼리 서로 끌어주고 밀어주는 사회적 네트워크를 형성함으로써 사회적 자원(임금과 소득 그리고 사회적 특권)을 독점하려는 것입니다.

이러한 사회적 네트워크는 대학 졸업자들이 처음 사회에 진출할 때부터 작동합니다. 가령 회사에서 신입사원을 뽑을 때 같은 대학 출신을 뽑으려 하는 경향이 있습니다. 이미 서열이 높은 대학 출신들이 고소득을 보장하는 직종에 많이 진출해 있기 때문에 이들 대학 출신들이 입사에 훨씬 유리합니다. 사람들은 이를 매우 잘 알고 있기 때문에 기를 쓰고 상위권 대학에 들어가려는 것입니다.

대학 서열에 기초한 학벌사회는 단지 신입사원을 뽑을 때 자신의 후배를 뽑으려는 경향만을 의미하지 않습니다. 이미 대학이 서열화되어 있으므로 서열이 높은 대학에는 공부 잘하는 학생들이 모이며, 따라서 이들은 유능할 것이라는 사회적 선입견과 편견이 자연스레 생겨납니다. 이런 사회적 선입견으로 인해 서열이 높은 대학 출신을 선호하고 주로 이들을 선발하는 것입니다. 이것이 학벌사회가 작동하는 더욱 중요한 시스템입니다.

학벌사회의 모습은 사회에 진출한 이후 본격적으로 작동합니다. 사회생활을 하면서 사람들이 가장 관심을 갖는 것은 승진일 것입니다. 승진에서 서열이 높은 학교 출신들은 유리한 위치에 있습니다. 같은 학교 출신들이 서로 밀어주고 당겨주면서 학벌의 철옹성을 구축하는 과정은 승진을 통해 구조화됩니다.

그런데 과연 실제로 이런 학벌사회가 존재할까요? 사회적 특권을 가진 파워엘리트[9] 집단을 살펴보면 이를 확인할 수 있습

---

9. 미국의 사회학자 찰스 라이트 밀스(Charles Wright Mills)가 사용한 용어로 사회·조직의 중요한 지위를 차지하고 있으면서, 사회·조직의 각종 의사결정 및 집행을 담당하는 사람들을 이르는 말이다. 이 글에서는 밀스의 용어를 차용하여 사회적 특권층을 지칭하는 일반적인 의미로 사용한다.

니다. 파워엘리트 집단 하면 사람들은 보통 법관, 고위 공무원, 전문경영인 등을 떠올립니다. 이런 집단의 출신 대학을 살펴보면 학벌사회의 모습을 확연히 알 수 있습니다.

제가 살펴본 자료에 의하면, 2010년대 신규 법관 임용에서 서울대가 50%를 조금 넘게 차지하고, 고·연대를 합치면 거의 80%에 육박하는 것으로 나타났습니다. 2014년 3급 이상 고위 공무원의 경우 서울대 출신이 거의 30%이고, 연·고대를 합치면 50% 가까이를 차지했습니다. 2014년에 500대 기업 전문경영인의 출신 대학을 보면 서울대가 26% 정도, 연·고대와 합치면 거의 50%가 됩니다.[10] 이처럼 스카이라 불리는 최상위 대학 출신들이 파워엘리트 집단을 독식함으로써 학벌사회의 민낯을 보여주고 있습니다.

스카이라 불리는 대학 출신들이 파워엘리트 집단의 50% 이상을 차지하는 것을 단순히 이들의 실력과 능력만으로 설명할 수 있을까요? 물론 학벌사회로 인해 우수한 학생들이 스카이를 비롯한 상위 서열의 대학에 많이 들어가기 때문에 이들 대학 출신들이 실력과 능력이 뛰어날 가능성은 충분히 있습니다. 그러나 여기에는 분명히 자신들만의 특권의 철옹성을 구축하려는 학벌의 특권적 심성구조[11]가 무의식적으로 작동합니다. 실

---

10. 이 글에서 인용되는 자료들은 주로 '참교육연구소 입시연구팀' 지음, 《대한민국 입시혁명: 입시 체제의 개편과 한국 교육의 대전환》(살림터, 2016)에서 인용한 것을 참조하여 가공함. 이 책에 나온 통계에 따르면 서울대, 연·고대 출신이 파워엘리트의 50% 이상을 차지하고, 그 나머지는 주로 서울 소재의 중상위권 대학 출신들이 차지하고, 지방 대학 출신들은 미미한 것으로 나타나 있다.

11. 심성구조(망탈리테)는 프랑스에서 태동한 역사학 집단인 아날학파가 주로 사용하는 개념이다. 이 글에서는 아날학파의 심성구조를 차용하여 필자가 가공하여 사용한다. 인간의 심성은 단순히 인간의 의식과 생각만이 아니라 그 기저에 흐르는 정서와 감정을 포괄하는 것이라 할 수 있다. 그런데 사회에는 구조화된 집단적인 심성이 존재한다. 이 글에서는 구조화된 집단적인 심성을 표현할 때 '심성구조'라 명명한다.

력이 비슷한 경우 학벌사회로 인해 서열이 높은 대학 출신이 고위직에 도달할 가능성이 훨씬 높습니다. 무엇보다 학벌사회로 인해 공부를 잘하는 우수한 인재들이 서열이 높은 대학에 많이 모입니다. 이에 그 대학 출신들이 유능하고 실력이 뛰어나다는 사회적 선입견이 생겨나고, 학벌에 따른 승진의 차별을 매우 당연시하는 심성구조가 형성되는 것입니다.

이런 학벌사회의 현실을 매우 잘 알고 있기 때문에 사람들은 스카이를 비롯한 서울의 상위권 대학에 들어가려고 치열한 경쟁을 하는 것입니다. 또한 문이 좁은 최상위권 대학에 들어가지 못하더라도 최소한 서울 안에 있는 대학만이라도 들어가서 고소득을 보장하는 직업에 진입할 수 있는 조그마한 기회라도 얻으려고 하고 있습니다. 이렇게 우수한 학생들이 스카이를 비롯한 서울 소재 중·상위 서열의 대학교에 주로 들어감으로써 학벌사회가 더욱 공고화되는 순환구조가 만들어지는 것입니다.

저는 학교에서 이루어지는 입시 위주 교육과 더불어 치열한 입시경쟁 그리고 이를 불러온 학력에 기초한 학벌사회를 총체적으로 지칭하여 "입시사회체제"라 부르고자 합니다. 입시사회체제는 한국의 사회 시스템(입사와 승진에 작동하는 학벌구조)과 이를 반영한 사람들의 심성구조를 총체적으로 이해할 수 있는 개념입니다. 즉, 좋은 학벌을 통해 사회적 특권을 획득하려는 심성구조와 이를 실제적으로 뒷받침하는 사회 시스템을 포괄한 개념입니다.

입시사회체제에서 살아가는 청소년들은 치열한 입시경쟁으로 신음하고 있습니다. 현재 많은 아이들이 초등학교 입학하기 이전부터 학원을 전전하고 있습니다. 초등학교 고학년에 올라가면 학원에 의존하여 공부하는 비중이 높아지며, 중·고등학교에서는 수많은 학생들이 학교보다 학원에서 더 많은 공부를 하고 있는 실정입니다. 이제 입시경쟁은 상식적으로 용인할 수 있는 차원을 넘었습니다.

살인적인 입시경쟁 속에서 신음하는 학생들의 삶은 비참하기 그지없습니다. 실제로 경제협력개발기구OECD에서 조사한 청소년의 주관적 행복지수에서 우리나라는 2014년까지 6년 연속 꼴찌였습니다. 그런데 2014년 조사에서 물질적 행복지수는 3위를 기록했습니다. 이는 우리 청소년들이 물질적으로는 풍요하지만 스스로는 매우 불행하다고 생각하고 있음을 드러내는 것입니다.

2015년에 청소년인권행동 단체인 '아수나로'에서 실시한 "학교나 공부, 성적 등으로 괴롭다고 느끼거나 스트레스를 느낀 적이 있는지"에 대한 조사에서 일반고 학생의 47% 정도가 "자주 있다"고 답하였고, 38% 정도는 "가끔 있다"고 답하였으며, "전혀 없다"거나 "별로 없는" 경우는 15% 정도밖에 안 된다는 결과가 나왔습니다. 실제로 통계청의 2012년도 「사회조사」를 보면, 13세에서 19세까지의 청소년 중에서 자살 충동을 느낀 사람이 12% 정도였습니다. 자살 충동을 느끼는 이유로는 성적이나 진학 문제가 가정불화나 경제적 어려움, 외로움과 고독 등과 같은 문제보다 훨씬 높게 나왔습니다. 이는 입시사회체제가 얼마나 심각한지를 보여주는데, 우리가 이를 외면해서는 안 될 것입니다.

현진교 님은 현재 교육현장에서 벌어지고 있는 입시 위주 교육과 치열한 입시경쟁의 근본 원인을 '학력에 기초한 학벌사회'로 진단하였습니다. 그리고 그러한 학벌사회로 인해 벌어지는 입시 위주 교육과 치열한 입시경쟁을 총체적으로 지칭하여 '입시사회체제'라 개념화하였습니다. 이에 대해 신보관 님은 어떻게 생각하시나요?

'학력에 기초한 학벌사회'라는 진단은 어느 정도 타당성이 있는 주장입니다. 하지만 저는 그것이 그리 큰 문제라고 생각하지 않습니다.

사실 학력의 차이는 어느 정도 인정해야 하지 않을까요? 청소년기에 공부하지 않고 놀기만 한 사람과 열심히 공부해서 좋은 대학에 들어간 사람의 대우가 같다는 것은 말이 되지 않습니다. 학력에 따른 직업과 임금의 차이는 개인의 노력에 대한 적정한 보상입니다. 이런 보상의 차이가 있기 때문에 학생들은 열심히 공부하는 것입니다. 만약에 보상의 차이가 없다면 누가 열심히 공부하겠습니까? 경쟁이야말로 사회 발전의 원동력입니다. 학력에 따른 대우를 달리하여 사회적 경쟁을 유도하는 것은 사회 발전을 위한 필요적 요소입니다.

학벌의 문제도 그렇습니다. 사실 열심히 노력하고 공부한 사람들이 상위권 대학에 몰려 있고, 이들이 서열이 낮은 대학 출신들보다 능력이 뛰어난 것은 인정하기 싫을 수는 있겠지만 부정할 수 없는 사실입니다. 고위 공직자나 전문경영인에 스카이 출신들이 많이 집중되어 있는 것은 이들의 능력이 뛰어나서이지, 이를 학벌사회 탓으로 돌리는 것은 일종의 사회적 자격지

심이 아닌가 생각됩니다. 억울하다면 열심히 공부해서 상위권 대학에 들어가면 될 것입니다. 열심히 노력하지 않는 사람이 노력을 통해 얻은 과실을 누리는 것에 대해 문제를 삼는 것은 사촌이 땅을 사면 배가 아픈 심보와 비슷합니다. 학벌사회가 어느 정도 문제가 있다 할지라도, 이 또한 학생들이 열심히 공부해서 좋은 대학에 들어가도록 유인하는 긍정적인 측면이 있다는 점을 알아주었으면 합니다.

이 문제에 대해서도 두 분의 견해가 극명하게 갈리는군요. 신보관 님의 견해는 사회 일각에서 꾸준히 이야기되고 있는 내용입니다. 이에 대한 반론이 있으신지요?

저는 학력에 기초한 학벌사회를 심각한 사회적 문제로 보는데, 신보관 님께서는 오히려 긍정적으로 보고 있습니다. 서로의 생각이 근본적으로 다르기 때문에 이런 극단적인 견해 차이가 드러나는 것 같군요.

아마도 신보관 님은 사회를 약육강식의 정글로 여기며, 승자가 되기 위한 경쟁을 사회 발전의 원동력으로 보는 것 같습니다. 저는 사회를 약육강식의 정글로 보지 않습니다. 비록 현재 한국 사회에 그와 같은 모습이 있다고 할지라도, 이는 바꾸어야 할 현실일 뿐 이를 그대로 받아들여선 안 된다고 생각합니다.

제가 진단하는 입시사회체제는 치열한 입시경쟁을 통해서 승리한 사람들이 사회적 특권을 독점하는 정글 사회를 의미합니다. 전 세계적으로 살펴보면, 우리만큼 입시경쟁이 치열한 사회는 극히 드뭅니다. 특히 보편복지가 발달한 유럽에서는 우리와 같은 입시경쟁은 상상할 수조차 없습니다. 유럽의 보편복지 시스템은 사회적 협력과 연대의 원리를 기반으로 승자가 이익을 독점하는 정글 사회의 모습과는 거리 멉니다. "사회가 정글 사회가 되느냐, 아니면 사회적 협력과 연대에 기초한 평등한 사회가 되느냐"는 그 사회 구성원들의 선택에 좌우됩니다.

여기에서 분명히 짚고 넘어가야 할 것이 있습니다. 학력에 따른 임금과 소득 격차가 과연 사회적으로 용인할 수 있는 수준인지를 묻고 싶습니다. 직업에 따른 임금 격차는 전 세계 어느 나라에도 존재합니다. 특히 전문직의 경우 일반적으로 임금과 소득이 높습니다. 대체로 대학 학력 이상이 요구되기 때문에 학력에 따른 임금 차이는 어떤 사회에도 어느 정도 존재하는 현상이고, 이는 긍정적인 측면이 있습니다.

그러나 임금과 소득 수준에 학력이 결정적인 요인이 되고 이로 인한 임금과 소득 격차가 우리처럼 크다면 이를 용인할 수는 없을 것입니다. 실제로 학력만이 임금 수준의 결정적 요인이 아닌 나라들이 많습니다. 임금과 소득은 일의 성격이나 사회적 중요도, 일과 노동을 둘러싼 사회 구성원의 인식 상태, 그리고 노동조합과 같은 임금에 영향을 미치는 사회조직의 수준 등 다양한 요인에 의해서 영향을 받습니다.

이미 많이 알려져 있듯이 유럽에서는 배관공이나 굴뚝 청소부의 임금 수준이 상당히 높다고 합니다.[12] 배관공은 그 기술력으로, 굴뚝 청소부는 위험한 일인 데다 유럽적 전통을 유지하려는 사회 구성원의 의지 등으로 인해 임금이 높은 것입니다.

프랑스에서는 판사들도 노조를 결성한다는 사실은 알고 계시죠. 우리나라에서 판사는 전문직일 뿐만 아니라 일종의 사회특권층으로 인식되지만, 프랑스의 판사들은 자신을 특권층으로 보지 않을뿐더러 심지어 노동자라는 의식을 가지고 있어서 노동조합을 결성하는 것입니다. 만약 우리나라에서 판사들이 노조를 결성한다고 하면, 어느 누구도 납득하지 못할 것입니다. 물론 이들 스스로 노조를 결성할 생각은 추호도 없고, 그런 논의를 하는 것 자체를 매우 불쾌하게 여길 것입니다.

유럽은 육체노동을 그리 경시하지 않습니다. 이는 유럽의 오래된 역사적 전통과도 밀접한 관련이 있습니다. 중세 유럽의 도시를 기억해보세요. 당시 도시민들은 상인이거나 수공업자들이었는데, 이들을 흔히 '부르주아지'라 불렀습니다. 이 상인과 수공업자들은 '길드'라는 동업조합을 결성하여 자신들의 권익을 지켜나갔습니다. 수공업자 동업조합의 우두머리는 장인인데 흔히 '마에스트로(마스트)'라 불립니다. 장인의 역사가 있는 유럽에서 '마에스트로'는 존경의 대상입니다. 따라서 우리와 달리 육체노동을 경시하는 풍조는 거의 없습니다.

한편, 유럽에서 화이트칼라(사무직노동자)와 블루칼라(생산직노동자)의 임금 격차가 크지 않은 것은 노동운동의 영향 때문이기도 합니다. 이들은 우리처럼 노동운동을 불온시하지 않으며, 노동조합과 노동운동을 수용하는 사회적 인식과 환경이

---

12. 이런 사례들은 이제 상식적인 것이 되었다. 예컨대, 호주에서는 청소부들의 월급이 높아서 인기 직종으로 대학에서 청소부들은 대학교수들에 버금가는 급여를 받는 것으로 알려져 있다. 이런 나라들에선 정말로 직업의 귀천이 없고, 특정한 일을 한다고 비하하거나 천시하는 일은 거의 없다. 우리나라 대학에서 청소하시는 분들이 겪고 있는 고초와 사회적 천대를 생각하면 이런 나라들의 이야기는 도저히 믿기지 않을지도 모르겠다.

학벌사회는 경쟁의 원천, 그 문제점에도 불구하고 열심히 공부해서
좋은 대학에 들어가도록 유인하는 긍정적인 측면 있어

학벌사회는 실력이 아니라 '학벌'을 매개로 한 정실주의이자
사회적 차별, 정글 사회가 되느냐 평등한 사회가 되느냐는
사회 구성원들의 선택에 달려 있어

갖춰져 있습니다. 이 나라들의 노동조합 조직률은 대체로 높으며, 노조의 조직 형태도 산별노조[13]가 대다수입니다. 산별노조는 전체 노동자를 하나로 보기 때문에 노동자 사이의 임금 격차를 줄이기 위해 노력합니다. 이런 노동운동의 영향으로 학력에 따른 임금 격차가 심하지 않고, 따라서 학력(학벌)을 위한 입시경쟁 역시 심하지 않습니다.

그런데 학력보다 더욱 심각한 문제는 학벌사회입니다. 앞에서 신보관 님은 학벌사회가 별문제 아닌 것처럼 말씀하셨지만 이는 도저히 받아들일 수 없습니다. 학벌사회는 실력이 아니라 '학벌'을 매개로 한 정실주의이자, 엄격히 말하면 사회적 차별입니다.

신보관 님은 명문 대학 출신들이 사회적 특권층을 거의 독점

---

13. 우리나라의 노조는 기업별 노조로 되어 있다. 때문에 노동자들은 단위 기업 내에서 자신의 임금과 근로조건을 향상시키는 데 관심을 기울이며 이에 전체 노동자의 권익에 대해선 상대적으로 관심이 낮다. 따라서 노동자의 임금과 근로조건은 각 기업의 노조 조직률에 따라 차이가 날 수밖에 없다. 현재 노조는 주로 대기업 정규직 중심이므로 여기 소속된 노동자의 임금과 근로조건은 중소기업과 비정규직 노동자에 비해 상대적으로 좋으며 이들 사이의 격차는 점점 벌어지고 있다.
이에 비해 유럽은 산업별로 노조가 조직되어 있기 때문에 이들은 단위 사업장이 아니라 산업 전체의 노동자의 임금과 근로조건 향상을 위해 투쟁을 한다. 이에 대기업과 중소기업, 정규직과 비정규직, 화이트칼라와 블루칼라 노동자 사이의 임금과 근로조건의 격차가 줄어드는 것이다. 그런데 우리나라에서는 대기업 노조의 이기심을 비판하면서 이를 극복하기 위해 산별노조로의 전환을 주장하면, 놀랍게도 이를 수용하지 않는다. 대기업 노조의 이기심에 대한 비판은 단지 노조를 인정하고 싶지 않은 마음에서 나온 것인지도 모른다.

하는 것은 학벌을 매개로 한 차별이 아니라 그들의 뛰어난 능력 때문이라고 생각하는 것 같습니다. 그러나 이는 사회 현상을 비판적 성찰 없이 피상적으로만 받아들이는 것입니다.

왜 성적이 좋고 두뇌가 명석한 학생이 상위 서열의 대학에 기를 쓰고 입학하려는 것일까요? 우연히 성적이 좋고 자질이 우수한 학생들이 특정 대학에 많이 몰리게 되었고, 그 결과로 이들 대학 출신들이 사회적 특권층으로 많이 진입했던 것이 아닙니다. 실제로는 그 반대입니다. 소위 명문 대학으로 정평이 나 있던 대학 출신들이 사회적 특권층을 독점하고, 이로 인해 명문 대학의 지위를 계속 유지하니까 우수한 학생들이 계속 몰리는 것입니다. 그리고 사회에 먼저 진출한 선배들이 같은 대학 후배들에게 유리한 기회를 제공하는 강고한 학벌 카르텔을 형성함으로써 지속적으로 자신들의 특권과 입지를 공고화하는 것입니다. 이런 구조로 인해 학벌사회는 지속적으로 재생산됩니다.

사회 구성원들은 이런 사실을 너무나 잘 알고 있습니다. 이런 현실 속에서 상위 서열 대학 출신들이 능력과 재능이 뛰어날 것이라는 선입견이 형성되었으며, 그로 인해 학벌사회는 더욱 강고하게 유지되는 것입니다. 그런데 이렇게 형성된 학벌사회로 인해 능력은 뛰어나지만 학벌이 좋지 않은 사람들은 자신의 능력을 발휘할 기회를 갖기가 매우 어렵습니다. 이는 학벌사회가 명백한 사회적 차별을 내포하고 있음을 의미합니다.

 간결한 설명, 잘 들었습니다. 이에 대한 또 다른 반론은 없으신지요?

앞에서 충분히 저의 의견을 피력했습니다. 다만 학력에 기초한 학벌사회는 경쟁의 원천으로 사회 발전의 원동력으로 작용하는 긍정적인 측면이 있다는 점을 함께 생각해주시면 감사하겠습니다.

4) 입시사회체제의 역사

신보관 님의 확고한 신념은 잘 알겠습니다. 그러나 학부모로서 생각해보면, 현진교 님이 제기한 입시사회체제에 대해 충분히 공감이 가고도 남습니다. 많은 사람들이 입시사회체제에서 고통을 당하는 것은 부정할 수 없는 현실입니다. 학생들은 대학 입시경쟁에 짓눌려 살아가고, 학부모들은 사교육비를 감당하느라 허리가 휘고 있습니다. 이런 현실에 비추어 보면 신보관 님의 주장에 선뜻 동의하기가 어렵습니다.

그런데 입시사회체제에 대해 좀 더 깊게 이해하려면 이런 체제가 역사적으로 어떻게 형성되었는지를 살펴보는 게 좋겠습니다.

● 학벌사회의 형성과 입시경쟁의 역사

저는 입시사회체제의 역사성에 대해서 오랫동안 고민해왔습니다. 제가 정리한 것들을 간단하게 말씀드리겠습니다.[14]

먼저 입시사회체제 형성의 역사적 배경을 알아보겠습니다. 흔히 사람들은 학력에 기초한 학벌사회가 만들어진 원인으로 유교문화의 영향이 크다고 생각합니다. 물론 학력에 기초한 학벌사회 형성에 유교문화가 일정하게 영향을 주었을 것입니다. 주지하듯이 유교문화는 사대부 문화입니다. 사대부는 글을 읽고 관료로 진출하여 세상을 경영하는 일에 생의 목표를 두는 사람들입니다. 이런 사대부적인 유교문화의 영향으로 인해 육체노동을 경시하고 정신노동을 선망하는 사회적 태도가 형성되고, 이에 대학에 들어가서 공부하려는 강한 열망을 갖게 되었을 것입니다. 대학은 일종의 사회적 위신이라 할 수 있습니다. 대학 졸업장은 몸으로 하는 하찮은(?) 일이 아니라 머리를 사용하는 일에 종사할 수 있는 보증수표인 것입니다.

그러나 학력에 기초한 학벌사회를 유교문화의 영향으로만 설명할 수는 없습니다. 유교는 전근대적인 전통에 불과하니까요. 학력에 기초한 학벌사회는 근대사회의 모습입니다. 따라서 근대 이후의 모습을 살펴보아야 합니다.

개항[15] 이후 단행된 최초의 근대 개혁인 갑오개혁을 통해서 과거제도가 폐지되어 유학은 공식적인 통치이념의 지위를 상실하였습니다. 갑오개혁 당시 과거제만이 아니라 신분제 또한 법적으로 폐지됨으로써 전근대사회는 종언을 고하게 됩니다. 신분제 폐지에 발맞추어 고종은 '교육입국조서'를 발표하여 모든

---

14. 학력에 기초한 학벌사회의 역사적 형성과정은 오성철 외 6명 지음, 『대한민국교육 70년』, 대한민국 역사박물관, 2015년에 나온 논문들을 참조하였음.

15. 1876년 강화도 조약을 말한다. 근대사회는 서양의 발명품이다. 우리의 근대사회는 서양에서 발명된 근대문물이 강제적으로 이식되어서 만들어진 것이다. 이의 출발점은 주지하듯이 바로 강화도 조약이다.

백성들이 교육을 받아야 한다고 선언했습니다. 이에 한성사범학교가 설립되고 전국에 소학교가 만들어지면서 근대교육이 시작되었습니다. 이로써 양반이 교육과 관료를 독점하는 양반 중심의 지배체제는 서서히 붕괴되었습니다.

갑오개혁 이후 근대학교 설립과 더불어 관리 선발제도의 변동으로 인해 대한제국 말기에 이르러 사람들은 학력의 중요성에 대해 새삼 눈을 뜨기 시작합니다. 당시 관리, 교원, 의사 등 근대적 직업 부문에 취업을 하려면 중등학교 정도의 학력이 요구되었다고 합니다. 따라서 근대적 신식 학교에 입학하려는 사람들이 점점 늘어났습니다.

근대적 개혁을 추진하던 대한제국은 제국주의 일본에 의해서 식민지로 전락하게 됩니다. 대한제국이 망하면서 기존의 양반지배층은 완전히 몰락하고 새로운 지배 엘리트가 만들어집니다. 여기에서 말하는 새로운 지배 엘리트는 일제 식민지 권력의 하위 파트너로 참여한 사람들을 가리킵니다.

이들은 어떤 과정을 거쳐야 할까요? 당시 식민지배의 하위 파트너는 총독부를 비롯한 식민지배 기구에 들어가서 일하는 사람들이 대부분이었습니다. 그중에서도 최고의 꽃은 고등고시에 합격하여 판검사가 되는 것입니다. 고등고시를 보기 위해선 경성제국대학 법학과에 입학하여 공부해야 했습니다. 이처럼 당시에는 식민지배 기구에 입성하는 것을 사회적 출세로 여겼고, 이를 위해선 일정한 수준의 학력이 필수적으로 요구되었습니다. 예컨대, 지방의 말단 면서기 자리 하나라도 얻으려면 학교 졸업장은 필수였습니다.

조선이 식민지로 전락하면서 양반계층은 몰락하였고, 유럽처럼 귀족학교는 만들어지지 않았습니다. 이는 교육이 기존의 신분별로 구획되는 것이 아니라 조선인에게도 평등하게 열렸다는 것을 의미합니다.[16] 이에 일제가 만든 보통학교(초등학교)와 고등보통학교(중등학교) 그리고 전문대를 비롯한 경성제국대학 등에 입학하여 공부할 수 있는 기회는 전 계층에게 열리게 되었습니다.

이제 조선인은 입신출세를 하려면 학교에 들어가서 공부해야 했습니다. 출세를 위해 필요한 학력은 기존의 양반 출신이 아니라도 머리가 좋고 학비만 댈 수 있으면 누구나 가능했습니다. 식민지 이전 양반의 위세에 눌려 있던 계층의 자녀 중에서도 학력을 통해서 입신출세하는 사람들이 생겨났는데, 이를 지켜본 사람들은 학력에 대한 강한 열망을 갖게 되었습니다. 즉, 사람들은 공부만 잘하면 예전에 양반이 누리던 사회적 특권을 차지할 수 있음을 자각한 것입니다. 특히 유교문화의 유산을 가진 식민지 조선인들은 식민지배 기구에 들어가는 것을 이전에 과거를 통해 입신출세하는 것과 유사하게 여겼을 것입니다. 식민지 조선인은 입신출세를 위해 학력이 가장 중요한 수단이라는 확고한 믿음을 갖게 되었습니다.

당시 학교의 수는 충분하지 않았고, 식민지 차별로 인해 교육의 수혜를 충분히 받을 수 없었지만, 자식이 머리가 총명하면 무슨 수를 쓰더라도 공부를 시켜서 출세의 기회를 잡으려 했던 것입니다. 놀랍게도 식민지 말기에 사교육에 관한 신문기

---

16. 교육에서 평등권은 조선인 남성에게 해당되는 것으로 여성들은 교육을 받을 권리로부터 배제되었다. 교육의 기회를 균등하게 가지게 된 조선인 남성들 또한 민족적 차별을 당하였다. 교육에서의 기회가 일본인에게 최우선으로 주어진 것은 불문가지이다.

유교문화의 영향,
식민지 권력의 파트너인 지배 엘리트 등장,
해방 후 미국식 교육제도 도입,
이른바 명문대 출신들이 학력 엘리트 집단 독점하면서
학벌사회가 돌이킬 수 없는 사회 시스템이 되어버려

사가 실릴 정도였는데, 이는 배움을 통해 입신출세하려는 식민지 조선인들의 열망이 얼마나 대단했는지를 보여주는 대표적인 사례입니다.

식민지 시대에 생겨난 배움과 학력에 대한 열망은 해방 후에 더욱 폭발적으로 증대됩니다. 해방 후 일본인들의 귀국으로 많은 일자리의 공백이 생겼습니다. 이는 조선인들에게 엄청난 기회를 제공해주었습니다. 즉 전문직, 관리, 교원 등 수만 개의 일자리가 하루아침에 생겨났던 것입니다. 이를 지켜본 외국인들은 한국인들에게 천국이 가까이 있는 것으로 묘사하기도 했습니다.

과연 이런 일자리는 누가 차지했을까요? 익히 예상할 수 있듯이 그것은 일정한 학력 수준을 가진 사람들에게 주어졌습니다. 식민지 시대에 학력을 통해서 출세하는 모습을 지켜본 사람들은 해방 후 갑자기 생겨난 일자리 역시 일정한 학력을 가진 사람들이 또다시 독차지하는 모습을 지켜본 것입니다. 사람들의 가슴에 배움에 대한 열망과 학력에 대한 엄청난 욕망이 솟구쳐 올랐습니다.

이런 상황에서 해방 후 교육정책은 전 계층이 교육열에 동참할 수 있는 제도적 기반을 제공하였습니다. 미군정을 통해 미국식 교육제도가 도입되는데, 그 대표적인 것이 6-3-3-4 학제입니다. 이는 일종의 단선형 학제로 모든 계층에게 동일한 교육의 기회가 주어지는 특징이 있습니다. 유럽과 같은 귀족학교의 전통이 없기 때문에 이런 학제가 우리의 현실에 매우 적합했던 것입니다. 이는 특정 계층이 아니라 거의 모든 사회계층이 교육열의 블랙홀로 빠져들게 한 제도적 기반이 되었습니다. 모든 계층의 사람들이 동등하게 주어진 기회를 활용해 자식들을 교육시켜 출세의 기회를 잡으려 했습니다.

이런 상황은 유교문화의 영향으로 더욱 심화되었습니다. 주지하듯이 유교문화로 인해 대학 학력은 일종의 사회적 위신이 되었습니다. 이는 단순히 개인의 위신만을 의미하는 것이 아닙니다. 자식 중 한 명이라도 명문 대학에 들어가면 그 집안의 위신이 높아졌습니다. 이에 집안의 위신을 높이기 위해서라도 자식 교육에 열을 올렸습니다. 물론 이때 자식의 교육은 딸이 아니라 아들이 중심이었습니다. 유교문화로 인해 딸들은 아들의 교육을 위해서 희생되어야 했습니다. 누나와 여동생이 도시로 나가 돈을 벌어서 남동생과 오빠의 학비를 대는 모습은 당시 집안의 위신을 위해 희생하는 여성들의 흔한 풍경이었습니다. 자식에 대한 교육은 집안의 위신만이 아니라 부모들의 노후를 위한 투자이기도 했습니다.

정부 수립 초기에 교육정책의 최우선 순위는 초등교육의 확대에 목표를 두었습니다. 이 결과 1960년대 후반까지 초등교육은 완전 취학에 가까워졌습니다. 이에 비해 중·고등학교와 대학은 절대적으로 부족했습니다. 따라서 전 국민의 높은 교육열에도 불구하고 중·고등학교와 대학 교육을 받을 수 있는 사람은 상당히 제한될 수밖에 없었습니다. 특히 대졸 이상의 학력은 상당한 희소가치가 있어서 특권적인 사회적 자원으로 기능했습니다. 당시 대졸자들은 사회적 특권을 가진 직업(고위직 공무원, 판검사, 전문경영인, 의사 등)의 세계로 들어갈 수 있는 기회를 폭넓게 누렸습니다. 가난한 계층의 사람들 중에서도 공부를 열심히 하여 대학을 졸업하면 사회적 특권층으로 상승하는 부류들이 생겨났습니다. 소위 개천에서 용이 난 것입니다. 이로써 학력 엘리트 사회가 강고하게 형성되었던 것입니다.

명문 대학 출신들이 학력 엘리트 집단을 대부분 독점하게 됨으로써 서서히 학벌사회가 형성되기 시작했습니다. 해방 후 식민지 시대부터 존재했던 경성제대와 여러 전문대학들이 종합대학으로 정비되었고, 이들은 식민지 시대의 명성 덕분으로 명문 대학이 되었습니다. 예컨대, 경성제국대학을 계승한 서울대와 연희전문을 계승한 연세대, 보성전문대를 계승한 고려대 등이 대표적입니다. 이들 대학 출신들은 사회특권층에 쉽게 진입하여 학력 엘리트 집단을 형성하게 되었습니다. 이로써 대학 서열 구조가 만들어지고 그 구조는 시간이 갈수록 점점 강고해지면서 학벌사회는 돌이킬 수 없는 사회 시스템이 된 것입니다.

한편 1950~1960년대에는 중학교 입시경쟁이 치열했습니다. 이는 초등학교에 비해 중·고등학교가 부족한 상황을 반영한 것입니다. 중학교 입시로 인해 명문 중학교가 생겨나고 중학교 사이에도 서열이 형성되었습니다. 당시 경기중학교가 최고의 명문 중학교였음은 모두 아실 것입니다. 명문 중학에 입학한 학생은 명문고에 들어가고 이들 학생이 다시 명문대에 들어가는 구조가 만들어졌습니다. 소위 경기중-경기고-서울대 라인이 형성된 것입니다. 이에 학생들은 명문대에 진학하기 위한 첫 단추로 명문 중학에 들어가기 위해 치열한 입시경쟁을 치렀습니다.[17]

국민학생의 치열한 입시경쟁이 사회문제로 부각되면서 1968년에는 중학교 입시를 폐지하고 중학교 무시험 제도를 도입하였습니다.[18] 이로써 중학교의 서열은 간단히 타파되고 중학교는 평준화되었습니다. 이후 국민학생의 치열한 입시경쟁은 더 이상 볼 수 없는 옛 기억이 되었습니다. 물론 중학교 입시가 폐지되었다고 해서 치열한 입시경쟁 자체가 없어진 것은 아니었습니다. 이는 국민학생의 입시경쟁이 단지 중학생의 입시경쟁으로 미루어진 것뿐입니다.

이제 사람들은 명문고에 들어가려는 중학생의 치열한 입시경쟁을 지켜보아야 했습니다. 중학교 입시 폐지로 명문중은 사라지고 명문고와 명문대 라인으로 재정립되었습니다. 경기고-서울대 라인이 바로 그것인데, 명문고 입학이 곧 명문대 입학의 보증수표로 생각되었기 때문에 치열한 고교 입학 경쟁이 전개되었습니다.

중학생의 치열한 입시경쟁 또한 사회문제로 부각되자 1974

---

17. 당시 치열한 입시경쟁을 보여주는 것이 그 유명한 '무즙 파동'이다. 무즙 파동은 1965년도 중학교 입시에서 엿을 만드는 데 들어가는 필수 재료를 묻는 문제에서 발생한 정답 논란을 말한다. 정답은 '디아스타아제'였으나 일부 학부형이 '무즙'도 정답이 될 수 있다는 주장을 제기하여 소송전으로까지 비화된 사건이다. 이는 현재의 대학수학능력시험에서도 종종 일어나는 것으로 단 한 문제로 당락이 결정되는 치열한 입시경쟁 사회의 씁쓸한 단면을 보여준다.

18. 중학교 입시의 폐지 그리고 이후 고교 입시의 폐지 또한 완전 취학을 달성할 수 있을 정도로 중학교와 고등학교가 증설된 상황을 반영한다. 완전 취학을 이룰 수 있으니 굳이 입시가 필요하지 않게 되었던 것이다.

년에는 고등학교 입시가 폐지되고 고교평준화가 이루어집니다.[19] 이에 경기고와 같은 명문고는 사라지고 고교의 평준화가 이루어져 중학생의 치열한 입시경쟁도 사라졌습니다. 이 또한 입시경쟁 자체의 소멸이 아니라 고등학생의 치열한 대학 입시경쟁으로 미루어진 것뿐입니다. 고교가 평준화된 이후 입시경쟁은 명문대를 가기 위한 고교생의 입시경쟁으로 전환되었고, 이는 1974년 이후부터 지금까지 변함없이 지속되고 있습니다.

고등학생의 치열한 대학 입시경쟁이 시작된 이래로 주목해야 할 교육계의 변화들이 있습니다. 우선 주목해야 할 것이 1980년 전두환 정권이 등장하면서 단행한 "7·30 교육개혁 조치"입니다. 이 조치의 핵심은 예비고사-본고사제도 대신 국가에 의해 제공되는 표준화된 시험인 학력고사로 대학 입시제도의 전환을 꾀하고, 졸업정원제라는 이름으로 대학생 정원을 약 30% 정도 늘린 것입니다.

1970년대 후반이 되면 고등학교의 완전 취학이 거의 달성됩니다. 대학 학력이 중시되는 풍조 속에서 실업계 고등학교로 진학하는 일부 학생들을 제외하면 대부분의 학생들은 인문계 고등학교로 진학하여 대학을 목표로 공부했습니다. 그러나 당시에는 대학의 정원이 매우 적어서 대학 관문은 매우 좁았습니다.

그러다 1980년 "7·30 교육개혁 조치"로 인해 대학 정원이

---

19. 1974년의 고교 입시 폐지는 서울에서 이루어진 조치였다. 여러 지방에서는 고교 입시가 존속하였고 고등학교의 서열이 오랫동안 존재하였다. 그러나 서울의 고교평준화는 점차 지방으로 확산되어서 현재는 고교 입시가 거의 사라졌다고 해도 과언이 아니다.

늘어나 대학 관문이 확대되었습니다. 이는 더 많은 학생들이 입시경쟁에 동참할 수 있다는 것을 의미합니다. 대학의 관문이 좁았을 때에는 대학을 생각하지 않는 학생들이 많았는데 그 문이 넓어지자 너도나도 대학 입시경쟁에 뛰어들기 시작했습니다.

여기에다가 입시제도의 변화는 입시경쟁을 더욱 부채질했습니다. 예비고사-본고사 체제에서는 학생들이 예비고사를 통과하여 대학에 시험을 볼 자격을 획득한 후 대학별로 본고사를 보아서 대학에 입학했습니다. 당시 본고사의 수준은 굉장히 높았고, 이에 많은 학생들이 본고사 시험을 볼 엄두조차 내지 못했습니다. 그런데 본고사가 폐지되고 국가고시인 학력고사 점수 하나로 대학에 들어가게 되니까 더 많은 학생들이 입시경쟁에 뛰어들었습니다.

본고사는 대학별로 시험을 보기 때문에 고등학교에서 학생들의 대학 입시를 일률적으로 지도하는 데 한계가 있을 수밖에 없었습니다. 이에 비해 학력고사는 표준화된 국가고시로서 모든 수험생들에게 동일한 객관식 문제를 시험 보기 때문에 학교에서 수월하게 대비할 수 있었습니다. 학력고사로 전환한 초기에는 내신 성적을 대학 입시에 거의 반영하지 않았기 때문에 교과 수업보다는 학력고사에 대비한 수업이 매우 중요했습니다. 이에 정규 수업보다 보충수업의 중요성이 부각되었습니다. 보충수업 시간에는 교과 진도에 구애를 받지 않고 오직 학력고사에 초점을 두어 문제풀이식 수업에 매진할 수 있기 때문입니다. 그래서 전국의 많은 학교에서는 본고사 시절에는 볼 수 없었던 강제적 보충수업이 유행했습니다. 이와 더불어 학생들을 학교에 강제적으로 남겨서 자습시키는 야간자율학습(이하 야자)이 유행병처럼 번졌습니다. 강제적이긴 하나 학생들을 학교에 남겨서 열심히 공부시키면 학력고사에서 좋은 점수를 받을 수 있으리라는 기대심리가 강제 야자를 만들었고, 이것이 확산된 것입니다. 강제 야자와 보충수업으로 인한 학생들의 고통은 1980년대 후반 〈행복은 성적순이 아니잖아요〉와 같은 영화를 통해 표현되었습니다.[20] 1980년대 시작된 강제 보충과 강제 야자는 현재까지 완전히 사라지지 않고 있습니다. 이는 전두환 정권의 "7·30 교육개혁" 정책이 불러온 가장 대표적인 교육계의 변화된 풍경일 것입니다.

또 하나 교육계의 변화를 불러온 사건은 1995년 "5·31 교육과정"에서 표방한 수요자 중심 교육입니다. 그 말에서 알 수 있듯이 이는 교육을 시장원리에 의해 운영하는 것입니다.

우선 교육을 시장에 맡기게 되자 대학 설립이 매우 자유로워졌습니다. 즉, 시장원리에 따라 대학을 자유롭게 설립할 수 있도록 허용하여 교육 수요자에게 고등교육을 수월하게 공급했던 것입니다. 이는 교육 공급자인 대학이 교육 수요자의 요구에 부응하지 못하면 시장에서 퇴출될 것이란 생각에 기초했습니다. 이에 수많은 대학들이 우후죽순으로 생겨났고, 현재 고

---

20. 1989년 전국교직원노동조합이 설립되면서 외쳤던 '참교육'의 구호는 입시경쟁을 위한 강제 보충과 강제 야자가 유행하던 시기에 이에 대한 반대의 이념으로 커다란 반향을 일으켰다. 당시 참교육이 표상하는 것은 강제 보충과 강제 야자라는 매우 비인간적이고 비교육적인 관행이 학교에서 사라지는 것을 뜻했다고 해도 과언이 아니다.

등학생은 마음만 먹으면 대학에 들어갈 수 있을 정도로 대학들이 폭발적으로 증가했던 것입니다.[21]

　대학의 폭발적인 증가로 입시경쟁은 사라질 것처럼 보였지만 현실은 그렇지 않았습니다. 오히려 학생들의 경쟁이 예전보다 더욱 치열하게 전개되고 있습니다. 소위 말하는 스카이라 불리는 대학에 들어가기 위해서, 아니 'In-서울'이라는 말에 알 수 있듯 최소한 서울 소재 대학에 들어가기 위해 치열하게 경쟁을 하고 있습니다. 대학의 서열 구조는 이미 사람들의 내면 깊숙이 자리를 잡아 요지부동이었던 것입니다. 1995년 이후에는 대졸의 학력은 누구라도 비교적 쉽게 가질 수 있게 되었지만, 그 학력이 의미를 지니려면 최소한 서울에 소재한 중·상위권 대학에는 들어가야 한다는 것입니다. 그야말로 학벌사회가 더욱 공고화된 것입니다.

5) 입시사회체제의 개혁에 대한 단상

 　학력에 기초한 학벌사회와 대학서열화 그리고 치열한 입시경쟁체제가 어떻게 형성되었고 어떤 변천을 겪어왔는지에 대해 간결하게 설명해주셨습니다. 어떻게 생각하시나요?

---

21. 현재는 학생 수 격감으로 대학이 구조조정으로 생존을 걱정해야 하는 상황에 처하게 되었다. 아마 이는 대학 교육을 시장원리에 맡겨두는 순간 이미 예고된 참사인지도 모른다. 대학을 설립하려는 주체들은 사회 전체적으로 고등교육을 받은 인재의 필요성에 기초하여 대학을 설립하는 것이 아니다. 사회 전체적으로 대졸자의 수요를 예측하고 대학의 수를 적절히 조절할 수 있는 것은 국가이다. 이런 국가가 자신의 역할을 방기하고 시장에 교육을 맡기게 되자 이런 일이 벌어진 것이다.

현진교 님의 설명은 꽤 설득력이 있군요. 그런데 그 설명을 들으면 한국 사회의 치열한 입시경쟁이 어쩔 수 없는 것처럼 느껴집니다. 제가 생각하기에 학벌사회는 상당 기간 바뀔 가능성이 없을 것 같습니다. 학생들의 상위권 대학, 아니 최소한 서울 안에 있는 대학에 들어가려는 입시경쟁은 더욱 심해질 것으로 보입니다. 이런 현실을 바꿀 수 없다면, 이를 인정한 상태에서 변화를 추구해야 한다고 생각합니다.

 일리가 있는 것 같습니다. 제가 생각하기에도 학벌사회는 좀처럼 바뀔 것 같지 않습니다. 이에 치열한 입시경쟁의 현실을 인정하는 것이 현실적인 태도라는 생각이 듭니다.

맞습니다. 학력에 기초한 학벌사회는 오랜 기간 지속되었고, 앞으로도 좀처럼 변하지 않을 것이며 이에 치열한 입시경쟁은 상당 기간 사라지지 않을 것입니다.

하지만 여기에서 분명히 말씀드리고 싶은 것은 아무리 어렵고 힘들더라도 치열한 입시경쟁의 현실을 바꾸어야 한다는 사실입니다. 물론 이런 현실의 변화는 교육개혁을 통해서만 달성될 수는 없습니다. 학력에 기초한 학벌사회는 사회적 자원과 특권의 배분 문제로 이는 분명 정치적인 문제입니다. 이를 해결하기 위해서는 학력에 따른 임금 차별의 개선과 학벌에 기초한 사회적 특권이 배분되는 사회적 관행과 의식의 개혁, 노동조합과 노동운동에 대한 사회적 수용과 인식의 변화, 기업의 고용 방식 변화 등 매우 복잡하고 어려운 문제들이 놓여 있습니다.

이런 정치·사회적 변화와 더불어 입시 위주 교육을 바꿀 수 있는 교육개혁 방안이 있다면 이를 적극 모색해야 합니다. 앞에서 언급했듯이 한국 교육의 문제는 결국 입시의 문제로 모아집니다. 그렇다면 교육개혁의 출발점은 입시 문제에서 출발해야 합니다. 치열한 입시경쟁에 뛰어들 수밖에 없는 사람들에게 입시제도는 초미의 관심사입니다. 입시제도의 조그마한 변화에도 사람들은 민감하게 반응하고 그 변화에 발 빠르게 대응합니다. 이런 입시제도의 특성을 활용하여 입시제도를 더욱더 교육적인 방향으로 바꾸는 것은 매우 절실한 문제입니다.

앞에서 우리는 한국 교육의 문제를 입시경쟁교육이라고 진단했습니다. 이는 헌법과 교육법에 나온 교육의 정신과 목적에 비추어서 내린 결론입니다. 그렇다면 헌법과 교육법에 나온 교육 정신과 목적을 구현할 수 있는 입시제도를 마련해야 할 것입니다. 이것은 당연히 구체적인 교육 현실을 바탕으로 하여 매우 실제적이고 실현 가능한 제도 개선책이 되어야 할 것입니다.

입시제도의 개혁으로 한국 교육의 문제를 모두 풀 수 있다는 것은 어불성설입니다. 하지만 교육개혁의 출발점은 입시제도의 개혁에서 출발해야 한다는 점만은 부정할 수 없습니다. 대학의 서열과 명문대 입학을 위한 경쟁 그 자체를 바꿀 수 없다 할지라도, 학생들의 경쟁 방식과 그 과정에서 민주적 시민의 자질을 함양하고 전인교육이 이루어질 수 있는 입시제도 개혁 방안을 모색하는 것은 반드시 고민해보아야 할 문제입니다. 그리고 이것은 장기적으로 학력에 기초한 학벌사회를 개혁하고 치열한 입시경쟁을 끝낼 수 있는 사회적 변화와 긴밀히 맞물려야 할 것입니다.

사회문제에 대한 어떠한 고민도 없이 단순히 그 현실을 받아들이는 것은 잘못된 현실을 있는 그대로 수용하겠다는 말밖에 되지 않습니다. 아무리 힘들고 어려워도 잘못된 현실을 바꾸려는 시도는 계속되어야 할 것입니다. 이런 노력에 수많은 사람들이 함께 동참한다면 바꾸지 못할 현실은 없을 것입니다.

 잘 알겠습니다. 잘못된 현실을 어쩔 수 없는 것으로 받아들이는 것은 아무것도 바꾸지 않겠다는 것에 불과하다는 지적은 매우 뼈아픈 대목입니다. 세상의 모든 변화는 잘못된 현실을 바꾸겠다는 사회의지로부터 출발하는 것인지도 모르겠습니다.

 저도 원론적인 차원에선 현진교 님의 주장에 동의합니다. 그러나 냉철하게 생각하면 그러한 주장은 매우 순진한 발상이라는 생각을 지울 수가 없습니다. 그동안 무수한 입시제도 개혁이 있었지만 오히려 문제를 꼬이게 만들었습니다. 쉽게 바꿀 수 없는 현실에 집착하여 문제를 더욱 어렵게 만들기보다 솔직하게 현실을 인정하고 이를 바탕으로 개혁을 추진하는 것이 더 바람직할 것입니다. 저는 입시경쟁을 이용해 우수한 인재를 더욱 체계적으로 양성할 수 있는 시스템을 갖추는 방향으로 교육개혁을 추진해야 한다고 생각합니다.

 입시경쟁을 이용해 우수한 인재를 더욱 체계적으로 양성하는 시스템을 갖추자는 주장도 어느 정도 수긍이 가는 면이 있습니다.

그런데 한국 사회의 입시경쟁은 이미 사회적으로 수용할 수 있는 임계점을 넘어선 것이 아닌가 하는 생각을 지울 수가 없습니다. 이건 순전히 학생을 키우는 학부모의 마음에서 드리는 말입니다. 물론 저도 학부모로서 어쩔 수 없이 입시경쟁에 자식들을 내몰기도 하지만, 그 입시경쟁이 좋아서 그렇게 하는 것이 아닙니다. 치열한 입시경쟁 속에서 자식들이 신음하고 엄청난 사교육비를 감당하느라 허리가 휘고 있는 현실을 감안한다면 쉽사리 입시경쟁교육에 수긍할 수 없습니다. 학부모와 학생의 입장에서는 조금이라도 입시경쟁을 완화하고 사교육비를 줄일 수 있는 방안이 있다면 지푸라기도 잡고 싶은 심정입니다. 과연 이런 방안이 있는지에 대해서는 회의적이지만, 이를 위한 노력은 결코 포기하지 말아야 한다는 생각은 버릴 수 없습니다.

어! 정신없이 이야기하다 보니 시간이 이렇게 많이 흘렀는지 몰랐군요. 토론이 조금 미진하더라도 오늘은 이것으로 마무리해야 할 것 같습니다. 지금까지 한국 교육의 문제를 진단하고 그 원인에 관해 토론하였습니다. 내일부터는 오늘 내린 진단을 바탕으로 교육문제의 해결책에 관해 토론할 것입니다.

교육문제의 해결책을 토론하기 전에 우선 교육부가 꾸준히 추진해오고 있는 교육개혁 방안을 점검할 필요가 있습니다. 제가 알기론 1995년 "5·31 교육개혁"에서 "수요자 중심 교육"을 표방한 이래로 지금까지 신자유주의 교육정책이 일관되게 추진되어왔습니다. 20년 넘게 꾸준히 추진된 신자유주의 이념을 기반으로 한 수요자 중심 교육이 과연 교육문제를 해결할 수 있는 정책이었는지를 반드시 짚고 넘어가야 할 것입니다. 사회 일각에서 이에 대해 꾸준히 비판하고 반대했지만, 그동안의 정부들은 이를 받아들이지 않고 수요자 중심 교육을 신줏단지처럼 모시고 개혁의 지렛대로 활용했습니다. 따라서 수요자 중심 교육에 대한 성찰 없이 어떠한 교육개혁 방안도 나올 수 없다고 생각합니다.

한편으로 세상을 바꾸어보려고 노력하는 진보적인 사람들도 치열한 입시경쟁을 타파하기 위한 나름의 교육개혁 방안을 지속적으로 제시하고 있습니다. 그것은 바로 "대학 입시 폐지와 대학평준화"입니다. 이들은 그 구체적 출발점으로 '국립대학통합안'을 제기하였습니다. 물론 이는 교육부의 수요자 중심 교육의 대척점에 있는 교육개혁 방안입니다. 진보 진영이 주장하는 개혁 방안이 과연 교육문제를 해결할 수 있는지에 대한 성찰 또한 필요합니다.

따라서 내일은 교육부가 일관되게 추진하고 있는 수요자 중심 교육과 진보 진영이 제시하는 대학평준화 방안에 대해 심도 깊은 토론을 진행할 생각입니다. 오전에는 신자유주의 교육개혁에 대해서, 오후에는 대학평준화 방안에 대해서 토론하는 것이 좋을 듯합니다. 오늘 두 분 수고 많으셨습니다. 푹 쉬시고 내일 아침에 즐거운 마음으로 뵈었으면 좋겠습니다.

사회자께서도 수고하셨습니다. 오늘 매우 유익한 토론이었습니다. 내일도 알찬 토론이 되길 기대합니다. 두 분 모두 편안한 밤 보내세요.

　저도 오늘 매우 유익했습니다. 두 분께 감사드리며 편안한 저녁이 되었으면 합니다.

수요자 중심 교육을 진단하다

두 분 간밤에 편히 주무셨나요? 오늘도 멋지고 알찬 토론을 기대합니다.

자! 어제 예고한 대로 오늘은 교육부의 신자유주의 교육정책에 대해 토론을 해봅시다. 이 토론의 목적은 20년 넘게 추진한 정부 정책이 과연 올바른 방향이었는지를 점검하는 것입니다. 만약 그 방향이 잘못되었다면 그로부터 비롯된 잘못된 제도와 관행을 바로잡아야 할 것입니다.

이 토론도 결국 교육개혁의 방향에 대한 사회적 합의를 모으기 위한 것입니다. 따라서 그동안 추진된 정부의 교육정책을 점검하는 것은 꼭 필요한 일입니다. 아무래도 이야기의 시작은 신보관 님께서 해주셔야 할 것 같습니다. 신자유주의 교육정책을 실제로 입안하고 집행하셨으니까요. 우선 신자유주의 교육정책이 무엇인지 설명해주시죠.

 신자유주의 교육정책은 1995년 김영삼 정부 때 발표된 '5·31 교육정책'을 통해 시작되었습니다. 여기서 가장 중요한 개념은 "수요자 중심 교육"입니다. 1995년 이전까지 교육은 교육을 받는 '수요자'가 아니라 교육을 제공하는 '공급자' 중심의 교육이었습니다. 수요자는 아무런 선택권도 없이 그저 주어진 대로 교육을 받는 피동적인 존재였습니다. 수요자 중심 교육은 공급자 위주의 교육으로는 사회적 변화에 능동적으로 대처할 수 있는 유능하고 창의적인 인재를 길러낼 수 없다는 문제의식에서 출발하였습니다. 이에 시장원리에 입각하여 수요자의 욕구를 충족할 수 있는 교육적 환경을 만들기 위한 제도 개혁을 꾸준히 추진했던 것입니다.

수요자 중심 교육은 교육 수요자의 요구에 맞는 양질의 교육을 제공하기 위해서는 교육 공급자들의 경쟁을 유발해야 한다는 생각에 기초하고 있습니다. 만약 수요자의 요구를 충족하기 위한 노력을 게을리하여 교육 시장에서 선택받지 못한 공급자는 자연스레 퇴출될 것입니다. 이처럼 수요자 중심 교육은 교육을 제공하는 공급자가 아닌 교육을 받는 수요자를 위한 것입니다. 이를 위해서 교육 공급자 간에 치열한 경쟁이 벌어지도록 제도적 장치를 만들어갔습니다.

물론 교육 시장에서 경쟁은 공급자만의 몫이 아닙니다. 교육 수요자도 시장에서 양질의 교육을 받기 위해 경쟁해야 합니다. 열심히 공부하고 노력하는 자만이 질 좋은 교육을 받을 수 있는 권리를 갖는 것은 당연한 이치일 것입니다. 한마디로 말해 수요자 중심 교육은 시장 경쟁 원리를 교육에 도입하는 것입니다.

 신자유주의 교육에 대해 아주 쉽게 설명해주셨습니다. 이에 대해 현진교 님은 어떻게 생각하시나요?

수요자 중심 교육정책을 입안하고 실행하신 분답게 신자유주의 교육의 핵심을 이해하기 쉽게 설명해주셨습니다. 기존의 교육은 헌법 정신에 따라 "인간의 권리" 차원에서 이해되었으나, 수요자 중심 교육이 표방된 이래로 교육은 "시장원리"에 입각해서 운영되기 시작했습니다. 이를 교육의 시장화라고 합니다. 교육 또한 여타 시장처럼 상품의 공급자와 수요자 개념을 통해 운영되어야 한다는 기본 입장을 견지하며 이를 실현할 수 있는 다양한 정책을 추진했지요.

1. 수요자 중심 교육정책

 신자유주의와 수요자 중심 교육에 대한 두 분의 간단한 설명 잘 들었습니다. 지금부터는 5·31 교육과정으로 도입된 수요자 중심 교육이 교육현장을 어떻게 변화시켰는지 이야기해보겠습니다. 신보관 님의 의견을 먼저 듣겠습니다. 중등교육에 초점을 두고 말씀해주시겠죠?

1) 학교 다양화 정책

 앞서 말했듯이 수요자 중심 교육은 교육 수요자인 학생들의 욕구와 선택권을 보장하는 교육입니다. 여기에는 다양한 정책수단이 등장합니다.

우선 고교평준화 제도 개선에 대해 이야기해야겠군요. 사실 평준화 제도는 거의 모든 학교가 동일한 교육을 실시하는 것입니다. 이런 시스템에서는 수요자인 학생(학부모)의 학교선택권은 없는 것이나 마찬가지입니다. 그래서 교육 수요자의 학교선택권을 보장하기 위해 외고, 과고 등 특수목적고를 확대하고,

자사고가 설립되었습니다.

학교 다양화 정책은 학교 간 경쟁을 유도하여 결과적으로 학교들이 좀 더 질 좋은 교육을 제공하게 됩니다. 물론 이는 공급자인 학교 간 경쟁만을 유발하는 것은 아닙니다. 특목고와 자사고 등의 설립은 한편으로 교육 수요자 간 경쟁을 유발합니다. 즉, 우수한 학교에 들어가려면 학생들도 열심히 공부하고 경쟁해야 합니다. 이로써 고교평준화로 인한 하향 평준화 문제를 어느 정도는 해결했다고 자부합니다.

 이에 대한 현진교 님의 의견을 듣고 싶습니다.

 신보관 님은 학교 다양화 정책을 통해 교육 수요자의 학교선택권을 보장하고 학교 간, 학생 간 경쟁을 유발함으로써 교육의 질을 재고했다고 자평하셨습니다. 그러나 저는 학교 다양화 정책은 실패했다고 생각합니다. 그 정책이 결국 입시 명문고를 만들고 고교의 서열화를 불러왔기 때문입니다.

 그 구체적인 근거를 듣고 싶습니다.

특목고의 입시 명문고화

 먼저 특목고에 대해 살펴보겠습니다. 과고[1], 외고 등을 특목

---

1. 과학 영재를 육성할 목적으로 설립된 학교로는 영재고 등도 이에 포함된다.

교육 수요자의 욕구에 맞는 학교를 선택하게 해야,
특목고의 확대가 교육의 기회균등 정신을 오히려 살리는 것

과고와 외고는 특수목적 실현보다는 교육 수요자의
욕구 실현을 위해 확대, 사회경제적 능력 있는 계층 출신들이
입학하는 구조, 이는 교육의 기회균등이라는 헌법 정신을 훼손

고라 합니다. 특목고는 말 그대로 특수목적을 위해 설립한 학교입니다. 과고의 설립 목적은 과학 발전을 위한 인재 육성입니다. 과학기술의 발전은 국가 발전의 초석으로 과학 영재를 조기에 발굴, 육성하는 것은 국가 발전의 전략으로 충분히 공감할 수 있습니다. 그리고 외고는 외국어 영재를 발굴, 육성하기 위한 학교입니다. 이처럼 특목고는 각 학교의 설립 목적에 맞게 교육과정의 편성-운영권을 가진 학교입니다.

그런데 현실에 존재하는 특목고는 그 설립 취지를 살리지 못하고 있습니다. 최근 국회의 국정감사에서 제기된 것을 보면, 지난 5년간 과고, 외고 졸업자의 절반 이상이 동일 전공이 아닌 타 전공으로 진학한 것으로 드러났습니다.[2] 특히 전국의 31개 외고의 경우 5년간 동일 어문계열 진학자는 약 31% 정도에 머물렀고, 심지어 7.6%의 졸업생은 이공계열로 진학했습니다.

과고의 경우에는 동일 계열로 진학하는 경우가 매우 높아서 외고보다는 그 특수목적에 부합하는 측면이 있습니다. 예컨대 과고의 경우 약 6~8%의 학생들이 의학계열로 진학하긴 했으나, 90%를 넘는 학생들이 이공계열로 진학했습니다. 그러나 과고의 동일 계열 진학 비율이 높더라도 특수목적고의 취지를

---

2. 이는 국회 교육문화체육관광위원회 소속 유기홍 의원이 교육부로부터 제출받은 '최근 5년간 외고·과학고·영재고 진학현황' 자료를 분석한 결과 밝혀진 것임.

잘 살리고 있다고 확신할 수는 없습니다. 과학 영재 육성이라는 목적에 입각해서 보자면 과고 학생들이 서울대를 비롯한 명문대로 진학하는 것 자체가 문제입니다.

국가가 과학 영재를 조기 발굴하고 육성하려면, 과고 학생들은 국가가 만든 과학 영재를 전문적으로 육성하는 대학으로 진학해야 합니다. 중등교육 단계에 있는 과고가 대학과 연계되어 있지 않다면, 이를 과학 영재를 육성하기 위한 교육기관으로 보기 어렵습니다.

예컨대, 과고 학생들은 유급하지 않고 졸업을 한다면 자동으로 대학에 입학하게 해야 합니다. 카이스트가 국가가 만든 과학 인재를 기르기 위한 대학 기관에 해당하므로, 현재의 과고 학생들은 유급하지 않는 한 카이스트의 동일 학과로 진학해야 하는 것이죠.

하지만 현재 과고 학생들은 졸업 후 서울대를 위시한 소위 명문대로 진학합니다. 이는 좋은 직업과 사회적 지위를 얻기 위해서는 카이스트보다 이 대학들이 유리하다고 생각하기 때문입니다.

외고를 생각하면 문제가 더욱 심각합니다. 우선 외국어 영재가 도대체 무엇인지, 이들을 육성할 특수목적고가 필요한지 의문입니다. 설혹 외고가 필요하다고 해도 이들 외국어 영재들을 교육할 대학은 아예 부재합니다. 과학 영재의 경우에는 카이스트를 떠올릴 수 있는데, 외국어 영재를 교육할 대학은 없습니다.[3] 그리고 외고 출신은 자신의 전공을 살리는 학생이 30% 정

---

3. 외국어대학이 외국어 영재를 교육할 고등교육 기관이라고 주장할 수 있지만 외국어대학이 외국어 영재를 육성할 대학으로 설립된 것이 아님은 누구나 아는 사실이다.

도밖에 되지 않습니다. 이는 누가 보더라도 외고가 입시 명문고로 전락했음을 나타내는 것입니다.

 굉장히 통렬한 비판이군요. 신보관 님은 어떻게 생각하시나요?

 고교 다양화 정책을 매우 편협하게 이해하면, 현진교 님처럼 생각할 수도 있습니다. 그러나 현재 특목고의 역할이 조금 미진하다고 해서 고교 다양화 정책의 참뜻을 부정해서는 곤란합니다. 특목고가 없으면 교육 수요자의 다양한 교육적 욕구를 충족시킬 수 있는 길은 없습니다. 하향 평준화된 일반고로는 교육 수요자의 요구를 만족시키지 못합니다. 현실에서 특목고가 어느 정도 문제가 있다고 하지만 설립 자체를 부정할 정도는 아닙니다.

 정책의 취지가 좋으면 현실에서 그 취지를 살리지 못하더라도 계속 그 정책을 유지해야 한다는 말씀인데, 저는 동의할 수 없습니다. 현실에서 문제가 있으면 그 근본적 취지 역시 반드시 재검토해야 합니다.
저는 특목고가 그 근본 취지를 살리지 못하는 것은 이들 학교를 확대한 정책이 신자유주의에 입각해 추진된 것이기 때문이라고 생각합니다.

 특목고가 그 근본 취지를 살리지 못하는 것이 수요자 중심 교육에 입각한 정책 때문이라고요? 어떤 의미인지 잘 이해가 되지 않는군요.

 저는 교육을 "인간은 누구나 동등하게 교육을 받을 수 있는 권리가 있다"는 헌법 정신에 입각해서 바라보아야 한다고 생각합니다. 그렇다면 "교육은 인간이 누려야 할 기본 권리로 시장 원리가 아니라 공공성의 입장에서" 이해해야 합니다.

 잠깐만요. 그 말씀을 이해하지 못하겠습니다. 교육 수요자의 다양한 교육적 욕구를 충족하는 것이 교육의 기회균등이라는 헌법 정신을 어떻게 위배한다는 것인가요? 교육 수요자의 욕구에 맞는 학교를 선택하도록 함으로써 오히려 교육받을 권리를 더욱 잘 실현할 수 있는 게 아닙니까? 헌법 제31조 1항에는 교육받을 기회가 균등하게 주어진다는 조항 앞에 "능력에 따른"이라는 전제 조건이 있습니다. 저는 특목고 확대가 교육의 기회균등 정신을 오히려 살리는 것이라 생각합니다.

 제가 보기에 그런 생각은 헌법 정신을 교묘하게 왜곡하는 것입니다. 헌법에서는 교육받는 주체를 교육 수요자라고 하지 않습니다. 시장에서 상품을 구매하는 수요자가 아니라 천부인권을 가진 인간으로서 교육받을 권리를 명시해놓은 것입니다. 그리고 "능력에 따른"이라는 말은 수학능력을 말하는 것으로 이해해야 합니다.

가령 대학에서 공부할 능력이 없는 학생이 대학에 들어가는 것은 바람직하지 못합니다. 반면에 공부할 능력이 있는데도 돈이 없어서 교육을 못 받는다면 그야말로 문제가 아닌가요?

특목고와 일반고 학생들의 부모의 경제적 지위를 조사한 결과를 보면, 특목고 학생들의 부모의 경제적 지위가 월등히 높은 것으로 나타났습니다. 사회 통계 조사에 의하면, 일반고 학부모의 월평균 소득은 400만 원 정도인데, 특목고 학부모는 727만 원을 상회한다고 합니다.

사실 학비를 비교해도 사회경제적 지위의 차이가 확연히 드러납니다. 등록금을 포함한 연간 학비 지출 총액이 일반고의 경우 평균 200~300만 원 정도지만, 특목고는 평균 800만 원을 상회합니다.[4] 또한 특목고에 입학하려면 중학교 때 성적이 대체로 우수해야 하는데, 이를 위해서 어릴 때부터 고액 과외를 받는 경우가 월등히 많습니다. 특목고에서 공부하려면 일반고에 비해 훨씬 많은 비용을 지불해야 하는 셈이죠. 부모의 사회경제적 지위가 특목고 입학에 상당한 영향을 미치는 것은 부정할 수 없습니다.

물론 과고의 경우 과학 영재의 육성이라는 특수목적을 제대로 실현한다면 그 공익적 가치로 인해 교육의 기회균등 정신을 일정하게 제약할 수 있습니다.[5] 그런데 애초에 특수목적을 실현하기 위해 외고와 과고를 확대한 것이라면 이런 자질을 갖춘 영재들을 제대로 선발하기 위한 시스템을 갖추어야 했습니다. 그리고 이들 학교에 들어온 학생들은 학비 걱정 없이 교육을 받을 수 있어야 합니다.

---

4. 이 단락에 나오는 통계 자료는 '위키피디아'를 검색하여 나온 자료를 참조함.
5. 헌법에 나온 기본권을 제한할 수 있는 중요한 조건은 바로 공공적 가치이다. 가령 도로를 낼 때 개인의 사유지를 국가가 강제적으로 수용할 수 있는 것은 도로가 사회적 공익성을 가지기 때문이다. 그래서 국가는 개인의 소유권을 일정하게 제약할 수 있다. 특목고는 과학 영재의 육성을 통한 과학 발전이라는 공익적 가치로 인해 교육의 기회균등이라는 헌법 정신을 일정하게 제약할 수 있는 것이다.

그러나 실제 현실은 그렇지 못합니다. 과고와 외고는 특수목적의 실현보다는 교육 수요자의 교육적 욕구를 실현하기 위해 확대되었습니다. 이에 사회경제적 능력이 있는 계층 출신들이 대거 입학하는 구조가 만들어진 것입니다. 이는 명백히 교육의 기회균등이라는 헌법 정신을 훼손하는 것입니다. 특목고 확대를 꾀하는 것은 어쩌면 예전의 경기고-서울대 라인의 부활을 욕망하는 계층을 대변하는 행태인지도 모르겠습니다.

 일견 타당할 수도 있는 얘기지만, 그런 문제점은 현재 충분히 보완되고 있습니다. 사회배려자(이하 사배자) 전형을 통해 가난한 집 출신 자녀 중에 능력이 되는 학생들이 특목고에 들어가서 공부할 수 있도록 충분히 배려하고 있습니다.

 저도 사배자전형을 알고 있습니다. 그런데 이것이야말로 교육 불평등을 심화시키는 학교 다양화 정책에 대해 눈을 감아 버리는 제도라고 생각합니다. 학교 다양화 정책으로 교육 불평등이 심화되고 있는데, "봐라! 사배자전형으로 가난한 사람들에게도 기회를 주지 않느냐? 무엇이 문제냐?"라고 하면서 이를 정당화하려는 것입니다. 속된 말로 "눈 가리고 아웅" 하는 것입니다. 저는 사배자전형과 같은 제도를 통해 교육 불평등을 일부 보완할 것이 아니라 근본적으로 치유할 수 있는 방안을 모색해야 한다고 생각합니다.

 역시 두 분의 의견이 팽팽히 맞서는군요. 이에 대한 판단은 독자들에게 맡기는 게 좋겠습니다.

특목고에 대해선 이 정도로 정리하고, 학교 다양화 정책의 일환으로 대두한 자사고 얘기로 넘어가보죠.

교육의 기회균등 정신과 자사고

 자사고가 본격적으로 출발한 것은 이명박 정부 시절입니다. 이 학교는 사립재단에서 일정한 정도의 금액(재단의 법정전입금은 약 5%로 규정)을 출연하고, 나머지는 학생들의 등록금으로 학교를 운영합니다. 실제 우리나라 일반 사립고들의 재단전입금 비율은 평균적으로 2%도 채 되지 않습니다. 일반 사립고는 전적으로 등록금과 국가지원금으로 운영된다고 해도 과언이 아닙니다. 자사고는 재단의 전입금을 5%로 하고 나머지는 국가지원금 없이 학생들의 등록금으로 운영하는 학교입니다. 그래서 이들 학교의 등록금은 일반고의 3배 가까이 됩니다.

사람들은 왜 이렇게 많은 등록금을 내면서 굳이 자사고에 자녀들을 입학시키려 할까요? 그것은 자사고가 교육과정을 자율적으로 편성할 수 있는 권한이 있기 때문입니다. 일반고의 교육과정은 교육부에서 정해놓은 틀을 벗어날 수 없는데, 자사고는 국가의 재정 보조를 받지 않는 대신 그 반대급부로 교육과정 편성에 상당한 자율권을 가지고 있습니다. 심지어 재단전입금이 20% 정도 되면 교육과정 편성에 어떠한 제약도 없이 완전히 자율적으로 편성할 수 있다고 합니다.

자사고는 이러한 권한을 가지고 어떤 교육과정을 편성할까요? 이는 충분히 예상하고도 남습니다. 철저하게 입시에 유리한 방식으로 교육과정을 짤 것입니다. 이와 같은 특혜 때문에

사배자 20%는 자사고의 부정적인 측면을 상당히 보완,
경쟁에서 승리한 사람들에게 더 좋은 혜택이 돌아가는 것은 당연

자사고는 최소한의 공익적 가치도 없이 노골적으로
구매 능력이 있는 사람들의 욕구를 보장하는 것,
사배자전형으로 교육의 기회균등이라는 헌법정신을 훼손하는
자사고 문제를 해결할 수 있을지 의문,
더욱이 사배자전형으로 들어간 학생들이 행복할지도 의문

학부모들이 비싼 학비를 기꺼이 감당하려고 하는 것입니다.

그렇다면 자사고를 어떻게 이해해야 할까요? 비록 논란이 될지언정 특목고는 과학과 외국어 영재 육성의 특수목적 실현이라는 공익성을 최소한의 명분으로 내걸었습니다. 자사고의 설립에는 어떠한 공익적 가치가 있을까요? 단언컨대, 자사고 설립에는 아무런 공익적 가치가 없습니다. 국가의 재정 지원 없이 교육 수요자인 학생(학부모)의 등록금만으로 운영하겠다는 명분 외에는 없습니다. 비싼 학비를 감당할 수 있는 부유한 사람들에게 노골적으로 특혜를 주겠다는 것입니다.

교육 수요자는 동일한 존재가 아닙니다. 시장에서 수요자는 구매 능력이 높은 사람들과 그렇지 못한 사람으로 나뉩니다. 자사고는 교육 시장에서 구매 능력이 높은 사람들에게 제공하는 일종의 고급 교육 상품인 셈입니다.

자사고는 최소한의 공익적 가치도 없이 노골적으로 구매 능력이 있는 사람들의 욕구를 보장하는 것입니다. 이런 노골적인 교육 불평등 정책이 사배자전형(자사고의 경우 약 20% 선발)으로 가려질 수는 없을 것입니다. 저는 자사고가 경제적 능력이 있는 사람들의 교육적 욕구를 충족시키기 위한 것으로 이는 헌법에 나온 교육의 기회균등 정신을 정면으로 위배하고 있다고 생각합니다.

 자사고에는 그런 측면이 분명히 있습니다. 저도 자사고의 사회적 필요성은 오직 비싼 등록금을 감당할 수 있는 사람들의 욕구를 충족시키는 것 외에는 별다른 공익적 가치가 없다고 생각합니다. 이에 대해 신보관 님은 어떻게 생각하시나요?

 결과적으로 그러한 측면이 있다는 것을 부정할 수는 없습니다. 그러나 시장에서 획일적으로 평준화된 학교만으로 교육 수요자의 다양한 욕구를 충족할 수 없기 때문에 자사고를 만들게 되었다는 점을 이해해야 합니다. 그리고 사배자가 무려 20%라는 것은 자사고의 부정적인 측면을 전부는 아니지만 상당히 보완한 것입니다.

게다가 시장원리 측면에서 보면 경쟁에서 승리한 사람들에게 더 좋은 혜택이 돌아가는 것은 당연하지 않나요? 경제력이 좋은 학부모의 자녀들이 특목고와 자사고에 들어가는 비율이 높은 것은 사실입니다. 솔직히 부유한 사람들은 시장 경쟁에서 열심히 노력하여 승리한 계층입니다. 이런 분들도 국민의 한 사람으로 자녀 교육에 대한 욕구를 가지고 있고, 이에 자신들의 욕구를 충족시킬 학교를 만드는 것은 당연합니다. 왜냐하면 열심히 노력하여 부를 쌓은 사람들을 우대해야만 다른 사람들도 열심히 노력할 것이기 때문입니다. 이 과정에서 부작용이 있다면 이를 보완하면 될 것입니다. 현진교 님은 사배자전형을 매우 부정적으로 보시는데, 저는 시장 경쟁에서 패배한 사람들을 배려하는 좋은 정책이라고 생각합니다. 이런 배려를 통해서 교육의 기회균등 정신도 어느 정도 살릴 수 있습니다. 이를 꼭 색안경을 끼고 보아야 할까요?

 역시 신보관 님의 신자유주의에 대한 신념은 확고해 보입니다. 현진교 님께선 더 하실 말씀이 있으신지요?

 앞서 제 생각을 다 이야기했으니 판단은 독자들에게 맡기겠습니다. 다만, 사배자전형으로 자사고에 들어간 학생들이 과연 행복할지 의문입니다. 이들이 사배자라는 신분이 들통 날까 봐 두려워하는 것은 아닌지, 자신을 당당히 드러내면서 다른 학생들과 잘 어울리면서 열심히 공부하고 있는지도 궁금합니다.

 저도 그 점이 우려스럽습니다. 사배자와 같은 아이디어는 매우 신중하게 접근해야 합니다. 이제, 다음 주제로 넘어가겠습니다.

학교 다양화 정책과 더불어 교육 수요자의 학교선택권을 보장하기 위해 일반고 내에서 '학교선택제'를 실시하고 있습니다. 이에 대해서 어떻게 생각하시나요?

2) 학교선택제

 학교선택제는 정말로 좋은 제도입니다. 특목고와 자사고를 모두 합쳐봐야 전체 학교의 6% 정도입니다. 인문계에서 일반고

일반고 내에서도 학생들이 자유로이 자신이 가고 싶은 학교를
선택할 수 있는 권리를 보장해야, 이 제도는 교육 불평등과 무관

학생과 학부모가 선호하는 학교가 되기 위해 교사가 입시경쟁교육에
적극적으로 나서게 돼, 학생들은 강화된 학칙 속에서
인권 침해를 당하고 강제 자습 등으로 힘겨운 학교생활을 감내해야

는 90%를 훨씬 상회합니다. 그렇다면 일반고 내에서도 학생들
이 자유로이 자신이 가고 싶은 학교를 선택할 수 있는 권리를
보장해야 할 것입니다. 이 제도는 교육 불평등과 무관하기 때
문에 현진교 님도 흔쾌히 동의하실 텐데요.

　학교선택제는 특목고와 자사고처럼 사회경제적 지위에 따른
교육 불평등을 심화시키는 것은 아닙니다. 하지만 이 또한 근
본적으로 재검토해야 할 지점이 있습니다. 학교선택제가 현실
에서 어떻게 나타나는지를 직접 체험한 교사로서 이야기하는
것입니다.

　학교선택제는 언뜻 들으면 학생들이 가고 싶은 학교를 선택
한다는 점에서 꽤 좋은 제도로 보이는데, 어떤 측면에서 재검
토가 필요한가요?

　학생들이 자신이 원하는 학교를 선택할 수 있다는 점 때문
에 상당히 매력적인 것 같지만, 현실에서는 많은 문제점이 드러
나고 있습니다.
　학교선택제 이전에는 동일학군 내에서 근거리 배정 원칙에
입각해 학생들을 각 학교에 강제로 배정했습니다. 이런 제도

아래서는 특정 학교에 성적이 좋은 학생들이 편중되지 않고 각 학교로 골고루 섞이게 됩니다.

그런데 학생들이 원하는 학교를 선택할 수 있게 되자, 문제가 생겼습니다. 서울에서는 1지망은 광역 학군으로 서울 어느 곳에 있는 학교도 선택할 수 있게 합니다. 하지만 1지망에서 자기 학군을 벗어나 실제 다른 학군의 학교를 선택하는 경우는 극소수입니다. 이는 타 학군의 학교를 선택하게 되면 멀어서 등교하기가 힘들고 함께 진학하는 친구도 거의 없기 때문에 거의 대부분의 학생들은 자기가 살고 있는 곳과 가까운 학교를 선택합니다. 2지망에서는 자기 학군에서만 선택하게 합니다. 3지망은 1지망과 2지망에서 선택한 학교에 추점되지 못하고 탈락하면 2개 정도 학군을 합쳐서 강제 배정하는 방식을 취합니다. 어쨌든 1·2지망에서 학교를 자유롭게 선택할 수 있는데, 이로 인해 학생들이 선호하는 학교와 선호하지 않는 학교가 드러나고 소위 인기 학교와 비인기 학교로 분리됩니다.

학생들이 특정 학교를 선호하는 이유는 다양합니다. 제일 중요한 이유는 명문대를 더 많이 보낸다고 알려진 학교입니다. 진학 이외에도 학생들이 학교를 선택하는 이유는 다양하죠. 예컨대, 남녀공학인지 아닌지도 중요한 요소로 작용합니다. 보통 남녀공학은 비선호 학교가 될 가능성이 높은데, 이는 공부하는 데 도움이 되지 않는다고 생각하거나, 또 남학생의 경우 여학생과 내신 경쟁하는 것이 불리하다고 생각하기 때문입니다. 두발 규제를 비롯한 학칙이 얼마나 엄격한지도 선택의 중요한 요인입니다. 학칙이 약하면 소위 문제 학생들이 많이 들어올 가능성이 크기 때문에 모범적이고 공부를 잘하는 학생들은 이런 학교를 싫어합니다.

학교선택제를 실시한 이후 모범적이고 공부 잘하는 학생들이 많이 몰리는 학교와 공부 못하는 학생들이 많이 모이는 학교로 분리되었습니다. 지역민들은 어떤 학교 학생들이 공부를 잘하는지 너무나 잘 알고 있습니다. 학교선택제로 인해 일반고 내에서 학교 분리 현상이 나타난 것입니다.

더 심각한 문제는 학교선택제로 인한 일반고 간 경쟁입니다. 학교선택제를 실시한 초기부터 많은 학교들이 공부 잘하는 학생들을 유치하기 위해 학교 홍보에 열을 올렸습니다. 학교의 상품화(시장화)가 이루어진 것입니다. 현재도 그러한 흐름은 마찬가지입니다.

문제는 많은 학교들이 모범생 학교라는 이미지를 만들기 위해 교칙을 강화한 것입니다. 이 과정에서 학생들의 인권 침해가 심화되고, 문제 학생들을 교육적으로 대하기보다는 학교로부터 추방하려는 모습이 일상화되었습니다. 이제 학교는 모범적이고 공부 잘하는 학생들을 받기 위해 경쟁하는 곳이 되어버렸습니다.

물론 학칙 강화뿐만 아니라 실제로 학생들을 열심히 공부시켜서 좋은 입시 결과를 내놓아야 합니다. 이 과정에서 강제 자습과 보충수업 같은 무리수를 두는 일이 발생합니다.

학교선택제 도입 이후 학생과 학부모가 선호하는 학교가 되기 위해 학칙을 강화하고 입시경쟁교육을 강화하는 일에 교사 스스로 더욱 적극적으로 나서게 되었습니다. 비선호 학교에는 성적이 좋지 못한 학생들이 많이 몰려 실제로 수업 시간이 매우 힘들어집니다. 게다가 학생들이 문제를 일으키는 경우가 많아 교사들은 힘들어집니다. 이에 교사들은 교육적 사고보다 어떻게든 공부 잘하는 학생들이 선호하는 학교로 만들어야겠다는 생각이 앞서게 됩니다.

한편, 학교선택제는 교육 수요자인 학생들에게도 그리 달가운 것이 아닙니다. 학교를 선택할 수 있으니 좋겠다 싶지만, 실제로는 그렇지 않습니다. 강화된 학칙 속에서 인권 침해를 당하기 일쑤이고, 강제 자습과 같은 비교육적인 조치로 인해 학생들은 힘겨운 학교생활을 감내해야 합니다.

 듣고 보니 학교선택제가 반드시 바람직한 것만은 아니군요. 신보관 님은 어떻게 생각하시나요?

 여러 가지 문제들이 있겠지만, 그 정도는 학생들의 선택권 보장이라는 상위의 가치를 위해서 어느 정도 감수해야 합니다. 학교들이 성적이 좋고 모범적인 학생들을 받기 위해 노력하는 모습은 학교 발전을 위해 필요 불가결한 것이라 생각합니다.

 그게 바로 문제입니다. 모든 학교들이 성적 좋고 모범적인 학생들을 받기 위해 노력하는 과정에서 수많은 학생들이 상처를 받게 됩니다. 교사들의 교육활동이 성적에 초점을 맞춘 채, 공부 못하고 말썽 부리는 학생들에 대해선 무관심하고 오히려 그들을 철저하게 배제하려 든다면, 과연 그런 모습이 교육적으로 온당한 것일까요? 교육은 사라지고 학교 간 경쟁에서 승리하기 위해 노력하는 교사들의 모습을 보면 무척 안타깝습니다. 말썽 부리는 학생들을 포용하고 교육적으로 따스하게 감싸는 선생님들이 일반적인 교사의 상이었는데, 학교선택제로 이런 교사의 모습은 점점 설 자리를 잃어가고 있습니다.

현직에 계신 선생님의 심정을 조금이나마 짐작할 수 있을 것 같습니다. 신보관 님께서는 더 하실 말씀이 있으신지요?

특별히 덧붙일 말은 없습니다. 다만 오늘 이 자리에서 학교선택제에 대해 새롭게 생각해보아야 하겠다는 점만은 밝혀두겠습니다.

전향적인 의견 감사합니다. 이제 수요자 중심 교육에 입각하여 추진한 다른 정책을 살펴보겠습니다. 어떤 것이 있을까요?

3) 교원평가

수요자 중심 교육에서 추구하는 정책으로 교원평가에 주목해야 합니다. 교육은 실제로 교사들에 의해 이루어집니다. 그러므로 교사들의 교육활동을 평가하여 그에 걸맞은 대우를 하는 것은 당연합니다. 그동안 교원평가제를 실시하여 교사의 평가 등급을 내고 그에 따라 차등한 대우를 하는 성과연봉제 도입을 꾸준히 추진해왔습니다.

네. 수요자 중심의 교육 원리에 의하면, 학교만이 아니라 교

*평가를 통해서 그에 맞는 대우를 하지 않으면
누구도 열심히 노력하지 않을 것,
표준화된 교육활동 매뉴얼을 만드는 것 또한 그리 나쁘지 않아*

*교원평가가 아니라 "수업평가"를 해야 하고
수업평가는 "정성적 평가"여야 한다,
교사들의 재능과 능력은 일률적이지 않고 획일화될 수 없어,
다양한 재능을 가진 교사들이 협력하여 교육하는 것이 교육활동의 본질*

사도 일종의 상품으로 봅니다. 교사 또한 교육 수요자에게 선택받아야 하는 것이죠. 즉 학생(학부모)이 교육 공급자인 교사를 평가하고 그 결과에 따라 차등한 대우를 해야 한다는 것입니다.

이런 논리에서 제일 먼저 들어온 것이 성과급제입니다. 현재는 성과급제와 기존에 있었던 근무평정제를 합치고, 이를 다시 교원평가제와 통합해 단일한 평가제도를 만들어서 이에 기초하여 성과연봉제로의 전환을 추진하다가 중단된 상태입니다. 만약 이런 일이 현실화된다면 교육현장에는 매우 심각한 문제가 발생할 것입니다.

 잠깐, 질문이 있습니다. 지금 말씀하신 성과급제와 교원평가제는 동일한 게 아닌가요? 교원평가를 해야 성과급을 차등 지급할 수 있을 텐데요?

 성과급제와 교원평가제는 다릅니다. 성과급 제도는 기존에 일괄 지급하던 수당을 차등 지급하는 제도로 도입되었습니다.

교원평가는 성과급과는 달리 교사의 수업과 생활 지도에 대

해서 교사 상호 간, 그리고 학생과 학부모가 교사를 평가하는 제도입니다. 이는 성과급제가 실시된 이후에 도입되었습니다. 기존의 성과급은 수업 자체를 평가하지 않고 다양한 교육활동과 근무태도 등을 평가했는데, 교원평가에서는 수업과 학생지도에 대해 중점적으로 평가합니다. 무엇보다 여기에는 학생과 학부모가 참여한다는 점에서 성과급과 커다란 차이가 있습니다. 또 현재의 교원평가제는 평가 결과를 급여의 차등 대우에 활용하는 것이 아니라 평가 점수가 낮은 교사들을 연수시키는 것으로 활용하고 있습니다.

 그렇다면 교원평가제를 긍정적으로 볼 수도 있겠네요. 교사의 수업과 학생지도에 대해 평가하는 것은 저희 같은 학부모 입장에선 환영할 만한 일입니다.

 교원평가를 찬성하는 학부모님들이 꽤 있습니다. 많은 학부모님들이 자식을 학교에 맡겨놓은 '을'의 입장에 있다고 느끼고 있습니다. 그동안 학교와 교사의 부당한 대우에 대해서 말도 못 하고 참기만 했다고 여기는 분들도 많을 겁니다. 이런 와중에 교원평가가 실시되니까 환영할 일이라 생각하시는 것 같습니다. 그동안 교사와 학부모가 서로 소통하면서 함께 교육해나가는 문화가 만들어지지 못했기 때문이겠지요. 교사들도 자신들의 교육활동을 비판적으로 성찰할 필요가 있을 것입니다.

그러나 교원평가는 교사(학교)와 학생(학부모) 간의 신뢰를 쌓고 함께 교육하는 문화를 만들어나갈 수 있는 방편이 되지는 못합니다. 저는 교원평가가 아니라 "수업평가"를 해야 한다고 생각합니다. 현재 교원평가는 수업과 학생지도에 대해 평가하지만, 여기에는 교사 상호 간은 물론 학부모까지도 평가에 참여합니다. 그런데 현실적으로 교사 상호 간, 학부모의 수업평가는 거의 불가능하고, 그럴 필요도 없습니다. 수업은 교사와 학생이 교과를 매개로 상호작용하는 것이기 때문에 이에 대한 평가는 학생들이 하는 것이 맞습니다. 이렇게 이루어진 수업평가를 통해 교사와 학생이 서로 피드백을 하고, 이로써 상호 소통이 이루어지는 수업 문화를 만들어가야 합니다. 따라서 수업평가는 현재의 교원평가처럼 정량적 평가가 아니라 "정성적 평가"여야 하는 것입니다.

현재의 교원평가제는 궁극적으로 수업활동을 개선하기 위한 것이 아닙니다. 물론 수업활동을 개선하려면 교사들끼리는 공동의 수업 연구를 통해서 수업 방법을 개선하고 연구 수업을 통해서 상호 간 수업의 질을 높이는 데 협력하면 됩니다. 그리고 학부모의 평가 참여는 필요치 않습니다. 초등학교 저학년의 경우에는 학부모의 참여가 필요할지도 모릅니다. 너무 어린 학생들에게는 수업평가를 한다는 것 자체가 매우 어렵기 때문입니다. 이는 수업평가 또한 다양한 조건과 상황을 고려하지 않고 일률적으로 할 수 없다는 것을 의미합니다.

현실에서 교원평가에서 더욱 문제가 되는 것은 정량적인 평가입니다. 정량적인 평가는 궁극적으로 교사의 등급을 매기기 위해서입니다. 그렇지 않다면 정량적인 평가를 할 이유가 없겠지요.

성과급제와 통합된 교원평가제를 정량적 평가에 기초하여 실시하려면 교육활동을 표준화된 지표로 만들어서 표준화, 획일화할 수밖에 없습니다. 그렇지 않으면 정량적 평가는 불가능합니다. 그런데 과연 교육활동을 표준화, 획일화할 수 있을까요? 교육활동은 개성을 지닌 교사와 학생이 상호작용하는 것입니다. 이런 활동은 공장에서 상품을 찍어내듯이 표준화, 획일화할 수 없습니다.

그럼에도 교육활동에 대해 표준화된 지표에 기초하여 정량적인 평가를 하고, 이에 기초하여 급여를 차등 지급하는 교원평가와 성과연봉제가 도입된다면 교육활동의 본말이 전도될 것입니다. 교사는 어쩔 수 없이 좋은 평가를 받아서 높은 연봉을 받으려고 할 것입니다. 결국 교사의 교육활동은 교육 그 자체가 아니라 높은 연봉을 받기 위한 활동으로 변질될 것입니다. 이 과정에서 교사들은 교육적 소신보다 평가를 위해 표준화된 지표에 맞추어서 활동할 수밖에 없습니다. 그런 분위기에서 살아 숨 쉬는 교육이 가능할까요?

 듣고 보니까 교원평가제와 성과연봉제는 쉽게 접근할 문제가 아니군요. 현진교 님은 교원평가제의 대안으로 수업평가를 해야 한다는 입장이시죠? 그렇게 하더라도 현실적으로 수업을 더욱더 잘하고 열심히 하는 교사가 있는가 하면, 그렇지 않은 교사들도 있을 겁니다. 이런 차이를 인정하고 그에 맞는 대우를 하는 것은 필요하지 않을까요?

 그런 주장이 교원평가에 내재된 일반적인 사고입니다. 어떻게 보면 능력에 따라 봉급에 차이를 두는 것은 당연하다고 생각할 수도 있겠죠. 그러나 이런 사고는 현실을 매우 단순하게 보는 것입니다.

교사들의 교육활동 역량은 단순히 누가 더 수업을 잘하느냐로 결정되지 않습니다. 어떤 분은 수업에 재능을 나타낼 수 있지만, 다른 분은 상담이나 학생지도에 더욱 커다란 재능을 나타낼 수도 있습니다. 교사들의 재능과 능력은 일률적이지 않고 획일화될 수 없습니다. 다양한 재능을 가진 교사들이 함께 어우러져서 협력하고 힘을 합쳐서 교육하는 것이 교육활동의 본질입니다. 교사들이 객관적인 평가 지표에 맞추어서 점수를 잘 받기 위해 서로 경쟁한다면 소통하고 협력하는 교육은 사라질 것입니다.

교원평가와 성과연봉제의 더욱 커다란 문제점은 교사들의 회의감을 불러올 수 있다는 사실입니다. 즉, 많은 교사들이 자신의 교육활동이 단지 높은 연봉을 위해서인지 아닌지 고민하게 되면서 마음에 상처를 입고 자존감의 상실을 느끼게 될 것입니다. 이는 평가 등급이 좋은 교사나 그렇지 않은 교사나 마찬가지입니다. 등급이 높은 사람 입장에선 자신의 교육활동이 높은 연봉을 받기 위한 그저 그런 활동이 되어버리는 것이고, 소신 있게 열심히 활동한 사람일지라도 낮은 등급을 감내하기는 쉽지 않을 것입니다.

 상당히 일리가 있는 말씀입니다. 신보관 님은 어떻게 생각하시나요?

 현진교 님의 주장도 일리는 있지만, 저는 평가를 통해서 그에 맞는 대우를 하지 않으면 누구도 열심히 노력하지 않을 것이라고 생각합니다. 연봉을 차등하게 지급한다면 교사 간 경쟁을 유발할 수 있고, 결과적으로 교사들이 좀 더 양질의 교육을 제공하기 위해 노력할 것입니다. 그리고 교육활동의 표준화, 획일화를 말씀하시는데, 표준화된 교육활동 매뉴얼을 만드는 것 또한 그리 나쁘지 않다고 생각합니다. 교육활동에 일정한 준거점이 되지 않을까요.

 그 점에서 차이가 있군요. 신자유주의를 신봉하는 사람들은 경쟁 원리를 도입해야만 사람들이 노력하고 자기 발전을 꾀할 것이라고 여깁니다. 이런 견해는 단순한 일반론에 불과합니다. 즉, "경쟁체제를 도입하면, 경쟁에서 승리하여 더 높은 연봉을 받기 위해 열심히 노력할 것이다. 그렇지 않으면 그저 적당히 일하고 월급을 가져갈 것"이라고 생각합니다. 이런 측면이 전혀 없지는 않겠죠. 그러나 대부분의 사람들은 단지 돈을 더 받기 위해서만 일을 하는 것이 아닙니다. 많은 교사들이 학생들을 지도하고 가르치는 일 그 자체에서 보람과 자긍심을 느낍니다. 교사뿐만 아니라 다른 직종에서 일하는 사람들도 일을 통해서 자기실현을 하는 존재입니다.

교사들은 학생들이 자신의 수업을 경청하고 학생들과 질문을 주고받으며 서로 교감할 때 기쁨을 얻습니다. 수업 시간에 학생들과 교감이 잘 이루지지 않으면 상당히 고통스럽습니다. 저는 이런 기쁨과 고통을 매년 느끼고 있습니다. 괴로운 수업 시간이 되지 않게 하려고 교사들은 부단히 노력합니다. 물론 교사의 보람과 기쁨은 수업에만 있지 않습니다. 방황하는 학생들, 문제를 일으키는 학생들과 소통하면서 그들이 마음을 잡고 제대로 생활할 때 무엇보다 큰 기쁨과 보람을 누립니다.

교사와 학생은 인간입니다. 개성을 가진 인간은 서로 교감하고 소통하면서 기쁨과 보람을 느낍니다. 이 과정은 물건을 찍어내는 것처럼 표준화될 수 없습니다. 학생마다 처한 조건과 상황이 다르고, 무엇보다 학생들의 개성과 사고방식이 다르기 때문입니다. 교사는 학생들의 개성과 그 상황에 맞추어서 교육활동을 해야 합니다.

교원평가제와 성과연봉제를 주장하는 사람들은 이렇게 하지 않으면 교사들이 적당히 일하고 월급만 받아 갈 것이라고 생각하지만, 이것은 인간을 전혀 신뢰하지 않는 사고방식입니다. 이런 발상이 교육계에 들어와서 제도화된다면 과연 교육이 어느 방향으로 갈까요? 학교현장은 교사 상호 간 교육을 위해 서로 협력하고 소통하기보다 약육강식의 정글로 변할 것입니다.

 역시 두 분은 근본적으로 생각이 다른 것 같습니다. 이 역시 독자들이 판단할 것입니다. 지금까지 중등교육의 수요자 중심 교육에 관해 토론했습니다. 논쟁이 될 만한 문제들에 대해서는 웬만큼 의견을 나누었으니, 이제 다음 주제인 대학평준화 문제로 넘어갈까요?

4) 대학과 등록금 그리고 학생 선발제도

 그전에 한 가지 더 다루어야 할 문제가 있습니다. 신자유주의 정책으로 인해 대학 교육이 어떻게 변했는지에 관한 것입니다. 대학 교육의 변화는 중등교육에도 상당한 영향을 미치기 때문입니다.

 타당한 말씀입니다. 먼저 의견을 들려주시죠.

 신자유주의가 대학 교육에 미친 가장 커다란 영향은 대학 등록금 문제입니다. 신자유주의는 "작은 정부를 지향하여 국가의 개입은 최소화하고 시장에 맡기자"는 논리에 기초합니다. 대학 교육 또한 국가 개입은 최소화하고 시장원리에 맡기는 정책을 꾸준히 시행해왔습니다.

대학 교육을 시장에 맡기자는 논리는 각 대학의 재정을 대학 스스로 시장에서 해결해야 한다는 것을 의미합니다. 이에 대학 재정에 대한 국가 지원은 줄어들었고 대학이 스스로 재정을 책임지는 상황이 만들어졌습니다.

대학 스스로 재정을 마련하는 방법에는 어떤 것이 있을까요? 우리나라에서는 독립사립대학이 절대다수를 차지합니다. 이들 대학 재정의 원천은 크게 세 가지로 요약됩니다. 첫째는 재단의 수익사업이고, 둘째는 동문들의 기부금이며, 마지막으로는 학생의 등록금입니다. 재단의 수익사업은 대학이 기업체가 아니기 때문에 재정 문제를 해결하는 데 한계가 있습니다. 그래서 졸업한 동문들이 내는 기부금과 재학생이 납부하는 등록금이 매우 중요해집니다. 현재의 대학은 동문들의 기부금을 위해 졸업생들에게 소식지를 보내고 기부금을 낼 것을 끊임없이 강요하고 있습니다.

그런데 대학 재정에 가장 중요한 것은 역시 학생들이 납부하는 등록금입니다. 대학 재정 문제 해결의 가장 간단한 수단은 등록금 인상입니다. 이는 수요자 중심 교육의 원리에 입각해서 보면 너무나도 당연한 현상입니다. 교육 수요자는 "교육 상품에 대한 선택권만 있는 것이 아니라 그에 대한 비용을 지불"해야 합니다.

수요자 중심 교육으로 대학 등록금이 감당하기 힘든 수준으로 올랐습니다. 2012년 대학가를 중심으로 타올랐던 반값 등록금 투쟁은 대학 등록금의 폭등에 맞선 사회적 투쟁입니다. 신자유주의 정책에 대한 직접적인 반발이었던 것이죠. 당시 등록금을 마련하기 위해 알바를 하다가 다치거나 심지어 죽는 학생까지 생겨 많은 사람들이 안타까워했습니다. 지금도 학생들의 처지는 크게 달라지지 않았습니다. 가난한 서민 출신들은 등록금과 생활비를 마련하기 위해서 일하고 지친 몸으로 강의도 듣고 공부를 해야 하는 처지입니다. 이런 상황은 수요자 중심 교육이 무엇인지 잘 보여줍니다.

 저는 현진교 님의 견해에 대해서 결코 동의할 수 없습니다. 수요자 중심 교육은 1995년에 처음으로 내세워졌습니다. 우리나라 대학 등록금은 1995년 이전에도 이미 매우 높은 수준이었습니다. 수요자 중심 교육 이후에 등록금이 폭발적으로 증가한 것은 아닙니다. 그리고 모두 만족시킬 순 없지만, 2012년 반값 등록금에 대한 여론을 수용하여 지금은 어느 정도 등록금 문제가 해결되었다고 생각합니다.

무상교육은 현실성이 없어,
장학금과 학자금 대출 제도의 문제점을 보완하는 방식이 더 합리적

신자유주의 정책으로 대학 등록금 폭등, 반값 등록금 투쟁은 이에 맞선
사회적 투쟁, 재정 투입으로 등록금 부담을 점진적으로 줄여가야,
유럽과 같은 무상교육을 지향하는 사회적 합의와 의지가 중요

   1995년 이전에도 대학 등록금은 상당히 높은 수준이었습니다. 이에 수요자 중심 교육과 대학 등록금을 직접 연계할 수 없다는 주장도 어느 정도 일리가 있어 보입니다. 그러나 수요자 중심 교육이 추진된 이래 국가는 교육을 시장에 떠넘겼습니다. 국가는 교육에 적극 개입하여 등록금 인상을 자제시키고 대학에 대한 지원금을 늘림으로써 대학 등록금을 낮추려는 시도를 거의 하지 않았습니다. 이에 등록금은 일반 서민들이 감당하기 어려운 수준으로 올랐고, 많은 사람들이 고통을 받고 있습니다.

사실 교육의 기회균등이라는 헌법 정신을 실현하려면 많은 재정을 투입하여 학생들의 대학 등록금 부담을 점진적으로 줄여가야 합니다. 돈이 없어서 배울 기회를 갖지 못하거나 어려움을 겪는다면, 이는 헌법 정신에 위배되는 나쁜 사회일 것입니다.

게다가 현재 등록금 문제가 어느 정도 해결되었다고 보시는 데에는 상당한 오해가 있습니다. 반값 등록금 투쟁 당시의 요구는 말 그대로 대학 등록금을 절반 정도로 낮추라는 것이었습니다. 학생들과 시민들의 이러한 요구에 새누리당과 박근혜 정부는 장학금과 학자금 대출을 늘리는 방식으로 대응하였습니다.

저는 당시 정부 측이 이런 방식으로 대응한 것은 한국 사회가 보편복지의 방향으로 나아가는 것을 저지하기 위한 것이라고 봅니다. 그 이유는 간단합니다. 가령 대학 등록금을 획기적으로 낮추려면 많은 재원이 필요합니다. 이런 재원 마련은 결국 증세를 통해 해결할 수밖에 없고, 종국적으로 누구에게 증세의 부담이 가중될까요? 누구나 예상할 수 있듯 결국 부유한 계층의 부담이 될 수밖에 없을 것입니다. 부유한 계층의 입장에서 보면 반값 등록금 실시로 자신들이 받는 혜택은 별것 아닌데, 보편복지로 사회가 방향 전환을 함으로써 세금을 더욱 많이 부담해야 하는 현실을 쉽게 받아들이기 어려웠을 것입니다.

저도 지금 당장은 장학금 제도 자체를 없애는 것에 동의하지 않습니다. 등록금이 획기적으로 경감되어서 누구나 부담 없이 대학을 다닐 수 있게 되기 전까지는 가정 형편이 어려운 사람들에게 아무런 조건 없이 장학금을 지급해야 합니다. 학자금 대출이 필요한 사람들에게는 무이자에 가깝게 빌려주고 그 상환도 취업 이후로 충분히 늦추어주어야 합니다.

현재는 장학금을 늘리긴 했으나 그 수혜 대상이 되려면 일정한 수준 이상의 성적을 요구합니다. 가정 형편이 어려운 학생들은 학비에다 생활비까지 감당하려면 알바를 할 수밖에 없으니 학점 관리가 쉽지 않습니다. 그러다 보니 장학금을 받기가 어렵고, 결국은 더 많은 알바를 해야 하는 악순환에 빠지게 됩니다. 이 때문에 많은 대학생들이 대출에 의존하는 것입니다. 더욱이 알바를 하느라 취업 준비를 제대로 하지 못한 이들은 졸업 후에도 취업에 어려움을 겪기 때문에 빚의 늪에 빠지게 되는 것입니다.

장학금과 대출을 늘려도 사각지대에 놓인 청년들은 여전히 어려움을 겪고 있군요. 등록금 자체를 낮추는 방향으로 가는 것을 충분히 고려해보아야 할 텐데요. 신보관 님은 어떻게 생각하시나요?

 대학 학비를 점점 낮추어서 궁극적으로 무상교육을 실현하는 것은 말은 좋으나 현실성이 없다고 생각합니다. 대학 무상교육을 위해선 세금을 엄청나게 많이 내야 하는데 국민들이 이에 쉽게 동의하지 않을 것입니다. 현재 시행되고 있는 장학금과 학자금 대출 제도의 문제점을 보완하는 방식이 더 합리적일 것입니다.

 맞습니다. 저도 당장 무상교육을 하자고 주장하는 게 아닙니다. 무상교육을 실시하는 유럽의 여러 나라들과 우리는 상황과 조건이 다릅니다.

문제는 '대학 무상교육에 대한 사회적 의지가 있느냐?'입니다. 무상교육 추진에 대한 사회적 합의가 이루어진다면 얼마든지 문제를 해결할 수 있습니다. 당장 실시하기 어려우면 우선 등록금 인상을 억제하고 이를 점진적으로 낮추면 될 것입니다. 완전한 무상교육에는 한 세대도 훨씬 넘는 시간이 걸릴지도 모릅니다. 중요한 것은 이를 위해 부자 증세를 포함한 증세에 대한 사회적 합의를 모아내는 것입니다. 결국 '사회를 어떤 방향으로 이끌어갈 것인가?'라는 사회적 합의와 의지가 중요합니다.

 두 분의 해결책 모두 나름의 합리성이 있습니다. 사람들이 앞으로 어떤 선택을 할지 궁금합니다.

또 한 가지 짚고 넘어갈 게 있습니다. 교육을 시장에 맡기면 국가의 영향력은 줄어들고 시장에서 활동하는 주체의 영향력이 강화될 것입니다. 따라서 시장에서 스스로 재정을 책임지는 대학들도 상당한 자율권을 갖고 교육에 강한 영향력을 행사할 것으로 보입니다. 특히 대학이 중등교육에 미치는 영향이 상당할 것입니다. 이에 대한 의견을 듣고 싶습니다.

 그 문제에 대해 전적으로 공감합니다. 교육을 시장에 맡긴다면 시장에서 활동하는 주체들은 자신의 이익에 따라 행동할 것입니다. 교육에서 가장 강한 영향력을 행사하는 기관은 대학입니다. 대학이 자신의 이익을 위해 행동하는 분야로 중등교육에 가장 커다란 영향을 미치는 것은 '학생 선발을 위한 입시제도'입니다. 대학은 학생 선발에 상당한 자율권을 가지고 자신에게 가장 이익이 되는 방향으로 입시제도를 활용하고 있습니다. 좀 더 구체적으로 이야기해보겠습니다.

현재 대학의 학생 선발 방식은 기본적으로 수시모집과 정시모집으로 구분됩니다. 수시모집은 다시 학생부교과전형과 학생부종합전형 그리고 논술전형으로 구분됩니다.[6] 이에 대학 입시제도는 학생부교과전형, 학생부종합전형, 논술전형 그리고 정시모집으로 크게 네 가지가 존재합니다.

네 가지 전형들을 구체적으로 들여다보면 학생 선발제도는

---

6. 수시모집에는 이 외에도 적성고사와 교과특기자전형 등이 있다. 교과특기자전형은 주로 예체능 계열에 해당되고 적성고사는 현재 이를 실시하는 대학이 많이 줄어서 입시에서 그 영향력이 미미하다고 할 수 있다. 그래서 이 두 전형을 제외하고 살펴보는 것이다.

대학마다 다르며 아주 복잡한 체계를 가지고 있습니다. 수시모집의 경우 학생부교과와 학생부종합 그리고 논술전형을 활용하는 방식과 그 비중이 대학마다 다릅니다. 이는 각 대학들이 자신의 위치에서 최대한 우수한 학생들을 선발하기 위해 복잡한 공식을 가지고 있기 때문입니다. 그리고 각 대학은 내신과 수능 점수를 반영하는 방식에서도 차이가 납니다. 가령 수시전형에서는 대학과 학과마다 반영하는 교과목 수와 점수 산정 방식 그리고 과목 가중치 등이 다릅니다. 이는 정시전형에서도 수능점수와 교과내신을 반영하는 방식이 천차만별입니다. 이처럼 각 대학들은 자신의 위치에서 최대한 우수한 학생을 선발하기 위해 가장 유리한 선발제도를 고안하고 활용하고 있습니다. 이에 매우 복잡한 체계를 가진 학생 선발제도가 생겨난 것입니다.

 핵심적인 설명 잘 들었습니다. 사실 학부모의 입장에서 보면 대학마다 선발제도가 다양하여 자신에게 가장 유리한 입시 전형을 찾을 수밖에 없습니다. 울며 겨자 먹기 식으로 사교육 기관의 입시 컨설팅을 찾는 경우도 많지요. 아무래도 입시에 좀 더 전문적인 사교육 기관이 학교보다 믿음이 더 가는 것이 솔직한 심정입니다. 그런데 입시 컨설팅을 받는 순간에는 뭔가 커다란 도움이 되는 것 같지만, 시간이 지날수록 감언이설에 속은 것 같기도 하고 마음이 복잡해집니다. 신보관 님께서는 이런 상황을 어떻게 보시나요?

 저도 현재의 학생 선발을 위한 입시제도가 매우 복잡하다는 것을 알고 있습니다. 그런데 대학들이 자신의 위치에서 우수한 인재를 최대한 유치하기 위해 노력하는 것은 당연합니다. 또 이 과정에서 입시 컨설팅과 같은 사교육 시장을 키운 점은 있지만 이는 우수한 인재를 선발하려고 경쟁하면서 부수적으로 생긴 것으로 그리 중요한 문제는 아니라고 생각합니다.

오히려 복잡한 입시제도는 학생들에게 기회입니다. 돈이 조금 들더라도 입시 컨설팅을 통해 자신에게 가장 유리한 선발제도를 가진 대학과 학과를 찾는다면 그 보상은 충분히 되고도 남음이 있을 겁니다. 복잡한 제도로 인해 학생들은 오히려 다양한 길을 모색할 수 기회를 얻게 된 게 아닌가요.

 어느 정도 일리가 있는 듯하지만, 조금만 깊이 들여다보면 상당한 문제점이 드러납니다. 우선 복잡한 입시제도 속에서 자신에게 맞는 길을 찾는다고 하지만 그만큼 준비해야 할 것이 많습니다. 단 하나의 전형만을 고집하다가 실패하면 다른 대안이 없기 때문에 학생들은 학생부교과, 학생부종합, 정시 중에서 어느 것 하나 소홀히 할 수 없습니다. 이에 학생들의 부담은 가중되고 그만큼 사교육에 의존하는 경향이 커지는 것입니다.

그런데 대학들이 자기 이익을 위해 행동함으로써 나타나는 결정적인 문제는 복잡한 입시제도가 아닙니다. 그것은 부수적으로 나타나는 현상에 불과합니다. 더욱 중요하고 결정적인 문제는 대학들이 자기 이익을 위해 행동함으로써 교육 불평등이 심화된다는 사실입니다.

 대학들의 자기 이익을 위한 행동과 교육 불평등을 연관 짓는 것은 도무지 이해가 되지 않습니다. 어떤 근거에서 그런 주장을 하시는 건지요?

● 입시전형과 대학의 이해관계

 노무현 정부 시기 내신 강화 정책을 돌아보면 충분히 이해할 수 있을 것입니다. 노무현 정부는 내신 강화를 위해 절대평가제 대신 9등급의 상대평가제를 도입했습니다. 절대평가제도 아래에서는 고교의 내신 부풀리기 현상으로 인해 내신은 변별력이 거의 없어서 입시의 전형 요소로 역할을 하지 못했습니다. 그래서 수능 성적이 대학 입시를 결정하는 가장 중요한 요소였습니다. 노무현 정부는 내신을 강화하여 학생들이 학교 수업에 충실할 수 있도록 유도하여 학교교육을 정상화하려 했습니다. 이에 내신을 9등급의 상대평가제로 전환하여 변별력을 확보하고 이를 통해 입시에서 내신을 중요한 전형 요소로 삼으려고 했습니다.

내신을 상대평가로 전환하여 대학 입시에서 그 비중을 높이면 공부를 잘하는 학생들이 많이 모여서 내신을 잘 받기가 어려운 특목고는 불리해지는 반면 일반고는 유리해집니다.[7] 그런데 서울에 소재하는 중·상위권 대학들은 이런 상황을 반기지 않았습니다. 그 이유는 무엇일까요?

사실 대학들은 부유층 자녀들이 많이 입학하기를 바랍니다.

---

7. 당시 특목고에 들어갈 정도 성적인 학생들이 내신 성적을 수월하게 받기 위해 일반고에 들어가는 경우가 상당히 발생하였다. 일반고인 필자의 학교에도 이런 몇몇의 우수한 학생들이 들어왔던 경험이 있다.

입시 컨설팅을 통해 유리한 선발제도를 가진 대학과 학과를 찾는다면
복잡한 입시제도는 학생들에게 오히려 다양한 길을 모색할 수 기회

수요자 중심 교육으로 자율권이 높아진 대학들은
최대한 이익이 되는 방향으로 입시제도를 활용,
이는 부유한 계층에게 유리하게 작용하여 교육 불평등 심화를 초래

이들이 많이 들어오게 되면 대학의 위신을 높이는 데 도움이 된다고 생각합니다. 즉, 이들은 졸업 후에도 그들의 부모가 누리고 있는 사회적 부와 지위를 그대로 누릴 가능이 매우 높아서 대학의 위상을 높일 수 있다는 것입니다. 그리고 자연스럽게 이들은 졸업 후 기부금을 많이 낼 수 있습니다. 또한 등록금을 아무리 올려도 잘 납부할 수 있습니다. 이는 교육을 시장에 맡겨서 대학 스스로 알아서 재정을 마련하게 하는 신자유주의 교육정책으로 말미암아 대학들이 갖게 된 어쩌면 자연스러운(?) 생각입니다.

특목고에 이를 충족할 수 있는 계층 출신들이 많이 다니고 있는 것은 공공연한 비밀입니다. 이에 서울의 명문 대학들은 자칫 불리한 듯 보이던 특목고 학생들에게 유리한 선발제도를 도입하려 했습니다. 그것이 바로 논술전형입니다. 당시 대통령조차도 "이미 권력은 시장으로 넘어갔다"고 할 정도로 신자유주의적 분위기가 팽배했습니다. 국가는 대학들이 논술전형을 도입하여 내신 강화 정책을 무력화시키는 행태에 대해 속수무책이었습니다. 이렇게 도입된 논술전형을 통해서 서울의 중·상위권 대학들은 자신들의 입맛대로 특목고 학생들을 선발했고, 특목고는 기사회생할 수 있었던 것입니다.

노무현 정부 당시에 서울의 일부 사립 명문 대학들이 고교

등급제를 내밀하게 적용하다가 발각되었던 사실을 기억하실 것입니다. 커다란 사회적 파장을 불러일으켰었지요. "고교 간 학력 차이를 인정하지 않는 내신은 믿을 수 없다"는 명분으로 자행된 고교등급제의 적용은 내신 강화 정책에 대한 또 다른 반발이었습니다. 물론 당시 이 대학들은 엄청난 비난 여론에 휩싸였고 고교등급제 적용을 철회할 수밖에 없었습니다.

그런데 이명박 정부 때 도입된 입학사정관전형(현재는 학생부종합전형으로 변경됨)은 대학들이 고교등급제[8]를 합법적으로 적용할 있는 면죄부를 줄 수 있는 제도입니다. 익히 알고 있듯이 학생부종합전형은 교과내신 성적만이 아니라 비교과 활동까지도 평가의 요소로 활용할 수 있습니다. 비교과 활동을 평가 요소로 산정하기 때문에 이를 통해 일반고보다 교과내신 성적이 낮은 특목고와 자사고 학생들을 합법적으로 선발할 수 있게 되었습니다.

대학교육협의회에서 발표한 2017학년도 수시모집의 경우를 보면 전국적으로 교과내신을 통해 선발하는 학생부교과전형은 39.7%를 차지하고, 비교과를 선발 요소로 포함하는 학생부종합전형은 20.3%를 차지하며, 논술전형은 6%를 차지했습니다. 이를 서울의 명문 12개 대학[9]으로 좁히면 학생부교과전형은 약 5.2%를 차지하고, 학생부종합전형은 36.8%, 논술전형은 17.7%를 차지하는 것으로 나타납니다.

주지하듯이 논술전형과 학생부종합전형은 교과내신을 받기

---

8. 실제로 대학들은 자기 학교에 입학한 학생들의 수능 점수 평균을 고교별로 내고 있다고 한다. 이는 고교등급제를 적용할 자료로 충분히 활용될 수 있는 것이다.
9. 고려대, 서강대, 서울대, 성균관대, 연세대, 한양대, 건국대, 경희대, 서울시립대, 이화여대, 중앙대, 한국외대 등을 말한다.

불리한 특목고와 자사고에 유리한 전형임에 비해 학생부교과전형은 일반고에 유리한 전형입니다. 이에 서울의 명문 대학들은 특목고와 자사고 학생들을 선발하기 위해 학생부종합전형과 논술전형의 비중을 학생부교과전형보다 월등히 높이는 것입니다.

실제로 서울의 명문 10개 대학[10]의 입시 결과를 보면 학생부교과전형에서는 일반고가 92%를 차지했고, 특목고와 자사고는 1.3%와 0.2%를 차지한 것으로 나타났지만, 학생부종합전형에서는 일반고가 63.5%를, 특목고와 자사고는 15.5%와 8.3%를 각각 차지한 것으로 나타났습니다. 논술전형의 경우에 일반고는 68.9%, 특목고와 자사고는 9.6%와 15.1%를 각각 차지했으며, 정시모집에서는 일반고가 61.6%를, 특목고와 자사고는 13.7%와 16.9%를 각 각 차지한 것으로 나타났습니다.

역시 예상처럼 특목고와 자사고에 유리한 학생부종합전형과 논술전형 그리고 정시모집에서 이들 학교 출신의 합격자 비중이 일반고 학생들보다 월등히 높다는 것을 알 수 있습니다. 실제로 특목고는 전체 학교 정원의 3.9%, 자사고는 2.6% 정도를 차지하지만, 학생부종합전형과 논술전형 그리고 정시전형에서는 그들의 정원에 비해 몇 배나 높은 비율로 서울 소재의 중·상위권대학에 합격하고 있습니다. 이는 서울의 명문 대학들이 특목고와 자사고 출신 학생들을 선발하기 위해 학생부종합전형과 논술전형의 비중을 높이는 등 선발제도를 이들에게 유리하게 만들었기 때문입니다.

---

10. 경희대, 고려대, 서강대, 서울여대, 성균관대, 숙명여대, 연세대, 중앙대, 한국외대, 한양대 등을 말한다.

결국 수요자 중심 교육으로 인해 자율권이 높아진 대학들은 자신들에게 최대한 이익이 되는 방향으로 입시제도를 활용하였고, 이는 결국 부유한 계층에게 유리하게 작용하여 교육 불평등이 점점 심화되는 결과를 초래했습니다.

 저는 그러한 것들이 그리 큰 문제라 생각하지 않습니다. 그 누구든지 자신의 이익을 위해 살아갑니다. 이는 자본주의사회에서 매우 자연스러운 현상입니다. 대학이라고 해서 다르지 않습니다. 대학들도 우수한 인재를 선발하기 위해 자신에게 유리한 제도를 도입할 권리가 있습니다. 그것이 특정 누구에게 유리하게 작용한다는 사실만으로 대학의 권리를 박탈할 수 없습니다. 오히려 대학들은 자신에게 최대한 이익이 되는 방향으로 노력하고 경쟁하는 과정에서 질 좋은 교육을 제공할 수 있다고 생각합니다.

5) 소통과 협력 교육에 대하여

 두 분의 의견 잘 알겠습니다. 다음 주제로 넘어가도 될까요?

 마지막으로 드리고 싶은 이야기가 있습니다. 그동안 수요자 중심 교육은 '교육 수요자의 선택권'이라는 이념 아래 다양한 개혁 정책을 추진하여 교육현장의 시장화를 통해서 경쟁교육을 강화했습니다.

저는 이제 우리 사회가 수요자 중심 교육이 표방하고 있는

소통과 협력 교육'을 만들어내기 위한 개혁을 사회적 의제로 삼아야,
외고와 자사고 폐지, 협력형 학생배정제, 소통형 수업평가제,
소통형 대학평가제, 협력형 교육과정, 교장 선출보직제, 공교육 강화로
나아가야

교육 수요자의 선택권 이념을 넘어서야 한다고 생각합니다. 시장주의 정책을 통해서 경쟁교육의 강화를 추구하는 것은 원래 입시경쟁이 너무나도 치열한 한국 교육을 더욱 수렁으로 밀어 넣는 것입니다.

수요자 중심 교육에서 표방하는 교육 수요자의 선택권 이념은 결국 소비자가 상품을 선택하는 원리를 교육에 도입하는 것입니다. 주지하듯이 특목고를 늘리고 자사고를 도입하여 고교 평준화 시스템에 손질을 가한 것은 교육 수요자의 학교선택권을 보장하기 위해서였습니다. 또한 교육 수요자의 선택권을 보장하기 위해 일반고 내에서 학교선택제를 도입했는데, 이로 인해 일반고 간 경쟁체제가 형성되고 특정 학교로 학생들의 쏠림 현상을 불러왔습니다. 그리고 교육 상품에 대한 선택을 하는 소비자 스스로 비용을 지불해야 한다는 원리에 입각하여 국가의 대학 재정 지원을 줄였고 이에 대학 등록금이 폭등했습니다.

이제 이런 수요자 중심 교육을 넘어서야 합니다. 이에 저는 '소통과 협력 교육'의 이념을 제안합니다. 교육 시장에서 상품을 소비하는 주체로 학생과 학부모를 설정하는 교육개혁은 중단되어야 합니다. 그 대신 교육의 모든 세력들이 주체가 되어서 서로 소통하고 협력하는 것을 교육의 새로운 이념으로 삼아야 합니다. 즉 학생과 교사, 학생과 학생, 교사와 교사, 학교와 학부모, 교사와 학부모, 학부모와 학부모가 서로 주체가 되어 상호 소통하고 협력할 수 있는 교육을 만들어내기 위한 개혁을 사회적 의제로 삼아야 한다고 생각합니다.

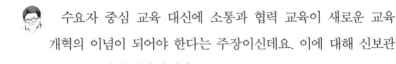 수요자 중심 교육 대신에 소통과 협력 교육이 새로운 교육 개혁의 이념이 되어야 한다는 주장이신데요. 이에 대해 신보관님께선 어떻게 생각하시나요?

소통과 협력 교육은 듣기에는 그럴듯하지만 그것이 무엇을 뜻하는지 구체적으로 잘 다가오지는 않습니다.

그렇게 느끼실 수도 있겠군요. 그럼 하나의 사례를 통해 소통과 협력 교육에 대해서 간략히 말씀 드리겠습니다.

가령 일반고 내에서 실시하는 학교선택제의 도입은 교육 수요자의 선택권을 보장하기 위한 것이었습니다. 그런데 이 제도의 실시로 인해 특정 선호 학교로 학생들의 쏠림 현상을 불러왔고 학교들은 우수한 학생들을 받기 위해 치열하게 경쟁하고 있습니다.

이는 교육 주체들이 서로 소통하고 협력하는 것이 아니라 자신들의 이익을 위해서 경쟁하는 교육의 모습입니다. 그래서 저는 이런 학교선택제를 대신하여 소통과 협력의 정신을 살릴 수 있는 새로운 학생 배정제도가 필요하다고 생각합니다. 새로운 배정제도는 공부 잘하는 학생과 못하는 학생이 각 학교로 골고루 섞일 수 있고 학교 간 경쟁이 더 이상 필요치 않은 제도여야 합니다. 이를 저는 '협력형 학생배정제'라 명명할 수 있다고 생각합니다.

그리고 '협력형 학생배정제'에 대한 구체적인 정책 연구가 필요할 것입니다. 이는 우수 학생들을 받기 위해 학교들이 서로 경쟁하는 것이 아니라 상호 소통하고 협력하는 교육 정신을 구현할 수 있는 배정제도의 구체적인 방안일 것입니다.

사실 그동안 교육계 일각에서는 수요자 중심 교육의 정책들에 대한 반대와 저항이 있었지만 교육 수요자의 선택권이라는 이념을 넘어서지 못했습니다.[11] 그 결과 교육의 시장화와 경쟁 교육이 강화되었습니다. 이제 교육의 시장화는 중단되어야 합니다. 이를 위해서 교육 수요자의 선택권이라는 이념을 넘어설 수 있는 대안적 이념이 필요합니다. 저는 이를 "소통과 협력 교육"이라 생각합니다.

물론 소통과 협력 교육 이념을 실현할 수 있는 구체적인 정책들이 필요합니다. 이를 간략히 제안하면 다음과 같은 정책들을 생각해볼 수 있습니다.

첫째, 외고와 자사고의 폐지 정책입니다. 이는 경쟁과 교육의 격차를 넘어서 사회적 소통과 협력 교육을 위한 것입니다.

둘째, 앞에서 언급한 '협력형 학생배정제'입니다. 이 또한 소통과 협력의 정신을 구현하기 위한 것임은 두말할 나위가 없습

---

11. 교육 수요자의 선택권 이념은 강력한 힘을 가지고 있다. 학교선택제도 마찬가지인데, 학생과 학부모에게 학교를 선택할 권리를 부여한다는 점에서 시장주의와 경쟁교육을 반대하는 사람들 중에서도 일부 동의하는 사람들이 있다. 또 고교학점제를 보면 교육 수요자의 선택권의 이념이 얼마나 강한지 알 수 있다. 고교학점제는 촛불혁명으로 등장한 현 정부에서 제기하고 있는 정책인데, 이 또한 학생들의 교과 선택권의 이념을 벗어나지 못하고 있다. 수요자 중심 교육이 표방하는 교육 수요자의 선택권이라는 이념이 얼마나 커다란 힘을 가지고 있는지를 반증한다. 진보적인 교육개혁을 추진하려면 교육 수요자의 선택권이라는 이념을 넘어설 수 있는 대안적 교육 이념과 사회적 의제가 절실하다 하겠다.

니다.

셋째, 교원의 경쟁을 위해 도입한 성과제급의 폐지와 성과연봉제 정책의 폐기 선언이 필요합니다. 그리고 교원평가제를 '소통형 수업평가제'로 전환해야 합니다. 교원평가는 정량적 평가로 교사의 등급을 매겨서 성과연봉제를 실시하려고 도입한 것입니다. 이에 비해 '소통형 수업평가제'는 교사와 학생이 수업을 매개로 상호 소통하고 협력하기 위한 것입니다. 이를 위한 '소통형 수업평가제'는 정량적인 평가가 아니라 정성적인 평가여야 합니다.

넷째, 대학(학교) 평가제의 '소통형 대학(학교) 평가제'로의 전환이 필요합니다. 현재의 대학(학교) 평가제는 순위를 매기기 위한 것으로 정량적 평가를 하고 있습니다. 이로 인해 대학의 서열화가 더욱 공고화되고 있습니다. 이제 대학(학교) 평가는 대학의 서열화와 경쟁이 아니라 학교의 교육활동을 좀 더 교육적인 방향으로 잘 이루어질 수 있도록 지원하고 도움을 주기 위한 평가여야 합니다. 경쟁과 서열화를 넘어서 사회적으로 소통하고 협력할 수 있는 대학(학교) 평가제가 절실히 필요합니다.

다섯째, 교육 수요자의 교과 선택권을 보장하기 위한 '선택형 교육과정'을 대체할 수 있는 '협력형 교육과정'이 필요합니다. 이를 위해서 '사회적 교육과정위원회'와 같은 사회적 기구의 설치가 필요할 것입니다.

여섯째, '교장 선출보직제'를 생각해볼 수 있습니다. 이는 교장과 교사가 교육을 위해 서로 소통하고 협력하기 위한 제도로 적극 고려해보아야 합니다. 현재의 승진제도는 교사를 통제하고 관리하기 위한 것임은 이미 널리 알려진 사실입니다.

마지막으로, 소통과 협력 교육을 위해서는 대학 등록금을 낮추고 고교 무상교육을 실시하는 등 공교육을 강화해야 합니다. 높은 대학 등록금은 계층 간 교육 격차를 심화시키는 것으로 이는 사회적 소통과 협력 정신에 위배됩니다. 사회적 소통과 협력을 위해서 교육의 기회균등이라는 헌법 정신을 살려나가야 합니다. 대학 등록금을 낮추는 것은 누구에게나 균등한 교육의 기회를 보장하기 위해서입니다. 이는 소통과 협력 교육의 기반이 될 것입니다.

이상에서 간략히 소통과 협력 교육의 이념을 실현하기 위한 정책들을 살펴보았습니다. 물론 이를 위한 치열한 토론과 더불어 정책 연구가 필요할 것입니다.

 현진교 님의 주장이 어떤 의미인지 충분히 이해할 수 있을 것 같습니다. 정말로 깊이 고민하고 토론해볼 가치가 있는 문제라는 생각이 듭니다.

어! 치열하게 토론하느라 벌써 점심시간이 훌쩍 지났군요. 그럼 수요자 중심 교육에 대한 토론은 이것으로 마치고 오후에는 진보 진영이 꾸준히 제기해온 대학평준화에 대해 토론을 이어가겠습니다. 이것이 과연 현재 우리의 교육문제 해결 방안이 될 수 있는지 성찰하는 치열한 토론이 되었으면 좋겠습니다. 두 분 모두 수고하셨습니다.

대학평준화
어떻게 볼 것인가?

1. 대학평준화

점심은 잘 드셨는지요. 벌써 오후 2시가 되어갑니다. 오전에
는 신자유주의 교육정책에 관해 열띤 토론을 벌였습니다. 오전
에 진행한 토론은 상당히 의미가 있었습니다. 20년을 넘게 추
진해온 교육정책에 대해 성찰해볼 수 있는 기회가 되었습니다.

지금부터는 대학평준화에 대해 이야기해보겠습니다. 진보 진
영은 입시경쟁교육의 해결책으로 대학평준화를 꾸준히 제기하
였습니다. 이들의 주장대로 대학 입시가 폐지되고 대학의 평준
화가 이루어진다면 입시경쟁교육은 종식될 수 있을 것입니다.
그런데 대학평준화에 대한 이념적인 지향과 이를 현실에서 실
현하는 것은 또 다른 문제입니다.

이 시간에는 대학평준화와 그 현실성에 대해 토론해보겠습
니다. 지금까지의 견해로 보아 현진교 님은 이에 대해 찬성하
실 것 같은데요?

네. 저는 기본적으로는 대학평준화에 찬성합니다. 하지만 가
까운 시기에 실현될 가능성은 없다고 생각합니다. 대학평준화
에는 상당히 많은 시간이 필요합니다. 그 얘기를 하기 전에 먼

저 대학평준화가 어떤 것인지 알아보는 게 좋겠죠.

 그럼 먼저 설명을 들어볼까요?

1) 프랑스의 대학평준화 제도

 대학평준화는 유럽의 여러 나라에서 시행하고 있는 제도입니다. 프랑스와 독일이 대표적인 나라입니다. 이들이 시행하고 있는 대학평준화는 마치 우리의 고교평준화 제도하고 비슷해 보입니다.

먼저 프랑스의 대학은 크게 두 계통으로 나뉘어 있습니다. 그 하나는 수학능력이 되는 학생들이 다니는 일반 대학이며, 또 하나는 사회 엘리트를 양성하기 위한 전문학교인 '그랑제콜'로 구별됩니다.

그랑제콜은 프랑스의 엘리트를 양성하는 고등교육 기관인데, 그 유명한 파리의 '고등사범학교'가 대표적입니다. 현재 이들 출신들이 프랑스 사회를 이끌어간다고 해도 과언이 아닙니다. 그랑제콜에 입학하려면 고등학교 내신 성적과 프랑스판 수학능력시험인 '바칼로레아' 성적이 매우 우수한 소수의 학생에 한해서 먼저 그랑제콜 준비학교에 입학하여 공부해야 합니다. 준비학교에서 2년 정도 공부한 학생들은 그랑제콜의 본고사에 합격해야만 입학할 수 있습니다.

프랑스의 대학평준화는 그랑제콜을 제외한 일반 대학의 모습입니다. 프랑스에서 일반 대학에 입학하려면 '바칼로레아'에 합격해야만 합니다. 바칼로레아는 문과, 경제, 과학 등 계열별로 달리하여 고2에 전기고사와 고3의 후기고사로 두 번 시험을 실시합니다. 전기고사는 주로 모국어 능력을 중심으로 시험을 보고, 후기 시험은 계열에 따른 과목 시험을 봄으로써 수학 능력을 판별합니다. 물론 바칼로레아에 합격하면 누구든지 대학에 입학 자격이 주어져서 자신이 원하는 대학에 들어가서 공부할 수 있다고 합니다. 통계에 의하면 바칼로레아 시험의 합격률은 80%가 훨씬 넘는다고 합니다.

그런데 프랑스에도 인기 대학과 인기 학과가 있지 않을까요? 프랑스 대학은 주로 국·공립대학으로 우리처럼 대학 서열과 명문대는 없지만 인기 학과는 있습니다. 그렇다면 이런 학과에 학생들이 몰리는 것에 대해 어떻게 해결할까요? 바칼로레아에 합격한 학생은 계열별로 최대 12개까지 학과를 지원할 수 있고, 그중 5지망 내에서 90%의 학생이 배정된다고 합니다. 선호 학과에 몰리는 문제는 대체로 추첨을 통해서 해결하는데, 그러다 보니 성적이 좋은 학생들이 탈락하는 경우도 발생합니다. 이것이 프랑스 대학평준화의 참 모습입니다.

아마 진보 진영이 주장하는 대학평준화는 프랑스에서 실시하는 대학평준화에서 많은 영감을 얻은 것이 아닌가 싶습니다. 이제 그들이 이를 실현하기 위해 어떤 구체적인 방안을 가지고 있는지 말씀드리겠습니다.

 그 설명을 듣기 전에, 신보관 님은 어떻게 생각하시는지 궁금합니다.

저는 기본적으로 프랑스의 대학평준화 제도에 찬성할 수 없습니다. 대학평준화 제도는 대학을 하향 평준화시키는 매우 어리석은 제도입니다. 80%를 상회하는 프랑스의 대학수학능력시험 합격률이 이를 잘 보여줍니다. 이처럼 쉬운 대학수학능력시험(바칼로레아)에 합격했다고 모두 대학에 들어갈 수 있다면 누가 열심히 공부하겠습니까?

 그러한 우려는 충분히 이해가 갑니다. 그러나 실제 프랑스의 바칼로레아 시험 문제를 보면 그 수준이 매우 높습니다. 특히 철학 문제를 보면 고등학교 학생들이 과연 풀 수 있는 문제인지 의심이 들 정도로 그 수준이 높습니다.

그리고 프랑스의 대학평준화 제도가 대학을 하향 평준화시킬 것으로 생각하고 계시는 것 같은데, 이는 커다란 오해입니다. 프랑스의 경우 치열한 대학 입시경쟁이 없는 것은 사실입니다. 그런데 대학에 입학하면 상황이 달라집니다. 대학 입학은 쉽지만 졸업은 매우 어렵습니다. 프랑스 대학은 유급제도를 두고 있는데, 실제 태반이 넘는 학생들이 유급을 당한다고 하니까 대학 공부가 그리 녹록지 않다는 것을 보여줍니다. 저는 대학 입시를 위해서가 아니라 대학에 들어가서 본격적으로 열심히 공부해야 하는 프랑스의 경우가 더 바람직해 보입니다.

2) 대학평준화 방안

 잘 알겠습니다. 그러면 진보 진영의 대학평준화 제도 실현 방

대학평준화 제도는 대학을 하향 평준화시키는 어리석은 제도,
모두 대학에 들어갈 수 있다면 누가 열심히 공부할 것인가

진보 진영이 주장하는 대학평준화 방안의 핵심은
대학통합네트워크를 구축하여 공동선발, 공동학점, 공동학위를 수여하는 것,
그 전제 조건으로 독립사립대의 정부책임형 사립대로의 전환이 이루어져야

안에 대해서 계속 이야기해주시죠.

 대학평준화를 도입하려고 할 때 해결해야 할 가장 어려운 것
이 무엇일까요? 학력에 기초한 학벌사회로 인한 대학서열화가
가장 커다란 걸림돌일 것입니다. 그런데 현실에 존재하는 대학
서열의 구조는 사람들의 심성 속에 깊숙이 자리 잡고 있습니
다. 이에 대학 서열은 단순히 계몽이나 캠페인으로 사라지지
않습니다.

대학 서열이 사람들의 심성 속에 깊숙이 내면화되어 있는 상
황에서 대학평준화를 하면 어떻게 될까요? 과연 프랑스처럼 대
학수학능력시험에서 합격하여 자신이 원하는 대학과 학과에
들어갈 수 있도록 한다면 어떤 상황이 벌어질까요? 익히 예상
할 수 있듯이 수능에 합격한 학생들 거의 대부분은 소위 스카
이라 불리는 대학들의 인기 학과로 지원이 몰릴 것입니다. 이에
추첨을 하든지 아니면 어떤 방식으로든 학생들을 변별하여 선
발하는 제도를 둘 수밖에 없을 것입니다. 물론 사람들은 추첨
제는 받아들이지 않을 것입니다. 모두 수능에 합격하여 동일한
자격을 가지고 있는데 추첨을 통해서 탈락하여 서열이 낮은 대
학에 들어가게 된다면 이를 그 누가 받아들일까요? 이에 학생
선발을 위한 입시의 부활은 불을 보듯 뻔합니다.

어떤 묘수가 있을까요? 방법은 단 하나입니다. 모든 대학을 국립대학 내지 그에 준하는 대학으로 만들고, 기존의 대학 이름을 폐지하고 국립 1대학, 2대학, 3대학 등과 같은 숫자를 부과하는 것입니다. 즉, 모든 대학을 동일한 수준으로 만드는 것입니다. 이럴 때에만 학생들은 자신의 거주지 가까운 대학에 배정되는 것을 자연스럽게 받아들일 것입니다.

대학을 평준화하더라도 '인기 학과'는 여전히 존재할 것인데, 이에 대한 쏠림 현상은 어떻게 해결할 수 있을까요? 이는 추첨제를 활용하거나 아니면 2학년까지는 교양학부로 운영하고 3학년에 진급할 때 전공학과를 선택하게 하는 방법이 있을 수 있습니다. 물론 3학년에 전공 학과를 선택할 때 교양학부 때의 성적을 활용해서 선발하면 특정 학과로의 쏠림 현상은 해결할 수 있을 것입니다.

 설명을 들어보니 우리나라에서 대학평준화가 쉽지 않겠구나 싶습니다. 진보 진영은 대학평준화를 어떻게 이루겠다는 것인지요?

 진보 진영이 제시하는 대학평준화의 경로에 대해서 간단히 이야기하겠습니다.[1] 이들은 대학 서열체제를 해소하고 대학을 평준화하기 위해선 대학을 국립대에 준하는 대학으로 만들어야 한다는 사실을 잘 알고 있습니다. OECD국가의 대학은 대부분 국·공립대학이며 사립대가 있더라도 재정의 50% 이상을

---

1. 여기에 나오는 진보 진영의 대학평준화의 경로에 대한 것은 '참교육연구소 입시연구소' 지음, 앞의 책을 참조함.

공적 기관이 담당하는 정부책임형 사립대라고 합니다. 이에 비해 우리나라는 국·공립대는 소수에 불과하고 재단에 의해서 독립적으로 운영되는 독립사립대가 70%를 훨씬 상회하고 있습니다. 서울대, 시립대 등 기존의 일부 국·공립대를 제외하고 중·상위권 대학의 대부분을 서울 소재 독립사립대들이 차지하고 있습니다.

독립사립대가 70% 이상인 상황에서 대학평준화는 사실상 불가능합니다. 이에 진보 진영은 독립사립대를 '정부책임형 사립대학'으로 전환할 것을 주장합니다. 정부책임형 사립대학은 학교 운영에서 대학 구성원과 정부의 공익위원이 참여하여 재정에 대한 심의 의결권을 갖는 대학을 말합니다.

독립사립대의 정부책임형 대학으로의 전환은 어떻게 가능할까요? 진보 진영은 정부지원금을 매개로 독립사립대를 정부책임형 사립대로 전환하도록 충분히 유도할 수 있다고 주장합니다. 일단 현재 국가장학금으로 사용되는 4조 원의 상당 부분을 장학금이 아니라 대학에 직접 지원을 통해 등록금을 낮추는 방식으로 바꾸어야 한다고 주장합니다. 물론 정부책임형 사립대로 전환을 유도하기 위해선 4조 원을 훨씬 상회하는 예산을 확보해야 합니다. 이렇게 확보된 예산을 교수와 교직원의 인건비와 대학 운영비 그리고 등록금 등으로 직접 지원하는 대신 정부는 그 반대급부로 독립사립대학을 정부책임형 대학으로 전환할 것을 요구한다는 겁니다.

독립사립대들이 정부책임형 사립대로 전환된다면 그다음에는 어떻게 해야 할까요? 진보 진영은 '대학통합네트워크'를 대학평준화를 이룰 방도로 보고 있습니다.

대학통합네트워크는 무엇일까요? 이는 한마디로 "대학에 대한 국가적 지원과 책임을 바탕으로 학생을 공동선발하고 학점을 교류하며 공동(통합)학위를 수여하는 대학연합체제[2]"를 말합니다. 여기에서 공동선발은 대학자격고사를 통해 대학통합네트워크의 정원 숫자만큼 선발하고 이들 학생들을 자신이 원하는 대학과 학과에 진학할 수 있게 하는 것입니다. 즉, 대학입학 자격을 획득한 학생들을 1·3지망 정도로 대학에 지원하도록 하고 거주지별로 배정하는 것입니다. 초기에는 인기 대학에 대한 지원이 높을 수 있으니까 일정 부분 추첨을 통해 이를 해결하자는 방안도 동시에 고려하고 있습니다.

또한 학생들이 일단 대학에 입학하면 1년은 통합대학 교양과정으로 운영하고 2학년부터 학부제로 운영하는 방안을 고려하고 있습니다. 물론 학부제 아래에서 3학년이 되면 전공학과를 선택하도록 하는 것입니다. 이때 전공별로 학위 수여 인원을 정하고 정원을 초과하는 인원에 대해서는 타 학과로 전환을 유도한다고 합니다. 전공과정을 선택할 때 특정 전공으로 학생이 몰리면 교양과정 이수 성적을 통해 선발함으로써 이를 해결할 수 있을 것입니다.

이렇게 공동선발을 통해 들어온 학생들이 공동학점과 공동학위제도를 통해 대학 간 교류를 활발히 하게 되면 특정 대학에 대한 소속감이 엷어지면서 대학 서열 구조는 점차적으로 약화될 것이라 주장합니다. 공동학점은 대학통합네트워크에 소속된 대학이면, 어느 캠퍼스에서 학점을 이수하더라도 자신

---

2. '참교육연구소 입시연구소' 지음, 앞의 책, 145쪽.

의 소속 대학의 학점으로 인정해주는 제도입니다. 나아가 졸업을 할 때 대학통합네트워크의 이름으로 공동학위를 수여합니다. 결국 공동학점과 공동학위 수여는 특정 캠퍼스에 대한 소속감을 약화시켜 대학평준화를 이룰 수 있다고 생각하는 것입니다.

이런 방안은 하루아침에 실현될 수 없을 것입니다. 가장 커다란 문제는 독립사립대들이 얼마만큼 정부책임형 사립대학으로 신속하게 전환할 것인가가 관건입니다. 독립사립대들의 정부책임형 사립대로의 전환이 더디게 이루어진다면 먼저 국립대를 중심으로 대학통합네트워크를 구성합니다. 국립대를 중심으로 대학통합네트워크를 구성하여 성공적으로 안착이 되면 이후 독립사립대들 중에서 정부책임형 사립대로 전환하려는 학교가 생겨날 것이고 그러면 이 대학들부터 대학통합네트워크에 합류시키는 것입니다. 독립사립대들이 정부책임형 사립대로 전환하는 속도가 빠르다면, 처음부터 정부책임형 사립대와 국립대가 함께 대학통합네트워크를 구축할 수도 있을 것입니다.

결론적으로 진보 진영이 주장하는 대학평준화 방안의 핵심은 대학통합네트워크를 구축하여 공동선발, 공동학점, 공동학위를 수여하는 것입니다. 물론 이를 위한 전제 조건으로 독립사립대의 정부책임형 사립대로의 전환이 이루어져야 한다는 것입니다.

 아주 간략하고 이해하기 쉬운 설명이었습니다. 신보관 님은 진보 진영의 대학평준화 방안에 대해 어떻게 생각하십니까?

저는 대학평준화 자체를 반대하기 때문에 이를 별로 생각해보지 않았습니다. 솔직히 생각할 가치도 없다고 생각합니다. 교육 시장에서 대학들이 상호 간 경쟁하는 것은 매우 자연스러운 일인데, 이를 무시하고 인위적으로 대학을 평준화시키는 것은 정말로 말이 되지 않습니다. 진보라 자처하는 사람들은 항상 '평등', '평준화' 뭐 이런 개념을 좋아하는데 그것이 과연 사회 발전에 보탬이 되는지 진정으로 생각해보았으면 합니다.

3) 대학평준화의 실현 가능성

 신보관 님이 주장하시는 시장주의 원리에 입각해보면 대학의 서열화는 너무나 자연스러운 것인지도 모르겠습니다.

그러나 학부모의 입장에서 보면, 대학 서열과 학벌사회로 많은 사람들이 고통을 받고 있고, 특히 치열한 입시경쟁으로 신음하고 있는 학생들의 현실을 눈감아서는 안 된다고 생각합니다. 따라서 대학평준화는 치열한 입시경쟁을 해결할 수 있는 방안으로 충분히 고민하고 검토해볼 만한 가치가 있을 것입니다.

앞에서 언급했듯이 대학평준화를 상상하는 것과 그것을 현실에서 실현하는 것은 다른 문제입니다. 앞에서 현진교 님은 대학평준화에 많은 시간이 요구된다고 하셨는데, 그 근거는 무엇인지요?

● 대학 서열의 심성구조와 대학평준화

 저는 기본적으로 대학평준화를 지지하는 입장입니다. 학벌 사회와 치열한 입시경쟁을 해결할 수 있는 거의 유일한 방안이 아닌가 생각합니다. 그러나 이를 지지한다고 해서 그것을 당장 실현할 수 있다는 것에는 동의할 수 없습니다.

알다시피 중·고등학교의 평준화와 대학평준화는 그 차원이 다릅니다. 보통교육인 중·고등학교는 기본적으로 교육과정이 동일하기 때문에 입시를 폐지하고 근거리 배정원칙에 따라 추첨을 통해서 강제 배정해도 별 문제가 없었습니다. 어느 학교를 입학해도 동일한 교육과정을 배우기 때문이지요.

그러나 대학교육은 고등교육 기관으로 보통교육을 하는 곳이 아니기 때문에 학생들을 근거리 원칙에 기초하여 강제 배정하는 것 자체가 그리 쉬운 일이 아닙니다. 이는 대학마다 학과도 다르고 교육 여건을 비롯한 여러 상황이 다르기 때문입니다.

더욱이 대학평준화를 실시하는 데 어려운 문제는 대학이 입시경쟁의 최종적 귀착지라는 사실입니다. 앞에서 언급했듯이 중학교 입시 폐지는 고교 입시경쟁으로 미루어졌고, 고교 입시 폐지는 결국 대학 입시경쟁으로 미루어져왔습니다. 결국 학벌 사회에서 학생들의 종국적 목표는 명문대를 입학하기 위해 경쟁하는 것입니다. 이전의 국민학생과 중학생의 입시경쟁은 그 자체가 목적이 아니라 결국 명문 대학에 들어가기 위한 경쟁의 일환이었습니다. 즉, 명문중이나 명문고에 들어가기 위한 치열한 입시경쟁은 이들 학교에 입학하는 것이야말로 명문 대학으로의 진학을 보장한다는 믿음 때문이었던 것입니다. 따라서 단순히 중·고교 입시 폐지를 통해 평준화를 달성한 것처럼 대학 입시를 폐지하여 대학평준화를 이룰 순 없습니다. 대학은 입시경쟁의 최종적 귀착지로 더 이상 이를 뒤로 미룰 수 있는 곳이 없기 때문입니다.

대학 서열이 사람들의 심성 속에 깊숙이 내재하고 있는 상황에서 대학통합네트워크에 기초하여 공동선발과 공동학점 그리고 공동학위 수여 방식으로 과연 대학서열화를 타파하고 대학평준화를 이룰 수 있을까요?

예컨대, 전국의 거의 모든 대학이 대학통합네트워크에 가입하여 공동선발한다고 가정을 해봅시다. 그럼 과연 입시경쟁과 대학 서열이 사라져 대학평준화가 이루어질까요?

대학자격시험에만 합격하면 대학통합네트워크에 속한 대학에 모두 입학할 수 있기 때문에 입시경쟁은 사라지리라고 단순하게 생각할 수도 있을 것입니다. 그러나 조금만 생각해보면 공동선발된 학생들을 대학에 배정할 때 해결하기 거의 불가한 문제가 발생합니다. 대학들이 대학통합네트워크에 참여해도 각 대학의 이름은 그대로 유지하기 때문에 대학 서열에 대한 심성이 사라지지 않고 계속 존속할 것입니다. 이런 상황에서 중·고등학교처럼 자신의 거주지에 기초한 근거리 배정원칙에 따라 강제 배정하는 것은 애초에 불가능합니다. 자신의 거주지에 상위 서열의 대학이 없는 지역에 거주하는 사람들은 이를 결코 받아들이지 않을 것입니다. 이들은 이를 명백한 사회적, 지역적 차별로 볼 것입니다.

이에 대한 또 다른 해결책으로 완전 추첨제를 생각할 수 있습니다. 이는 학생들의 선택이나 거주지 배정 원칙을 배제하고 그야말로 완전 추첨에 입각해서 강제 배정하는 방식입니다. 그런데 과연 사람들은 완전 추첨제를 받아들일까요? 제가 생각하기에 이를 받아들일 사람은 단 한 사람도 없을 것입니다. 추첨에서 운 좋게 서열의 상위에 해당되는 학교에 당첨되면 좋아하겠지만 서열의 하위에 있는 대학에 배정받은 학생들은 결코 이를 수용하지 않을 것입니다.

이를 해결할 마지막 방법으로 대학통합네트워크를 통해 대학평준화를 주장하는 사람들이 제시하는 방안을 생각해볼 수 있습니다. 이는 현재 서울 소재 중학생들이 고교로 진학할 때 실시하는 학교선택제와 거의 흡사한 방안입니다. 예컨대, 1지망에서는 전국적 차원에서 대학을 선택하고, 2지망에서는 광역단위[3]별로 선택하게 하며, 1·2지망 추첨에서 탈락한 사람들을 3번째 단계로 전국의 어느 대학이든 무작위로 추첨해서 강제 배정하는 제도를 생각할 수 있을 것입니다.

이 또한 전혀 문제를 해결할 수 없습니다. 1·2지망 선택에서 탈락한 사람들 중에는 거주지와 무관한 곳으로 그것도 대학서열에서 한참 뒤처지는 대학에 배정된다면 누가 수용하겠습

---

3. 광역단위는 특별시와 광역시, 도 단위를 말한다.

니까? 가령 서울에 거주하는 학생이 1·2지망에서 서울 상위권 대학에 지원해서 탈락한 후에 멀리 지방 소재에 있는 대학에 배정된다면 이를 수용하겠습니까? 이는 지방에 살고 있는 학생들에게는 더욱 받아들이기 힘든 제도입니다. 그들은 1지망에서 서울 소재의 상위권 대학에 지원할 수 있지만 2지망에서는 광역 단위인 자신의 거주 지역 소재의 대학에 지원하는 것 자체를 받아들이지 않을 것입니다. 이 또한 명백히 차별로 생각할 것입니다.

더욱 근본적인 문제는 1·2지망에선 특정 대학으로 지망이 극단적으로 편중되는 현상일 것입니다. 1지망에서 전국적 차원에서 선택하게 한다면 스카이라 불리는 대학의 인기 학과로 극단적으로 몰릴 것입니다. 2지망에서도 서울 소재의 학생들은 스카이의 인기 학과로 극단적으로 몰릴 것입니다. 이를 추첨으로 해결할 수 있다고 한다면 그것은 어불성설입니다. 1·2지망에서 추첨에 의해서 운 좋게 이런 대학과 학과에 들어가는 소수의 학생들을 제외하고 나머지 3번째 단계에서는 강제배정을 당하게 되는 것입니다. 이를 받아들일 사람은 거의 없을 것입니다. 결국 입시를 부활하는 것 이외에는 다른 대안이 없습니다.

이상에서 살펴본 것처럼, 사람들의 심성구조에 이미 대학 서열이 강고하게 자리 잡고 있는 상황에서 대학통합네트워크를 통한 공동선발로 대학서열화를 타파하고 대학평준화를 이룬다는 것은 정말이지 꿈에서조차 실현하기 어려운 일입니다.

이런 비판에 대해 공동학점과 공동학위 제도를 운영하기 때문에 사람들은 자신이 지원하는 대학 캠퍼스에 의미를 두지 않을 것이라고 반론을 제기할 수 있을 것입니다. 그러나 이것은 정말로 현실을 모르는 주장입니다. 가령 포항과 같은 지방에 살고 있는 학생이 대학통합네트워크에서 실시하는 대학자격시험에 합격했다고 생각해봅시다. 그럼 이 학생은 공동학점을 받을 수 있고 공동학위 수여를 받기 때문에 대학통합네트워크에 참여한 서울 소재의 상위권 대학에 지원할 생각을 하지 않을까요? 공동학점을 받고 공동학위를 받더라도 졸업장은 자신이 들어간 학교 이름으로 나오니까 결코 자신의 거주지 근처의 하위 서열의 대학에 들어가려고 하지 않을 것입니다. 이에 당연히 서울의 상위 서열 대학을 선택하여 들어가려고 할 것입니다. 결국 서울의 상위권 대학으로 극단적으로 몰리는 현상은 필연입니다.

사람들의 심성구조 속에 존재하는 대학 서열의 구조가 타파되지 않는 이상 대학통합네트워크 정도로 대학평준화를 실현할 수 없습니다. 대학평준화를 이루려면 거의 모든 대학을 국립대학으로 만들고 기존의 대학 이름을 없애고 대학에 숫자를 붙여서 대학을 동일한 수준으로 만들어야 합니다. 그러나 거의 모든 대학을 국립대로 만드는 것은 대학평준화 그 자체보다 더 어려운 일입니다. 어떤 독립사립대가 스스로 자신의 기득권을 포기하고 완전히 국립대로 전환하겠습니까?

 말씀을 듣고 보니 대학평준화는 매우 어려운 과제이군요. 대학평준화에 매우 오랜 시간이 걸릴 것이라고 하신 말씀이 충분히 이해가 됩니다.

현재로서는 이른 시일 안에 대학평준화를 이룰 방법은 없다는 것이 솔직한 심정입니다. 앞에서 언급했듯이 대학 서열을 타파하고 대학을 평준화하려면 많은 독립사립대, 특히 서울 소재의 중·상위권 사립대학 전부를 국립대로 만들어야 합니다. 기존의 대학 명칭을 없애고 국립 1, 2, 3대학과 같은 번호를 매겨서 모든 대학들이 균등한 수준이 되었다는 것을 사람들에게 인식시켜야 할 것입니다. 그래야만 사람들의 내면에 자리 잡은 대학 서열의 심성구조가 사라질 것이고 대학평준화는 꿈이 아니라 현실이 될 것입니다.

　　그런데 현재의 독립사립대들을 과연 국립대로 전환할 수 있을까요? 독립사립대학 재단들은 결코 자신의 기득권을 놓을 리가 없을 것입니다. 사실 재정지원금을 매개로 독립사립대를 정부책임형 사립대로 전환하는 발상 자체가 매우 안이한 것입니다. 대학 운영에 대학 구성원과 공익위원을 참여시키는 것을 달가워할 사립대는 없습니다. 이것이 현실일진대 재단의 대학 운영권을 박탈하여 국립대로 완전히 전환하는 것은 사실상 불가능한 일입니다. 따라서 지금의 상황에서 대학평준화는 거의 불가능에 가깝다는 사실을 인정하지 않을 수 없습니다.

　　이야기를 들을수록 대학평준화가 얼마나 어려운지를 알겠습니다. 대학평준화를 장기적인 과제로 보시는 입장에 공감이 갑니다.

　　음! 현진교 님과 저는 기본적인 입장이 다르긴 하지만 대학평준화의 현실 가능성이 없다는 점에서는 저와 동일한 것 같습니다. 다시 한 번 말씀드리지만 현실에서 가능하지도 않은 일에 매달리기보다 대학 서열을 인정하고 그 속에서 문제점을 개선하는 것이 훨씬 좋을 듯싶습니다.

4) 대학평준화를 위하여

 제가 말하는 장기적인 과제는 한 세대 이상의 시간이 흐른 이후에 그 가능성이 조금 열리지 않을까 하는 예상에서 나온 것입니다.

현재는 대학을 나와도 좋은 일자리를 잡기 어려운 사회가 되었습니다. 그렇기 때문에 오히려 입시경쟁이 더욱 치열해졌습니다. 서울 소재 중·상위권 대학에라도 들어가야 그나마 그 기회를 잡을 수 있다고 생각하는 것입니다. 그런데 이런 상황이 지속되면 대학을 자발적으로 포기하는 사람들이 점점 많이 생겨날 것입니다. 즉, 중·상위권 대학에 들어가기도 힘들지만 들어가더라도 취업의 기회를 쉽게 잡을 수 없다고 생각한다면 대학이 아니라 다른 길을 통해서 자신의 삶을 개척하려는 사람들이 많이 생겨날 것입니다. 이에 당장은 아니지만 시간이 갈수록 대학에 대한 사회적 열망이 약화될 가능성이 있습니다.

그리고 취업의 문이 좁아진 상황에서 지방대 출신에 대한 취업 할당제와 같은 우대 정책을 사용한다면 서울에 집중된 중·상위권 대학에 대한 선호도를 약화시킬 수도 있을 것입니다. 특히 사람들이 학력과 학벌을 통해 사회적 자원과 특권을 독점하는 체제에 대해서 문제의식을 광범위하게 공유한다면 새로운 변화를 모색하는 사회적 분위기가 형성될 수도 있습니다. 무엇이든지 그것을 참을 수 있는 임계점을 넘으면 사람들은 변화를 모색합니다. 학벌사회도 마찬가지입니다.

한편으로 대학을 나와도 취업이 어려워지는 상황 속에서 기술에 대한 갈망이 커질 수도 있습니다. 기존에는 정신노동에 종사하는 것을 선망했기 때문에 대학에 대한 갈망이 컸고 기술을 익혀 육체노동에 종사하는 것을 꺼려했습니다. 이에 특정한 분야에 기술을 가진 사람들 수가 점점 감소하는 추세라고 합니다. 이런 상황이 지속되면 향후 특정 기술에 대한 사회적 희소성이 높아져서 그 기술에 대한 사회적 가치가 올라가게 될 것입니다. 이에 기술을 가진 사람이 우대를 받는 사회가 도래할 가능성이 충분히 올 수도 있습니다. 이 또한 대학에 대한 갈망을 약화시킬 것으로 예상됩니다.

결국 제가 말하고 싶은 것은 시간이 지나면서 사람들의 완고한 대학 서열의 심성구조에 균열이 발생할 수 있는 상황이 만들어질 수 있다는 것입니다. 저는 전문가는 아니기 때문에 사회가 반드시 이러한 방향으로 바뀔지는 솔직히 모르겠습니다. 그러나 학벌사회와 완고한 대학 서열의 심성구조가 약화될 수 있는 상황이 올 가능성 그 자체를 부정할 수는 없습니다. 이런 상황과 조건이 성숙한다면 대학평준화는 꿈이 아닌 현실이 될 수도 있습니다. 물론 이는 그냥 시간이 가면 저절로 되는 것이 아니라 이를 대비한 사회적 노력과 준비를 해야 할 것입니다.

우선 대학 서열 구조를 타파할 정치·사회적 노력이 선행되어야 합니다. 사회적으로 보면 기술과 직업교육을 강화하여 기술자들을 양성하고 이들에 대한 사회적 대우를 개선하는 방향으로 가야 합니다. 그리고 사회 민주화의 진척을 통해 소위 파워 엘리트 집단의 특권을 약화시켜야 할 것입니다. 이는 학벌에 대한 갈망을 약화시킬 것입니다. 그리고 노동자들의 노동조합 활동을 좀 더 자유롭게 허용하고, 노동조합의 형태도 산별노조로 완전히 전환하여 전체 노동자들의 임금과 근로조건을 비슷하게 향상시킬 수 있도록 유도해야 할 것입니다.

이러한 사회적 노력과 더불어 교육정책에서 대학 서열을 약화시키고 치열한 입시경쟁을 완화할 수 있는 방안을 마련해야 할 것입니다. 이는 향후 학벌사회가 약화되는 조건에 맞추어 대학 서열을 타파하고 대학평준화를 이룰 수 있는 밑거름이 될 것입니다.

우선 제일 먼저 시도해볼 수 있는 것이 국립대학의 통합입니다. 현재 서울과 각 지방에 있는 국립대를 통합하여 통합국립대를 출범시켜야 합니다. 이는 어느 지역에 있는 국립대를 나와도 동일한 대학에 나온 것으로 인정받는 시스템을 만드는 것입니다.

이 자체로 대학서열화를 타파하지는 못할 것입니다. 통합된 국립대도 대학 서열의 어느 한 곳에 위치할 것이고, 이들 대학들도 입시 선발 과정을 거쳐야 합니다. 그러나 국립대의 통합은 대학 서열 구조를 일정하게 완화할 수 있는 효과는 가져올 수 있습니다. 대학 최상위 서열에 위치한 서울대 위상의 변화는 아마도 사람들에게 대학서열화에 대한 새로운 생각을 심어줄 가능성이 있습니다. 그리고 통합국립대에 재정을 투여하여 지역별로 특색 있는 캠퍼스를 갖추어서 국립대만의 강점을 가진 교육을 해야 합니다. 이는 대학 서열 구조를 약화시키는 마중물이 될 것입니다.

신자유주의 교육정책이 시작된 1995년 '5·31 교육과정'이 발표된 이래로 국립대의 법인화 추진으로 국립대 비율이 24%에서 13%로 줄어들고 등록금도 폭등했습니다. 이제 국립대의 법인화, 시장화는 중단해야 합니다. 국립대는 대학 서열을 타파하는 선도적인 학교로 재탄생되어야 합니다. 국립대를 통합하여 각 지역의 거점 학교로서 재정을 투여하여 양질의 교육을 제공해야 합니다. 통합국립대가 이런 역할을 제대로 수행한다면 학생들이 서울로 집중되는 현상이 완화될 것이며, 사람들 마음 깊숙이 내재된 대학 서열의 심성을 약화시킬 것입니다.

마지막으로 언급할 것은 통합국립대의 추진과 더불어 적극 고려해보아야 하는 것이 입시제도의 개혁입니다. 알다시피 한국 교육의 문제와 모순은 입시제도에 응축되어 있습니다. 이에 교육문제 해결의 출발은 입시제도의 개혁에서 시작해야 합니다. 즉, 교육법에 나온 교육의 정신과 목적을 구현하여 교육의 정상화에 기여할 수 있는 입시 개혁 방안이 있다면 이에 대해 함께 고민해야 할 것입니다.

 잘 알겠습니다. 반론이 있으신가요?

현진교 님은 대학평준화가 당장은 가능하지 않지만 장기적으로 이를 실현할 수 있는 상황이 올 수도 있기 때문에 이에 대비해야 한다고 주장하시는 것 같습니다. 저는 이런 막연한 생각으로 정책을 입안하는 것이 과연 합당한지를 묻고 싶습니다. 정말로 대학평준화가 현실 가능하지 않다면 이를 개혁 과제로 제시하는 것은 사회적 혼란만 가중할 뿐입니다. 대학 서열의 현실을 인정하고 이를 바탕으로 학생들의 학력 경쟁을 강화하여 교육력 재고를 꾀하는 것이 더욱 바람직한 현실적 태도라고 다시 한 번 더 강조하고 싶습니다.

알겠습니다. 두 분은 대학평준화의 현실 가능성에 대한 견해는 비슷하지만 이를 이해하는 의미 맥락은 다른 것 같습니다. 신보관 님은 현실성 없는 것에 매달리기보다 대학서열화를 인정하고 이를 바탕으로 학생들의 학력 경쟁을 더욱 강력하게 유도해야 한다고 주장하시는군요. 이에 비해 현진교 님은 당장은 현실성이 없지만, 앞으로 대학평준화가 가능한 사회적 조건과 상황이 성숙할 가능성에 대비한 정책을 고민해야 한다는 주장이시고요. 끝으로 더 하실 말씀이 없으신지요?

저는 특별히 드릴 말씀은 없습니다. 다만 대학서열화를 인정하고 이를 바탕으로 입시경쟁을 강화하는 정책을 통해 학생들의 학력을 재고하자는 주장은 정말로 위험하다고 생각합니다. 많은 학생들과 학부모님들이 치열한 입시경쟁으로 힘겨워하고 있는 현실에 대해 외면하지 않았으면 합니다. 대학평준화의 주장도 이를 해결할 수 있는 하나의 방안으로 제기된 것입니다.

이는 간단히 무시될 수 있는 것이 아닙니다.

🧑 　네. 저와 같은 평범한 학부모라면 누구나 공감할 수 있는 생각입니다. 더 하실 말씀 없으신지요?

🧑 　저도 충분히 의견을 피력했습니다. 그런데 사회자께서 평범한 학부모라면 공감할 것이라고 하셨는데, 이는 개인적인 의견일 뿐이라 생각합니다. 학부모님들 중에는 경쟁 시스템을 강화하여 학생들이 더욱 열심히 공부할 수 있도록 유도해야 한다고 주장하시는 분들이 상당수 있습니다.

🧑 　아마 그럴 것입니다. 다만 저는 평범한 학부모님들은 치열한 입시경쟁과 사교육비 부담의 고통으로 벗어나고 싶은 소망을 가지고 있을 것이고, 이에 대학평준화는 이런 현실에서 벗어날 수 있는 하나의 방안으로 이해하고 충분히 생각해볼 것이라는 사실입니다. 이 점에 대해서 이해해주시면 감사하겠습니다.

🧑 　저도 그에 대해선 어느 정도 공감합니다. 치열한 입시경쟁으로 인해 학생들이 학원을 전전하는 현실이 매우 안타깝습니다. 그리고 학부모님들이 사교육비를 감당하느라 힘겨워하는 현실도 충분히 이해합니다. 그러나 이는 어쩔 수 없는 것입니다. 저는 어쩔 수 없는 현실을 수용하고, 경쟁에 적극 뛰어들어서 승리의 열매를 누리기 위해서 노력하는 것이 현명하다고 생각합니다. 이것만이 입시경쟁으로부터 보상을 받을 수 있는 유일한 길이라 생각합니다. 학부모님들도 이런 점을 매우 알고 있기에

입시경쟁에 적극적으로 뛰어드는 것입니다. 그리고 이런 입시경쟁체제는 단지 개인적인 차원만이 아니라 국가 발전에 이바지할 우수한 인재를 양성할 수 있는 원동력으로 작용한다는 점 또한 간과하지 말아야 합니다.

네. 그러한 주장이 사회 일각에서 널리 받아들여지고 있지만, 저는 이런 주장의 함정에 대해서 분명히 짚고 넘어가야 한다고 생각합니다.

입시경쟁에 적극 뛰어들어서 그 승리의 과실을 누리기 위해 노력해야 한다는 주장은 매우 그럴듯합니다. 그런데 과연 그 과실을 모든 경쟁자들이 함께 누리고 보상을 받을 수 있을까요? 불행하게도 그 과실은 소수의 사람들이 독점하는 것입니다. 대부분의 사람들은 그 과실로부터 소외됩니다. 소수만이 누릴 수밖에 없는 경쟁체제를 더욱 강화해야 한다는 것은 과연 누구의 입장을 대변하는 것일까요? 승리의 열매를 누리는 소수의 사람들을 대변하는 입장이 아닐까요?

더욱 큰 문제는 입시경쟁을 강화하는 것이 인재 양성에도 적합하지 않다는 점입니다. 흔히 4차 산업을 맞이하여 창의적인 인재의 육성이 필요하다고 말합니다. 그런데 현재의 입시경쟁 교육은 정답만을 아는 인재를 키우는 주입식 교육으로 창의적 인재를 양성하는 방향에 역행하는 것입니다. 물론 입시경쟁교육의 강화는 민주시민을 양성하기 위한 전인교육의 실현과도 맞지 않습니다. 이런 점에서 입시경쟁을 강화하여 우수한 인재를 양성하겠다는 발상에 대해 근본적으로 재검토해볼 필요가 있다고 생각합니다.

저도 경쟁만이 능사가 아닐 수 있다는 점을 어느 정도 인정합니다. 그래서 이번 토론을 계기로 입시경쟁교육에 대해서 점검할 필요가 있다고 생각합니다. 다만 저는 경쟁교육 그 자체를 부정해서는 안 된다고 봅니다.

알겠습니다. 오늘 토론은 이것으로 마치고 내일 마지막 토론을 진행하겠습니다. 내일 주제는 한국 교육의 모순이 응축되어 나타나는 입시제도의 개혁입니다. 아주 유익하고 실질적인 토론이 되었으면 좋겠습니다. 대단히 수고 많으셨습니다.

두 분 모두 수고 많으셨습니다. 좋은 저녁 시간 보내시기 바랍니다.

수고하셨습니다. 내일 기쁜 마음으로 다시 두 분을 뵙기를 바랍니다.

셋째 날

수능의 완전한 자격고사 전환, 교과내신만을 통한 선발제도를 위하여

1. 민주시민교육과 입시제도 개편안

 오늘은 예고한 대로 입시제도의 개혁에 관련해 토론해보겠습니다. 새 정부가 들어선 이후 수능의 절대평가로의 전환이 발표되고 이에 대한 찬반으로 사회적 갈등이 있었습니다. 이를 계기로 입시제도 개혁에 대한 사회적 관심이 고조되고 있습니다. 오늘 두 분이 진행하는 토론이 입시제도 개혁의 방향에 대한 일정한 길라잡이가 되었으면 합니다.

현진교 님은 교육법에 나온 교육 정신과 목적을 실현할 수 있는 입시 개혁 방안에 대해서 고민해보아야 한다고 하셨지요. 어떤 의미에서 그런 말씀을 하셨는지 듣고 싶습니다.

 먼저 현 정부의 입시제도 개혁 방향은 기본적으로 올바른 방향처럼 보이지만 우려되는 측면도 없는 것은 아닙니다. 현 정부는 수능의 절대평가로의 전환을 예고하였습니다. 물론 이는 학생들의 입시 부담을 들어주고 학교교육을 정상화하기 위한 것이라고 합니다.

그런데 수능을 절대평가로 전환할 때 가장 커다란 걸림돌은 수능의 변별력입니다. 이는 수능이 말처럼 학생들의 수학능력을 파악하는 시험이 아니라 학생들의 학력을 측정하여 대학 입시의 변별 수단으로 활용하고 있는 현실을 말해줍니다. 이에 교육부는 수능의 몇몇 과목만을 절대평가로 하는 방안과 전 과목을 절대평가로 전환하는 방안을 가지고 저울질하였습니다. 원래 계획했던 전 과목 절대평가에서 몇몇 과목만을 절대평가로 후퇴한 것은 수능이 학생들을 선발하는 데 변별 기준으로 활용되고 있는 현실을 쉽사리 벗어날 수 없음을 보여주는 것입니다.

저는 현 정부가 들어선 이후 입시제도 개혁을 둘러싼 논란을 보면서 이에 대해 더욱 근본적인 시각을 통한 접근이 필요하다는 생각이 들었습니다. 입시제도 또한 교육을 구성하는 하나의 제도인 만큼 교육에 대한 근본적인 관점을 통해 이를 이해해야 한다고 생각합니다. 그렇지 않고 이를 편의적으로만 보거나 사회집단의 이해관계에 의해 좌지우지된다면 그 방향은 표류할 수밖에 없습니다.

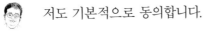 경청해볼 여지가 많은 얘기이군요. 입시 문제를 바라보는 좀 더 근본적인 시각이 있다면 이를 통해서 입시제도 개혁의 기본 방향을 설정할 수 있을 것입니다. 이에 대해 어떻게 생각하시나요?

저도 기본적으로 동의합니다.

그럼 더 자세한 설명을 듣고 싶습니다. 교육에 대한 근본적인 관점을 통해서 입시 문제를 바라보아야 한다고 하셨는데 그

대학수학능력시험을 완전한 "자격고사"로 만들어서
수능에 합격한 학생들에 한해 대학에 지원할 자격을 부여하고,
대학에서는 "교과내신만"을 통해 학생을 선발하는 제도를 도입해야

것이 어떤 것인지요?

 주지하듯이 첫째 날에 헌법을 통해 교육의 기회균등의 이념을 확인했습니다. 그리고 교육법을 통해 "민주시민을 양성하기 위한 전인교육"과 "수학능력을 길러주는 것"이 학교교육의 진정한 정신과 목적이라는 사실을 확인했습니다.

앞에서 우리는 현실의 교육이 교육의 목적과 정신을 실현하지 못하고 있다는 사실도 확인했습니다. 저는 현실 교육이 그 목적과 정신을 제대로 구현하지 못하는 것은 입시제도에도 커다란 원인이 있다고 생각합니다. 현재의 입시제도는 교육의 목적을 실현하는 데 걸림돌이 되고 있습니다. 이는 입시제도의 개혁을 통해서 교육의 목적을 실현할 수 있는 길을 찾아야 한다는 것을 의미합니다.

 현진교 님의 말씀은 매우 그럴듯하게 들리지만, 현실적으로 그런 방안이 있을 수 있을까요? 현진교 님이 주장하시는 학벌사회와 대학 서열이 사라지지 않는 한 입시경쟁교육은 존속할 것이며, 이에 따라 어떠한 입시제도이든 교육의 목적을 실현할 수 없을 것입니다.

 그건 저도 같은 생각입니다. 학생들의 공부의 목적은 소위 명문대에 들어가기 위한 것이기 때문에 입시제도가 어떠하든 그 제도에 맞추어 치열한 입시경쟁을 벌일 것입니다. 그러므로 교육법에 나온 교육의 목적과 정신을 구현하거나 교육의 기회 균등의 이념을 실현할 수 있는 입시제도를 꿈꾸는 것엔 쉽사리 공감할 수 없습니다. 대체 어떤 근거에서 학교교육의 목적과 정신을 실현할 수 있는 입시제도에 대해 말씀하시는지 매우 궁금합니다.

1) 수능의 완전한 자격고사로의 전환

 저도 두 분의 우려에 대해 충분히 공감합니다. 어떤 입시제도를 만들던 그 제도에 맞추어서 치열한 경쟁을 할 것이고, 이에 민주시민의 양성과 같은 교육의 목적은 간단히 무시될 것이라고 생각하는 것은 어쩌면 당연할지도 모릅니다. 그런데 저는 역으로 생각했습니다. 무슨 이야기이냐 하면 입시제도의 영향력을 활용하여 교사와 학생들을 민주시민교육으로 이끌 수 있는 방안을 마련하는 것입니다.

저의 방안은 비교적 간단합니다. 한마디로 말하면 대학수학능력시험(수능)을 말 그대로 완전한 "자격고사"로 만들어서 수능에 합격(통과)한 학생들에 한해서 대학에 지원할 자격을 부여하고, 대학에서는 "교과내신만"을 통해 학생을 선발하는 제도를 도입한다면 교육을 비교적 정상화할 수 있을 것이라 생각합니다. 여기에서 교과내신만을 가지고 선발하자는 것은 현재 대학에서 실시하는 논술, 면접, 적성검사 등의 대학별 고사와 그리고 학생부종합전형(입학사정관전형)과 교과특기자전형 등을 일체 폐지하고 오직 "교과내신만"을 가지고 선발하자는 것입니다.

 듣고 보면 매우 간단한 방안인데, 그것이 교육의 목적을 실현할 방안인지 잘 이해가 되지 않습니다. 현재도 수시모집으로 선발하는 비중이 70%를 넘습니다. 수시모집 비중이 70%가 넘는다는 것은 입시에서 수능의 비중이 약해지고 내신의 비중이 높아졌다는 것을 의미합니다. 물론 수시모집에서 수능을 최저학력기준으로 활용하고 있고, 30% 정도를 선발하는 정시모집은 주로 수능 성적으로 선발하니까 이를 무시할 수는 없지만 어쨌든 내신 성적이 무엇보다 중요해진 것은 사실입니다. 이처럼 수능의 비중이 예전보다 약하고 내신의 비중이 점점 높아지고 있지만 주입식 입시경쟁교육은 사라지지 않고 있습니다.

그리고 교과내신만을 통한 선발은 학교 내에서 학생들의 성적 경쟁을 더욱 치열하게 만들어서 학교교육을 더욱 황폐화시킬 우려가 있습니다. 납득이 잘 안 되는군요.

 얼핏 생각하면 저의 방안이 현재 입시제도와 별반 차이가 없는 것처럼 느껴질 것입니다. 그리고 단위학교 내 학생 간 성적 경쟁이 더욱 치열해질 가능성을 부정할 수 없습니다. 그럼에도 저는 이 제도만이 민주시민을 양성하는 교육의 목적을 실현할 수 있는 강력한 제도적 지렛대가 될 것이라 확신합니다.

수능의 완전한 자격고사 전환과 교과내신만으로 100% 선발하는 것은 현재 70%인 수시모집을 100%로 늘리고 정시모집을 없애는 것에 불과하다고 생각할 수 있습니다. 그렇지만 저의 방안은 현재의 입시와는 완전히 다른 교육적 양상과 효과를 불러올 수 있을 것입니다. 현재에도 수시모집으로 70% 이상을 선발하고 수능을 일정한 자격기준으로 활용하고 있는 것을 보면, 수능을 완전한 자격고사로 전환하고 교과내신만을 통해 선발하는 제도를 실시할 수 있는 여건이 어느 정도 성숙되었다고 이해할 수 있습니다. 만약 이 제도를 실시한다면, 민주시민을 양성하고 수학능력을 길러주는 교육 본연의 목적과 교육의 기회균등의 이념을 실현할 길이 열립니다. 그 이유에 대해서 자세히 살펴보기 전에 우선 제가 제시하는 방안이 구체적으로 어떤 것인지 자세히 설명할 필요가 있습니다.

 그렇겠군요. 수능의 완전한 자격고사로의 전환과 교과내신만을 통한 선발은 구체적으로 어떻게 하겠다는 것인지요?

● 완전한 자격고사로서 수능의 의미

 수능을 완전한 자격고사로 만들자는 것은 무엇을 의미할까요? 수능은 말 그대로 학생이 대학에서 공부할 수 있는지 없는지를 측정하는 시험입니다. 그래서 완전한 의미의 수능은 합격 pass과 불합격fail만 나타내면 됩니다. 즉, 온전한 의미에서 수능은 "일정한 점수 이상을 넘기면 어떤 대학에서도 공부할 수 있는 자격을 부여하는 시험"입니다.

현 수능시험은 비록 그 용어는 수학능력시험이지만 실제로는 학력고사입니다. 즉, 성적을 1~9등급으로 상대평가하여 학생들의 상대적 학력 수준을 표시하는 것입니다. 수시모집에서

수능의 자격고사로의 전환은 고려해볼 만한 필요성 있어,
학력 수준 향상의 측면에서는 신중하게 고려해야

수능은 합격과 불합격만 나타내면 돼, 대학이 서열화된 현실을 반영하여
수능을 언어, 수리, 외국어 등 세 과목으로 제한해야,
학력 저하는 교과내신만을 통한 선발제도로 충분히 막을 수 있어

수능을 최저학력기준으로 활용하는 것도 이 점을 변화시키지 않습니다. 대학에서 묻고 있는 최저학력기준은 상대평가에 의한 등급을 묻는 것이기 때문에 학생들의 수학능력이 아니라 학력 수준을 요구하는 것입니다.

그런데 현재 상대평가제 아래의 수능은 어느 정도의 등급을 받아야 수학능력이 있는지 근본적으로 판별할 수 없습니다. 가령 9등급을 받은 학생이 과연 수학능력이 있는 것일까요? 앞에서 언급했듯이 이는 학생의 학력 수준의 상대적 위치를 말해줄 뿐 학생의 수학능력에 대해서 전혀 말해주지 않습니다.

저는 현재의 수능처럼 학력의 상대적 수준을 평가하는 시험이 아니라 완전한 자격고사로 전환해야 한다고 생각합니다. 이는 1982년 도입된 학력고사 이전 대학별 본고사를 보던 시절에 실시한 예비고사와 비슷한 것입니다. 당시에는 예비고사에 합격해야만 각 대학별 본고사를 볼 수 있는 자격을 부여했습니다. 예비고사는 일종의 수학능력시험의 기능을 한 것입니다.

그런데 수능을 완전한 자격고사로 전환한다면, 우선 어떤 과목이 수능 과목이 되어야 하는지 생각해보아야 합니다. 이 지점이 매우 중요합니다. 저는 수학능력시험은 대학에서 공부할 수 있는 능력이 있는지를 평가하는 것이기 때문에 수학능력에 필요한 도구적 과목, 즉 언어, 수리, 외국어만 시험을 보면 된다고 생각합니다.

학생이 대학에 가서 공부하는 데 가장 필요한 능력은 책을 읽고 내용을 이해할 수 있는 능력입니다. 이런 능력을 파악하는 것은 현 수능의 '언어'에 해당합니다. 언어는 문장을 읽고 글의 내용을 얼마나 잘 파악하는지를 묻는 시험이면 족합니다. 상경계열과 이공계 학생들에게 필수적인 지식은 수학이라는 건 누구나 알고 있습니다. 이를 측정하기 위해선 현재 실시하고 있는 '수리' 시험을 보면 될 것입니다. 마지막으로 대학에서 공부하려면 '외국어(영어)' 능력이 있어야 합니다. 대학 공부에서 외국 원서를 보아야 하는 경우가 있기 때문입니다.

수능을 완전한 자격고사로 전환할 때 몇 가지 검토해야 할 문제가 있습니다.

첫째, 전문대학의 경우에 수능시험을 통해 수학능력의 자격을 요구할지 아니면 전문대의 입학 자격 기준 그 자체를 폐지할지 고민해보아야 할 것입니다.

둘째, 수능을 완전한 자격고사로 전환한다면 수능시험을 문제 은행을 통해서 출제하는 것을 고민해보아야 합니다. 자격고사로서의 수능은 학생들의 기본적인 능력만을 테스트하면 되는 시험입니다. 현 수능처럼 상대 등급을 도출하기 위해서 문제의 난이도를 조절할 필요가 없습니다. 이 시험은 기본적인 개념과 원리만을 묻는 시험이면 족합니다.

마지막으로 이는 대학 수학능력에 대한 기초적인 소양을 묻는 것이기 때문에 현재처럼 3학년 때 한 차례의 시험을 보는 형태가 과연 타당한 것인지에 대한 검토도 필요합니다. 이는 수학능력이 어느 수준의 교육과정에서 결정되어야 하는지와 연관련 문제입니다.

사견이지만 수능은 가장 기본적인 소양을 묻는 시험이기 때문에 언어와 외국어는 고1 정도의 교육과정 수준이면 충분하고 수학은 고2 정도의 수준이면 된다고 생각합니다. 이에 수능시험을 고등학교 1학년 말에 언어와 외국어 시험을 보고 고2에 수리를 볼 수도 있을 것입니다. 이것은 상당한 토론과 연구가 필요한 사항입니다.

제가 이런 주장을 하는 것은 한편으로 수능의 영향력을 약화시켜서 교육의 정상화를 꾀하기 위한 것입니다. 첫날에 살펴보았듯이 1980년대 예비고사-본고사가 폐지되고 학력고사체제가 도입되면서 우리 교육은 상당히 많은 변화를 겪었습니다. 이로 인해 학력고사에 대비한 주입식 문제풀이 교육이 학교에서 성행하게 된 것이 가장 커다란 변화일 것입니다. 이는 학력고사가 국가의 표준화된 객관식 시험이라는 데서 비롯된 것입니다. 학력고사에 대비하기 위해선 표준화된 객관식 시험 문제의 유형을 익히고 이에 대해 반복 훈련을 하는 것만큼 효과적인 것이 없습니다. 입시 위주의 교육을 표상할 때 주입식 문제풀이 교육을 상상하는 것은 학력고사체제의 성립으로 강화된 것입니다.

이러한 상황은 수능시험도 그리 다를 것이 없습니다. 1994년 처음으로 도입된 수능은 학생들의 종합적 사고력을 측정하는 것을 목표로 내세우고 기존의 학력고사와 차별화를 시도했습니다. 그러나 수능 또한 국가의 표준화된 객관식 시험을 벗어나지 못했습니다. 이에 수능체제 아래에서도 주입식 문제풀이 교육이 여전히 성행하는 것입니다. 종합적 사고력을 측정하는 수능시험 또한 무수한 문제풀이 과정에서 그러한 사고유형에 익숙해지는 것이 가장 효과적 공부 방법인 것은 틀림없는 사실입니다.

주입식 문제풀이 교육을 약화시키려면 입시에서 수능의 영향력을 최소화할 필요가 있습니다. 수능의 기능을 최소하기 위해선 수능은 기본 소양만을 묻는 시험으로 성격을 전환하고 그 수준도 고등학교 1, 2학년 교과정에서 요구하는 최소한의 수준으로 제한하는 것이 좋지 않을까 생각합니다. 이를 통해 학교 수업에서 수능의 영향력을 최소화해야 합니다.

만약 수능이 이렇게 전환된다면 지금처럼 단 한번이 아니라 여러 차례 시험을 볼 기회가 주어지게 됩니다. 즉 수능에서 합격하지 못한 학생들은 고등학교를 졸업할 때까지 최소 2~3회 응시 기회가 주어질 수 있을 것입니다.

 음! 수능의 완전한 자격고사로의 전환이 무엇을 의미하는지 더욱 명확해진 것 같습니다. 듣고 보니 정말로 충분히 생각해 볼 만한 가치가 있는 것 같습니다. 어떻게 생각하시는지요?

 저 또한 수능의 완전한 자격고사로의 전환은 어느 정도 고려해볼 만한 필요성이 있다고 생각합니다. 그런데 수능시험을 언어, 수리, 외국어 세 과목으로만 보자고 하는 것은 이해가 되지 않습니다. 아무리 교과내신을 통해 사회와 과학 교과를 배운다고 하지만 이들 과목들도 수능시험에 포함되어야 할 것입니다.

주지하듯이 고등학교의 교육과정은 크게 문과와 이과의 두 계열로 나뉘어 있습니다. 물론 계열에 따라 배우는 교과목이 다릅니다. 이에 문과계열은 사회, 역사, 지리, 윤리 등 사회탐구(이후 사·탐) 과목을, 이과계열은 물리, 화학, 지구과학, 생물 등 과학탐구(이후 과·탐) 과목을 시험 보는 것은 당연한 것입니다. 요즘에는 융합인재가 커다란 화두입니다. 그렇다면 문과생들도 이과 과목 중 일부를 시험 보아야 하고 이과생들도 문과 과목의 일부를 시험 보아야 할 것입니다.

학교의 내신은 상대평가입니다. 그리고 학교와 교사마다 시험 문제의 종류와 양식 그리고 난이도가 제각각입니다. 이에 학교 내신은 수학능력을 묻는 것과는 거리가 먼 것입니다. 이는 현진교 님의 기본 생각이기도 합니다. 따라서 사·탐과 과·탐 과목을 수능에서 제외하는 것은 도저히 이해가 되지 않습니다.

 매우 합리적인 주장으로 상당히 통렬한 비판처럼 여겨집니다. 어떤 생각이신지요?

 저도 신보관 님의 주장이 상당히 합리적이라 생각합니다. 그렇지만 여전히 언어, 수리, 외국어 세 과목만으로 시험 보아야 한다는 생각에는 변함이 없습니다. 그 근본적인 이유는 대학이 서열화되어 있기 때문입니다.

 대학이 서열화된 것과 수능을 언어, 수리, 외국어 세 과목만 보는 것과 무슨 관계가 있는지요? 도무지 이해가 되지 않습니다.

만약 우리도 프랑스처럼 대학이 평준화되어 있다면 수능 (바칼로레아)에 합격만 하면 누구라도 대학에 들어갈 수 있을 것입니다. 주지하듯이 프랑스에서는 바칼로레아에서 언어, 외국어, 수리만이 아니라 계열에 따른 과목들도 함께 시험을 봅니다.

이에 비해 우리나라는 수능을 완전히 자격고사로 전환해도 대학이 서열화되어 있기 때문에 수능에 합격한 학생들을 선발하는 대학들은 또 다른 전형 요소를 통해 선발 과정을 거쳐야 합니다. 물론 저는 그 학생 선발을 위한 전형 요소로 교과내신만을 통한 선발을 주장하는 것입니다.

만약 문과와 이과 계열의 과목을 포함한 수능을 실시한다면 이에 합격해도 또다시 대학에서 선발하기 위한 문·이과 계열 과목의 내신 성적을 통해서 학생을 선발해야 합니다. 이런 현실 때문에 수능에서는 언어, 수학, 외국어의 도구적 과목만을 시험 보자는 것입니다. 이들 세 과목은 도구적 과목으로 일단 합격하면 대학에서 공부할 수 있는 기본 자질을 갖춘 것으로 판단할 수 있습니다.

각 대학은 수능에 합격한 학생에 한하여 문과와 이과 계열의 과목들의 교과내신을 통해 선발하는 과정을 거치게 됩니다. 고교의 교육과정은 대학에서 공부할 수 있는 능력을 갖출 수 있는 수준으로 구성되어 있습니다. 교과내신만을 통해 선발하는 제도 아래에서 학생들은 교과 공부에 충실해야 대학에 들어갈 수 있습니다. 수능에서 합격한 학생들은 이미 기본적인 수학능력을 갖춘 학생으로 문·이과 계열의 교과를 충실히 공부한 학생입니다. 이들 학생들은 대학에서 충분히 공부할 능력과 자격이 있는 것으로 볼 수 있는 것입니다. 이에 수능은 언어, 수리, 외국어 세 과목으로도 충분할 것입니다.

언어, 수리, 외국어 세 과목을 시험 보자는 것은 앞에서 언급한 수능의 영향력을 최소화하기 위한 것입니다. 수능에 사·탐과 과·탐 과목을 포함하게 되면 수능의 영향력이 강화되기 때문입니다. 그리고 언어, 수리, 외국어 세 과목을 시험 보더라도 이들 교과들도 반드시 교과내신으로 반영해야 합니다. 그래야만 이들 교과 수업도 학생들이 충실할 것입니다. 또한 교과내신의 반영 과목을 대학에 전적으로 맡겨두지 말고, 각 교과에서 필수적으로 반영해야 할 최소 과목의 수를 규정해야 합니다. 그래야만 학생들이 학교 수업에 충실할 수 있고 이를 통해서 민주시민으로서 갖추어야 할 교양과 지식을 제대로 쌓을 수 있을 것입니다.

제가 이런 생각을 하게 된 또 하나의 중요한 이유는 학생들의 부담을 경감하기 위한 것입니다. 일단 수능시험에 과·탐과 사·탐을 포함하면 학생들의 부담은 그만큼 가중됩니다. 이에 수능 과목을 언어, 수리, 외국어 등 기본적인 도구적 과목으로 제한하자는 것입니다. 현재 학생들은 입시를 대비한 공부로 너무나 짓눌려 있습니다. 학생들의 입시 부담을 경감하는 것은 학생들이 건강하게 성장할 수 있도록 돕는 것입니다. 이에 대해 깊이 통찰할 필요가 있습니다.

 대학이 서열화된 현실을 반영하여 수능을 언어, 수리, 외국어 등 세 과목으로 제한하자는 주장은 참으로 획기적입니다. 이는 충분히 검토해볼 만한 가치가 있는 것 같은데, 어떻게 생각하시는지요?

 음! 저는 그런 생각을 해보지 않았는데, 어느 정도는 일리 있는 주장입니다. 그렇지만 여전히 학생들의 학력 수준이 저하되지 않을까 하는 우려가 드는 것은 어쩔 수가 없네요.

 그런 우려를 하실 수 있습니다. 수능시험을 언어, 외국어, 수리 등 세 과목으로 제한하고 시험도 기본적 개념과 원리만을 묻는 것이라면, 학생들이 수능시험에 대비해서 현재처럼 공부하지 않아도 충분히 합격할 수 있을 것입니다. 그 때문에 학력 수준의 저하가 우려되기도 합니다.

그런데 수능은 학력 수준을 묻는 시험이 아닙니다. 앞에서 계속 이야기한 것처럼, 수능은 대학에서 수학할 기본 능력을 묻는 시험으로 이에 합격만 하면 누구나 대학에 들어가서 공부할 수 있는 자격이 부여됩니다. 이에 수능과 학력을 연관시키는 것은 수능의 본질에 맞지 않다고 생각합니다.

저는 학력의 저하는 교과내신만을 통한 선발제도로 충분히 막을 수 있다고 생각합니다. 이를 위해서 중요한 것은 고등학교의 교육과정과 그 수준의 적절성입니다. 교과내신만을 통해 선발한다면 학생들은 학교 수업에 매우 충실히 임하여 열심히 공부할 수밖에 없습니다. 교육과정과 그 수준이 적절하다면 학력 수준의 저하에 대해 그리 우려하지 않으셔도 될 것입니다.

 알겠습니다. 저도 교과내신만을 통한 선발제도가 도입되면 학생들이 학교 수업에 매우 충실할 것이라는 생각이 듭니다. 중요한 것은 대학에서 수학할 수 있는 정도의 교육과정과 교과를 구성하는 것이라는 점도 이해됩니다.

저도 학생들이 학교 수업에 충실할 것이라는 점은 동의합니다. 그런데 학생들이 학교 수업에 충실하다고 해서 학력 수준이 향상될지는 모르겠습니다. 제도를 시행해보아야 알겠지만, 저는 학력 수준의 향상이라는 측면에서 수능의 완전한 자격고사로의 전환은 신중하게 고려해야 한다고 생각합니다.

2) 교과내신만을 통한 선발제도

우려하시는 점은 충분히 알겠습니다. 그럼 다음 문제로 넘어갈까요? 교과내신만을 통한 학생 선발은 어떤 것인지 듣고 싶습니다.

교과내신만을 가지고 선발하자는 것은 말 그대로 수능시험에 합격한 사람들에 한해서 대학은 교과내신 성적만을 가지고 선발하자는 것입니다. 지금처럼 논술과 면접고사, 적성고사, 교과특기자전형 등은 완전히 폐지하는 것입니다. 즉, 대학 자체에서 시험을 보는 대학별 고사는 어떠한 형태이든지 금지하는 것입니다. 그런데 여기에서 더욱 중요한 것은 교과내신만을 통한 선발에는 "학생부종합전형의 폐지를 반드시 포함해야 한다"는 사실입니다.

교과내신만을 통한 선발에 대학별 고사의 완전한 폐지는 이해가 됩니다. 대학별 고사는 학교의 정규 교육과정을 벗어나 있는 것이고 이에 학교교육의 정상화에 걸림돌이 될 것이기 때문에 이의 폐지는 적극 고려되어야 합니다.

그런데 학생부종합전형은 다릅니다. 학생부종합전형이 비교과 활동을 반영하기는 하지만 교과 성적을 기본으로 보고 있습니다. 따라서 학생부종합전형은 학교교육을 정상화하는 것에 위배되지 않으므로 이를 반드시 폐지해야 한다는 것은 이해가 되지 않습니다. 그런데 왜 학생부종합전형을 폐지해야 한다고 주장하시는지요?

● 학생부종합전형과 교육활동의 왜곡

 일반적으로 학생부종합전형은 교과내신에 더하여 비교과 활동을 종합적으로 평가하는 전형입니다. 물론 비교과 활동도 학교 내에서 이루어지는 것이기 때문에 학생들이 학교교육에 충실할 것이라는 사실에는 변함이 없습니다. 그럼에도 불구하고 저는 학생부종합전형은 폐지되는 방향으로 가야 한다고 생각합니다. 학생부종합전형은 단언컨대 전인교육의 실현이라는 학교교육의 목적과 배치되는 것입니다.

첫째 날 언급했듯이 비교과 활동은 학생들의 전인적 성장을 위해서 존재하는 것입니다. 학생들의 학교생활의 대부분은 학교 수업으로 이루어져 있고 이는 지적인 교과 활동이 중심입니다. 지적 활동에 치우친 학교생활에서 비교과 활동은 학생들이 흥미를 가진 다양한 활동을 통해서 정서적 성장을 돕고 이를

학생부종합전형 폐지에는 결단코 반대,
학생부종합전형으로 학생들은 교과 공부 외에 다양한 분야의
활동과 경험, 능력과 적성을 평가할 수 있는 장점이 있어

대학별 고사는 어떠한 형태이든지 금지해야, 비교과 활동을 반영함으로써
"공정성"에 의혹을 사고 결국 교육 불평등을 심화시키는,
더욱이 전인교육을 위한 비교과 활동조차도 입시에 종속시켜
교육활동을 왜곡하는 학생부종합전형은 반드시 폐지되어야

통해 전인적 성장을 꾀하기 위한 것입니다.

그런데 학생부종합전형이 도입된 이래로 비교과 활동은 변질되었습니다. 즉, 학생부종합전형의 도입으로 비교과 활동은 학생들의 전인적 성장을 위해 존재하는 것이 아니라 대학 입시를 위한 활동으로 왜곡되었습니다. 그리고 더욱 커다란 문제는 주지하듯이 학생부종합전형이 실시된 이래로 학교는 정규 교육과정에 없는 다양한 비교과 활동 프로그램을 양산하였습니다. 새롭게 양산된 비교과 활동 프로그램들은 정규 교과시간 이외에 따로 시간을 내어서 활동해야 하는 것들입니다. 예컨대, 정규시간에 활동하는 동아리활동 외에 학생들은 대학 입시를 위해 자율동아리를 따로 만들어 활동합니다. 그리고 무수히 양산된 교내 경시대회에 응시하고 외부 초빙 강사의 강연을 듣고 소감문도 작성해야 합니다. 이 외에도 소논문을 작성한다든가 입시에 초점을 두어 독서 활동을 합니다. 이런 수많은 비교과 활동으로 인해 학생들의 부담은 매우 가중되었습니다. 이에 현재 학생들은 학생부종합전형이라는 "죽음의 늪"에서 허우적거리고 있다고 해도 과언이 아닙니다.

노무현 정부 때 내신을 강화하는 정책이 특목고에게 불리할 것으로 예상되어 대학들은 특목고 학생들에게 유리한 논술전형을 도입했습니다. 이에 당시의 학생들은 내신과 수능에 더하여 논술 준비까지 부담해야 하는 상황에 이르렀습니다. 당시 많은 보수 언론들은 학생들이 수능, 내신, 논술 등을 준비해야 하는 "죽음의 트라이앵글"에 걸리게 되었다고 주장하면서 내신 강화 정책을 비판했습니다.

게다가 입학사정관제도가 도입된 후 논술전형이 도입되었을 때와는 비교할 수 없을 정도로 학생들의 부담이 가중되었습니다. 학생들은 수능과 논술 그리고 내신 대비만이 아니라 무수히 양산된 비교과 활동도 열심히 하지 않을 수 없는 상황에 놓이게 되었습니다. 도대체 죽음의 "몇 앵글"에 빠져 있는지도 가늠할 수 없을 지경입니다. 그런데 내신 강화 정책을 죽음의 트라이앵글로 비판했던 보수 언론들은 어찌 된 일인지 학생부종합전형으로 학생들이 완전히 죽음의 늪에 빠지게 되었지만 아무런 말도 하지 않고 있습니다.[1] 정말 놀랄 일입니다. 이제 학생부종합전형은 폐지하여 죽음의 늪에서 허우적대고 있는 학생들의 부담을 경감하고 학생들이 전인적 성장을 할 수 있도록 비교과 활동을 제자리에 돌려놓아야 할 것입니다.

 잘 알겠습니다. 이에 대해 어떻게 생각하시나요?

 학생부종합전형 폐지에는 결단코 반대합니다. 우선 학교 선생님들 중에는 학생부종합전형에 찬성하시는 분들이 꽤 있습

---

1. 부유한 계층을 대변하는 보수 언론의 입장에서는 내신 강화 정책은 특목고에 불리하고 일반고에 유리하기 때문에 교육적 평등을 실현하는 정책으로 보였을 것이다. 이에 비해 입학사정관제는 특목고와 자사고에 유리한 것으로 자신들이 대변하는 계층을 배려하는 정책으로 보였을 것이다. 이것이 보수 언론이 보이는 행태의 근본적인 이유일 것이다.

니다. 그 이유는 학생부종합전형으로 학생들은 교과 공부 외에 다양한 분야의 활동과 경험 그리고 능력과 적성을 평가할 수 있는 장점이 있다고 주장하고 계십니다. 예컨대, 입학사정관제가 도입된 이래로 학생들은 독서활동을 열심히 하고 자율동아리와 같은 것을 만들어서 자신이 가진 적성에 맞게 다양한 활동을 하면서 많은 경험을 쌓게 되었다는 겁니다. 학생들의 부담이 가중된 측면이 있지만 이 전형을 폐지할 이유는 아니라고 생각합니다.

 일부 선생님들 중에는 그런 견해가 있음을 알고 있고 어느 정도는 일리가 있다고 생각합니다. 따라서 이 전형의 긍정적인 요소를 살릴 수 있는 방안에 대한 검토가 필요할 것입니다. 그러나 저는 원칙적으로 학생부종합전형은 폐지되어야 한다고 생각합니다. 비교과 활동은 대학 입시에 종속되지 않고 학생들의 자율적 활동이어야 합니다. 학생들의 다양한 활동과 경험 그리고 적성과 능력을 평가할 수 있어서 긍정적이라 하지만, 그 모든 활동이 입시를 위해 어쩔 수 없이 하는 것이지 학생들의 진짜 적성과 능력은 아닌 것입니다.

예컨대 학생들이 자율동아리를 왜 만들까요? 그들의 적성과 흥미 때문일까요? 물론 아닙니다. 학생부종합전형 때문에 어쩔 수 없이 하는 활동입니다. 이는 자율동아리만이 아니라 입학사정관제 아래 학교에서 새롭게 만든 많은 비교과 활동도 마찬가지입니다. 학생부종합전형이 폐지되면 학교는 이런 프로그램을 만들지 않을 것이며 학생들도 이런 활동에 일말의 관심도 없을 것입니다.

또 학생부종합전형을 폐지해야 하는 더 큰 이유가 있습니다. 학생부종합전형이 가장 크게 문제가 되는 것은 그 "공정성"에 사람들이 의혹을 가진다는 사실입니다. 이는 비교과 활동을 반영함으로써 발생하는 문제입니다.

학생부종합전형에서는 비교과 활동을 평가할 때 대학에서 가장 참조하는 자료가 바로 '자기소개서'입니다.[2] 그런데 자기소개서를 풍부하게 잘 쓰려면 여러 가지 요인들이 복합적으로 작용해야 한다고 합니다. 일반적으로 자기소개서는 학생들의 실제 활동력과 교사의 학생부 기술능력을 기본으로 하여, 학교가 다양한 비교과 활동 프로그램을 만들어서 실행하는 능력과 컨설팅을 해주는 사교육기관을 활용할 수 있는 학생과 학부모의 능력 등이 복합적으로 작용합니다. 이런 능력은 누가 보더라도 부유한 계층 출신이 많은 특목고와 자사고에 유리합니다. 특목고와 자사고 학생들은 부모의 든든한 뒷받침이 있고, 사교육기관의 적절한 컨설팅을 받을 수 있으며, 학교에서 실시하는 다양한 비교과 활동을 실제로 실행하는 능력에서도 일반고 학생들보다 앞선 것이 사실입니다. 이러한 학생부종합전형의 특성으로 인해 교과내신에 불리한 특목고와 자사고 학생들을 적극적으로 선발하는 기제로 활용되고 있습니다.

둘째 날 통계를 통해서 확인했듯이 서울 소재 중·상위 서열의 대학들은 학생부종합전형의 비중을 높여 특목고와 자사고

---

2. 학생부종합전형의 문제를 가장 단적으로 보여주는 말이 '자소설'이다. 이미 학생들과 교사들은 자기소개서의 작성을 소설 쓰기에 비유하고 있다. 자기소개서를 작성하기 위한 학교 내 비교과 활동을 통한 스펙 쌓기와 더불어 이를 과장하여 포장하는 것은 마치 소설 쓰기와 같은 것으로 인식하고 있는 것이다. 이는 한국 교육의 현주소를 적나라하게 보여준다.

생들을 적극 선발하는 것을 확인하였습니다. 또한 학생부종합 전형은 대학들이 고교등급제를 적용하여 학생을 선발하는 것을 합리화할 수 있는 수단을 제공할 수도 있습니다. 이에 많은 사람들이 학생부종합전형이 매우 불공정한 것으로 판단하고 있고 이의 폐지를 주장하는 것입니다. 분명히 학생부종합전형은 불공정성을 가지고 있으며 이로 인해 교육 불평등을 심화시키는 요소로 작용하고 있습니다. 교육의 기회균등이라는 헌법 정신에 입각해서 보면 이 전형은 폐지되어야 마땅합니다.

 두 분의 의견이 예상대로 팽팽히 맞서는군요. 신보관 님은 학생부종합전형이 학생들이 교과 공부 외에도 독서라든지 다양한 관심 분야에 관심을 가지고 열심히 하도록 유도하는 긍정적인 면을 강조하셨습니다. 이에 비해 현진교 님은 학생부종합전형으로 인해 전인적 성장을 위해 존재하는 비교과 활동조차 대학 입시에 종속됨으로써 그 본래적 의미가 변질되었다는 점을 지적하셨습니다. 또한 이 전형은 대학들이 고교등급제의 적용을 합리화할 수 있는 수단을 제공하여 불공정성 시비에서 결코 자유로울 수 없고 결국 교육 불평등을 심화시키는 전형이라는 점을 지적해주셨습니다. 이에 대한 판단 또한 독자들에게 맡길 수밖에 없을 것입니다. 교과내신만을 통한 선발제도에 대해 더 말씀하실 게 있나요?

 교과내신만을 통한 선발제도에 대해서 언급할 것이 있습니다. 이 제도를 실시하는 데 반드시 견지해야 할 것은 "절대평가제가 아니라 상대평가제를 유지해야 한다"는 사실입니다.

현진교 님이 그런 주장을 하시는 건 왠지 의외라는 생각이 듭니다. 왜 그렇게 생각하시는지요?

 저도 원칙적으로는 상대평가가 아니라 절대평가를 올바른 평가 방법이라 생각합니다. 그렇지만 대학들이 서열화되어 있는 현실을 고려하지 않을 수 없습니다. 대학들이 서열화되어 있는 상황에서는 학생들을 선발하기 위해선 변별 수단이 반드시 있어야 합니다. 이에 변별력을 확보하기 위해선 어쩔 수 없이 상대평가제를 실시해야 합니다.

만약 절대평가제를 실시한다면 각 고교들은 자기 학교 학생들이 좋은 대학에 들어갈 수 있도록 성적 부풀리기를 할 것이며 이에 내신의 변별력과 신뢰성이 약화될 것입니다. 내신의 변별력과 신뢰성이 약화되면 대학들은 학생들을 선발하기 위해 다른 수단이 있어야 합니다. 물론 이런 수단으로 논술이나 면접과 같은 대학별 고사를 떠올릴 수밖에 없습니다. 대학별 고사가 중요하게 된다면 학교에서는 수업보다는 대학별 고사에 대비한 교육활동에 초점을 맞추게 될 것입니다. 그리고 익히 알고 있듯이 대학별 고사는 특목고와 자사고와 같은 학교나 부유한 계층에게 유리하게 작용하여 교육 불평등을 심화시키는 요인이 될 것입니다.

교과내신만을 통한 선발은 학생들이 학교 수업에 충실하게 하여 학교교육을 정상화하기 위한 것입니다. 그런데 절대평가를 도입하면 내신이 무력화되고, 그로 인해 대학별 고사가 강화되면 학교교육은 이에 초점을 맞추게 될 것입니다. 이는 교과내신을 통한 선발제도로 이루려는 학교교육의 정상화와는 정

반대의 길을 가게 될 것입니다. 이에 교과내신의 상대평가제의 유지는 어쩔 수 없는 것입니다. 대학의 서열 구조가 사라지지 않는 한 이는 불가피하다고 생각합니다.

2. 수능의 완전한 자격고사 전환과 교과내신만을 통한 선발제도가 가져올 교육계의 변화들

1) 학교현장에서의 변화

 잘 알겠습니다. 일단은 수능의 완전한 자격고사로의 전환과 교과내신만을 통한 선발이 어떤 것인지에 대해 충분히 설명되었다고 생각됩니다. 그럼 이제부터 이 제도의 도입이 가져올 교육계의 변화에 대해서 본격적인 토론을 해보겠습니다. 왜 이 제도를 도입해야 하나요?

 저는 이 제도를 도입한다면 교육현장에 상당히 긍정적인 바람이 불 것이라 예상합니다.

수능의 완전한 자격고사로의 전환은 현 수능의 1~9등급의 상대평가에서 합격-불합격의 완전한 절대평가로 전환되는 것을 말합니다. 현재 수능은 상대평가로 인해 학교교육활동의 초점이 수능에서 높은 등급을 받도록 하는 데 맞추어져 있습니다. 이에 수업과 교육활동은 주로 공부를 잘하는 학생들에게 집중되고 있습니다.

수능에서 점수 경쟁은 단위학교의 학생들 간의 경쟁이 아님니다. 수능을 응시한 전국의 모든 학생들과 경쟁입니다. 여기에서 높은 등급을 받아야 좋은 대학에 들어갈 수 있기 때문에 자기 학교의 공부 잘하는 학생들이 전국의 모든 학생들과 경쟁에서 승리하여 높은 등급을 받을 수 있도록 하는 것이 학교교육활동의 중요한 목표가 됩니다. 그래야만 소위 명문대에 자기 학교의 학생들을 많이 보낼 수 있기 때문입니다. 이런 목표를 달성하기 위해 문제풀이 위주의 주입식 교육이 학교교육에서 성행하고 있는 것입니다.

그런데 수능이 완전히 자격고사로 전환된다면, 학교교육활동은 수학능력을 갖추지 못한 학생들에 초점을 맞추어 이루어질 것입니다.[3] 특히 방과후수업(보충수업)은 수학능력을 갖추지 못한 하위권 학생들에 대한 수업으로 재편될 것입니다. 자격고사로 전환된 수능은 고교 수업 과정에서 배우는 내용 중에서 기본적인 개념과 원리를 묻는 시험이기 때문에 웬만한 학생들은 수능을 위해 굳이 방과후수업이나 학원 등 사교육이 필요치 않게 될 것입니다. 학교에서 실시하는 방과후수업 활동은 수학능력이 떨어지는 학생들에 초점이 맞추어질 것입니다. "방과후수업을 포함한 학교의 교육활동이 지금과 달리 수학능력을 길러주는 학교교육의 목적에 부합하는 방향으로 전환될 것"입니다.

현재 수많은 학교에서 공부를 잘하는 학생들로 구성된 심화

---

3. 특히 수능을 고등학교 1, 2학년의 교육과정 정도에 초점을 두어 고1이나 2학년 말에 시험을 보게 된다면, 이에 불합격한 학생들은 수학능력이 부족한 학생으로 판별할 수 있다. 이에 학교는 이들 학생들에 대한 대책을 세우는 데 교육활동의 역량을 투여할 것이다. 따라서 학교교육은 수학능력이 부족한 학생들의 학업능력을 기르는 데 초점을 두는 방향으로 흘러갈 것이다.

반과 같은 우등반을 운영하고 있습니다. 이런 우등반을 두는 것은 공부 잘하는 학생들이 수능에서 높은 등급을 받아서 명문대에 많이 들어가도록 하기 위한 것입니다. 학교에서는 일반 학생들을 대상으로 하는 방과후활동도 실시하고 있지만 교육활동의 초점은 심화반과 같은 우등반 학생에 맞추어진 것이 명백한 사실입니다.

그런데 수능을 자격고사로 만들면 이들 우수한 학생들에 초점을 맞춘 방과후수업이 필요 없게 됩니다. 만약 수능을 완전한 자격고사로 전환하고 교과내신만을 통해 선발함에도 불구하고 학교에서 심화반과 같은 우등반을 계속 운영한다면 이는 이들 학생들에게 내신을 잘 받을 수 있도록 일종의 특혜를 제공하는 것으로 볼 수밖에 없습니다. 좀 더 엄밀히 말하면 우등반의 운영은 일종의 성적 조작에 가까운 행위가 될 것입니다. 이에 우등반 운영을 금지하는 간단한 행정조치로 이는 사라질 가능성이 매우 높습니다.

사실 교과내신만을 통한 선발제도가 도입된다면 학교에서는 심화반과 같은 우등반을 스스로도 운영하지 않을 것이라 예상됩니다. 주지하듯이 학생들의 대학 입시경쟁은 수능처럼 전국의 모든 학생들과 경쟁하는 것이 아니라 단위학교 내에서의 내신 경쟁으로 전환되기 때문입니다. 이런 상황에서 학교에서 굳이 엄청난 논란을 감수하면서 특정 학생들을 위한 심화반과 같은 우등반을 운영할 리가 없습니다.

 학교와 교육현장에 긍정적인 바람이 불겠군요. 어떻게 생각하시는지요?

기본적으로 자격고사로서의 수능과 교과내신만을 통한 선발
제도가 도입된다면 현진교 님이 주장하시는 그러한 변화가 일
어날 것 같습니다. 다만 학생들의 학력 저하가 심히 우려된다
는 점을 다시 한 번 강조하고 싶습니다.

　　알겠습니다. 그런데 이 제도의 도입으로 성적이 우수한 학생
들로부터 수학능력이 떨어지는 학생들에게로 학교 활동의 관심
이 이동하는 것 이외에 다른 변화는 없는지요?

　　물론 매우 중요한 변화들이 있습니다. 그동안 교육계에서 항
상 논란이 되고 있는 비교육적이며 심지어 반인권적 관행으로
논란이 되었던 강제적 보충수업과 강제적 자율학습(소위 야·자)
의 관행이 사라질 것입니다.

　　우선 강제적 보충수업은 그 자체로 별 필요가 없습니다. 강
제적 보충수업은 수능시험에서 문제풀이 위주의 주입식 교육
이 효과가 있다고 믿기 때문에 사라지지 않고 존속해오고 있
는 것입니다. 그런데 이제 그럴 필요성 자체가 없기 때문에 그
런 관행은 자연스레 없어질 것입니다. 다만 수학능력이 되지 않
는 학생들에게 보충수업을 강제로 실시할 학교들이 일부 있을
수도 있습니다. 그러나 이런 학생들을 대상으로 하는 강제적
보충수업은 별 실효성이 없기 때문에 그 가능성은 매우 희박합
니다.

　　강제적 보충수업과 더불어 강제적 자율학습은 완전히 사라
질 것입니다. 주지하듯이 강제적 보충수업처럼 강제적 자율학
습의 관행은 전두환 정권 때 학력고사제도가 도입된 이래로 시

작되었습니다. 표준화된 국가고사인 학력고사가 도입되자 많은 학교에서는 학력고사에서 좋은 성과를 거두기 위해 학생들을 강제적으로 자습시키는 것을 효과적인 방안으로 생각하게 되었습니다. 현 수능도 학력고사처럼 표준화된 국가고사로서 전국 모든 학생들이 경쟁하는 구조여서 여전히 일부 학교들은 강제적 자율학습의 효과를 믿고 이를 실시하고 있는 실정입니다. 그런데 수능을 완전한 자격고사로 전환하고, 교과내신만을 통한 선발제도가 도입되면 전국의 모든 학생들과 경쟁은 사라집니다. 내신은 단위학교 내 학생들 사이에서 경쟁이기 때문에 굳이 학생들을 강제적으로 남겨서 자율학습을 시킬 필요가 없습니다.

이상에서 살펴본 것처럼 수능의 완전한 자격고사로의 전환과 교과내신만을 통한 선발제도는 "강제적 보충이나 강제적 자율학습 등 학교현장에 존속하고 있는 비민주적이고 반교육적인 관행들이 사라지고 교육현장은 점점 정상적인 모습을 찾을 것"입니다. 사실 자습이나 방과후수업을 본인의 의사에 반하여 강제적으로 실시한다는 것은 일종의 코미디입니다. 이제까지 이런 비교육적인 관행은 현실적 필요라는 말로 정당화되었습니다. 교과내신만을 통한 선발제도를 도입한다면 더 이상 현실적 필요성은 사라지게 될 것입니다.

2) 민주시민교육의 실현

 교육현장에 매우 긍정적인 변화가 일어날 것으로 기대됩니다. 그럼 지금부터는 수능의 완전한 자격고사로의 전환과 교과 내신만을 통한 선발제도가 중등교육의 정상화, 즉 민주시민을 양성하는 교육의 목적을 실현하는 것과는 어떤 관계가 있는지 듣고 싶습니다.

 수능을 완전한 자격고사로 전환하고 교과내신만을 통해 선발하는 제도를 도입한다면, "학교 수업"의 중요성이 굉장히 부각될 것입니다. 학생들은 대학에 들어가기 위해서 학교 수업에 매우 충실해야 합니다. 왜냐하면 시험문제를 직접 출제하는 교사가 진행하는 수업 시간에 충실하지 않으면 교과내신 성적을 좋게 받기 힘들기 때문입니다. 이런 상황은 학교교육을 정상화할 수 있는 기본적인 여건을 조성할 것입니다.

학교교육의 가장 중요한 목적이 무엇일까요? 첫째 날 확인했 듯이 "민주시민을 양성하기 위해 필요한 소양과 자질을 갖추는 교육"입니다. 민주시민의 자질을 기르는 교육에서 가장 중요한 수단은 무엇일까요? 학교교육에서 가장 중요한 활동은 바로 수업입니다. 따라서 학교 수업은 학생들이 민주시민으로서 필요한 자질을 습득해가는 가장 중요한 통로가 되어야 합니다. 민주시민으로서 필요한 자질이란 인권과 민주주의에 대한 확고한 신념을 기본으로 하여 민주시민으로서 갖추어야 할 기본 교양을 쌓는 것입니다. 수업 시간은 교과를 매개로 해서 교사와 학생이 상호 작용하고 소통하는 공간입니다. 이 공간에서 학생들은 민주시민으로서 필요한 교양과 자질을 배워나가야 할 것입니다.

수능의 자격고사로의 전환과 교과내신만을 통해 선발하는

제도가 도입되면 일단 학교에서 수능에 대비한 문제풀이 위주의 주입식 교육이 사라질 가능성이 큽니다. 수학능력이 안 되는 학생들을 위한 방과후수업 등에서는 일부 문제풀이 수업이 계속 이루어질 수 있지만 현재와 같은 문제풀이 위주의 주입식 수업은 점점 사라질 것이라 확신합니다. 왜냐하면 많은 교과에서 굳이 수능에 대비한 문제풀이 수업을 계속할 필요성 자체가 사라지기 때문입니다. 심지어 고3 교실에서도 문제풀이 위주의 주입식 교육이 사라지고 교육과정에 충실한 수업이 진행될 것으로 충분히 예상해볼 수 있습니다.

 수능을 자격고사로 전환하고 교과내신만을 통한 선발제도가 도입되면 수능에 대비한 문제풀이형 주입식 교육이 사라질 가능이 크다고 하셨는데 과연 그렇게 될지 모르겠습니다. 어쨌든 수능은 논-서술형이 아니라 5지 선다형의 객관식 문제입니다. 현진교 님도 일각에서 제기되고 있는 것처럼 수능을 논-서술형으로 전환하자는 주장을 하지는 않으시네요. 그렇다면 수능이 완전한 자격고사로 전환되더라도 이에 대비한 수업의 필요성 자체가 완전히 사라지지 않을 것이고 이에 문제풀이형 주입식 수업은 계속 살아남겠지요.

 저도 신보관 님의 주장에 어느 정도 동감합니다. 수능이 논-서술형 시험으로 전환되면 문제풀이형 주입식 교육에서 완전히 탈피할 수 있을 것입니다. 향후 수능을 논-서술형으로 치르는 것에 대해 충분히 고민해보아야 할 것입니다.

그렇지만 논-서술형으로 시험을 실시하려면 논-서술형에 맞는 교육과정과 수업 방식이 학교현장에 충분히 정착해야 합니다. 저는 개인적으로 아직 수능을 논-서술형으로 치를 정도로 여건이 충분히 성숙하지 않았다고 생각합니다. 무엇보다 채점을 하는 데 너무나 많은 사회적 에너지가 소모될 것이며, 우리의 상황으로 볼 때 채점에 대한 공정성 시비로부터 자유로울 수 없을 것입니다. 이런 상황에서 논-서술형 시험을 도입하는 것은 무리라 생각합니다. 이에 대해서는 더욱 신중한 접근이 필요합니다.

저는 앞에서 수능의 완전한 자격고사로의 전환을 주장하면서 언어, 수리, 외국어 등 도구적 과목만을 시험 보고 1, 2학년 교육과정 정도에서 가장 기본적인 소양을 묻는 수준 정도로 하자고 했습니다. 충분한 검토가 필요하겠지만 현재 실시되고 있는 한국사처럼 기본적인 개념과 지식 정도를 묻는 수준이면 충분할 것입니다. 이런 정도의 시험이라면 논-서술형 시험의 형태일 필요가 없습니다. 현재와 같은 객관식 시험을 유지하는 것이 시험의 성격에 더 잘 맞을 것입니다. 그리고 이런 정도의 시험이라면 굳이 학교 수업에서 수능을 대비하여 따로 수업을 할 필요성이 그리 크지 않습니다. 교과 수업에 충실하면 누구나 수능에 합격할 수 있을 것이라 충분히 예상할 수 있습니다. 물론 교사들도 수능에 대비할 필요가 없기 때문에 교과과정에 충실한 수업을 할 것입니다.

 교과내신만을 통한 선발제도가 도입된다면 교과내신을 산출하기 위해 교사들은 교육과정에 더욱 충실한 수업을 할 수밖에 없고, 학생들도 대입에서 유일한 선발 요소가 교과내신이기 때문에 교과 공부에 매우 충실할 수밖에 없다는 것은 충분히 납득이 갑니다.

그런데 학생들이 교과 공부에 충실하게 되는 상황과 민주시민을 양성하는 교육과는 직접적인 논리적 연관성을 찾기 어렵다고 생각합니다. 현재에도 수능에 대비하지 않는 교과 수업이 상당하지만 과연 민주시민의 양성에 걸맞은 교육이 이루어지고 있는지는 의문입니다. 이 둘을 연결하는 것은 상당히 논리적인 비약이 아닌가 싶습니다.

 솔직히 말씀드리면 저도 수능의 자격고사로의 전환과 교과 내신만을 통한 선발제도의 도입 자체로는 민주시민을 양성하는 교육과 직접적으로 연결시키는 것이 논리적 비약이라고 생각합니다. 그렇지만 저는 이 제도를 도입하면 "민주시민으로서 필요한 자질과 소양을 기르기 위한 전인교육을 실시할 수 있는 조건과 환경을 조성하는 것"으로 이해할 수 있다고 생각합니다. 이 제도의 도입으로 교사와 학생들은 무엇보다 교육과정에 토대를 둔 학교 수업에 충실할 수밖에 없습니다. 이러한 상황은 민주시민을 양성하는 교육을 실시할 수 있는 조건과 환경, 즉 일종의 하드웨어가 구축되는 것입니다.

 교사와 학생이 교과과정에 토대를 둔 학교 수업에 충실할 수밖에 없는 상황이 만들어지는 것이 민주시민을 양성하는 교육을 실현할 수 있는 환경, 즉 일종의 하드웨어가 구축되는 것으로 이해하는 것은 잘 납득이 되지 않습니다.

맞습니다. 학교 수업이 현재와 같은 주입식 교육에서 탈피하지 못한다면 저의 주장은 아무런 의미가 없습니다. 그래서 저는 단지 하드웨어가 구축되는 것으로 이해할 수 있다고 한 것입니다. 이런 하드웨어가 구축된다면, 그다음 과정이 매우 중요합니다.

학생들이 학교 수업에 매우 충실할 수밖에 없는 상황이 조성된다면, 그다음으로 민주시민을 양성할 수 있는 교육 콘텐츠(소프트웨어)를 생산하고 제공하는 데 모든 교육개혁의 역량을 투여해야 합니다. 여기에서 말하는 소프트웨어는 "교육과정과 교과 그리고 이를 바탕으로 이루어지는 수업 활동"을 말하는 것입니다. 교육과정과 교과 그리고 수업활동이 민주시민을 양성할 수 있는 콘텐츠로 변화하지 않는다면, 교사와 학생이 교과과정에 충실한 학교 수업에 열중할 수밖에 없는 상황이 조성되어도 이는 민주시민의 양성과는 아무런 관련이 없는 것이 될 것입니다.

아! 이제야 어느 정도 이해가 됩니다. 수능이 위력이 강하여 학교현장에서 문제풀이형 주입식 교육의 필요성이 지속된다면 아무리 민주시민을 양성할 수 있는 교육 콘텐츠를 생산한다고 할지라도 이는 학교현장에는 무용지물일 수밖에 없으나, 교사와 학생이 교육과정에 토대를 둔 학교 수업에 충실할 수밖에 없는 상황이 조성된다면 이는 민주시민을 양성할 수 있는 교육 콘텐츠가 학교현장에서 어느 정도 실현할 수 있는 조건이 형성된다는 주장이시군요. 그런 다음에 민주시민 양성을 위한 교육과정과 교과 그리고 수업 방식으로 바꾸는 데 교육개혁의 역량을 집중해야 한다는 것으로 이해됩니다. 그렇습니까?

 정확히 정리해주셨습니다.

사실 교육현장에서 이미 수업 방식을 바꾸기 위한 노력들이 꾸준히 진행되고 있습니다. 이의 가장 대표적인 것이 '혁신학교'입니다. 혁신학교에서는 기존의 문제풀이 위주의 주입식 교육에서 탈피하여 학생과 교사가 상호 소통하고 학생 상호 간에 협력하는 수업 방식을 개발하기 위해 끊임없이 노력하고 이를 실제 수업에 적용하고 있습니다.

혁신학교만이 아니라 일반 학교에도 이미 주입식 교육을 탈피한 수업 방식을 개발하고 이를 수업에서 실천하는 교사들이 상당수 존재하고 있습니다. 학교현장에 교사의 일방적인 주입식 교육이 아닌 민주시민으로서 필요한 소양과 자질을 갖추기 위해 학생과 교사가 서로 소통하면서 협력하는 수업 방식이 서서히 들어오고 있다고 할 수 있습니다.

그런데 현재는 이런 교육 콘텐츠(소프트웨어)를 학교현장에 널리 확산하는 데 한계가 있습니다. 즉, 이런 교육 콘텐츠를 확산할 만한 하드웨어가 제대로 갖추어지지 못했기 때문입니다. 혁신학교가 초등학교와 중학교에서는 어느 정도 신선한 바람을 일으켰지만 고등학교에서는 큰 반향을 일으키지 못했는데 이는 여전히 문제풀이 위주의 주입식 교육이 필요한 입시 환경 때문입니다.

수능을 완전한 자격고사로 전환하고 교과내신만을 통해서 선발하는 제도를 도입한다면 민주시민의 자질을 기르는 교육 콘텐츠(소프트웨어)를 학교현장에 확산할 수 있는 하드웨어가 구축되는 것입니다. 이런 여건이 마련되면 국가 차원에서 민주 시민을 양성하는 데 필요한 교육 콘텐츠를 적극 개발하여 이를 학교현장에서 실현될 수 있도록 노력해야 할 것입니다. 이는 향후 교육개혁의 핵심적 과제로 그 무엇보다 교육개혁의 역량이 집중되어야 할 지점입니다.

 민주시민을 양성할 수 있는 교육 콘텐츠란 무엇을 말하는 것인지요?

 혹시 1976년 독일에서 이루어진 '보이텔스바흐 합의'에 대해서 들어보셨나요?

 저는 처음 듣습니다.

 들어본 적은 있는데, 그것이 구체적으로 무엇인지는 잘 모르겠습니다. 그런데 왜 이 시점에 '보이텔스바흐 합의'에 대해서 말씀하시는 것인지요?

● 민주시민 교육의 내용과 형식

 저는 '보이텔스바흐 합의'가 민주시민을 양성하기 위한 교육이 과연 무엇인지에 대해 많은 시사점을 제공한다고 생각합니다. 보이텔스바흐는 독일의 소도시인데 여기에서 1976년 여러 정파의 교육 전문가들이 모여서 교육문제에 대해 합의를 했다고 합니다. 이 합의의 핵심 내용은 "교사에 의한 정치적 교화

를 금지하고 논쟁적 주제를 회피하지 말고 토론하게 하고 판단
(사고)은 학생들이 주체적으로 한다"는 것입니다.[4]

　교사에 의한 정치적 교화를 금하는 것은 학생들에게 교사
의 정치적 입장을 일방적으로 주입하는 것을 금하는 것입니
다.[5] 즉, 정파적이고 편파적인 주입식 교육에 대한 경고로 읽을
수 있습니다. 또한 민주시민교육은 수업 시간에 정치와 사회문
제와 같은 논쟁적인 주제를 회피하지 않고 토론을 통해서 스스
로 판단하는 비판적 사고 능력을 길러야 한다는 것입니다. 여
기에서 중요한 것은 토론과 논쟁을 통해서 자기 스스로 생각하
고 판단할 수 있는 주체적 능력을 길러야 한다는 것입니다. 일
방적인 주입식 교육이 아니라 토론을 통해서 학생 스스로 판단
능력을 기르는 교육이야말로 민주시민교육의 핵심이라는 것입
니다. 따라서 민주시민교육의 핵심적인 교육 방식은 바로 "토론
수업"이 되어야 할 것입니다.

　보이텔스바흐 합의의 정신을 교육의 내용과 형식이라는 측
면에서 이해하면 다음과 같습니다. 우선 민주시민의 자질을 키
우려면 정치적, 사회적 주제에 대해서 외면하지 말아야 한다
는 것입니다. 이를 위해 교과과정에 정치·사회적 주제가 필수
로 들어가서 수업 시간에 반드시 다루어져야 한다는 것입니다.
또한 이런 주제는 일방적인 주입식 교육, 즉 교사의 일방적인
교화나 강의가 아니라 토론을 통해서 스스로 사고하고 판단할

---

4. 이인우의 서울&, "우리 학교는 과연 민주시민교육을 제대로 하는 걸까?", 『한겨레』 2017
　년 3월 30일 기사 인용.
5. 독일은 교사의 정치적 자유가 보장되어 있어서 정당 가입이 가능하다. 문제는 정당에 가
　입한 교사들이 자신의 정파의 입장을 학생들에게 일방적으로 주입하였던 것이다. 이에
　여러 정파들이 모여 합의를 통해 한 정파의 정치적 입장을 학생들에게 일방적으로 교화
　하는 것을 금하고 토론을 통해서 학생들이 스스로 판단할 수 있도록 한 것이다.

수 있도록 해야 한다는 것을 의미합니다. 이를 위해 몇 가지 생각할 지점이 있습니다.

우선 교과 내용에 대한 점검이 필요합니다. 과연 현재 교과가 민주시민을 기르기 위해 필요한 정치적, 사회적 주제를 충분히 담고 있는지에 대해 검토할 필요성이 있습니다. 예컨대, 현재 우리 교육에서 가장 미진한 것이 노동과 인권 교육이라는 지적이 있습니다. 민주시민을 양성하는 데 가장 필요한 핵심적 교육 내용은 민주주의와 인권입니다. 이를 교과에 충분히 담고 있는지 점검을 해야 합니다. 특히 노동교육은 절실합니다. 시민의 절대다수는 임금 노동을 통해서 살아가고 있습니다. '노동3권'[6]은 헌법이 보장한 시민의 사회적 기본권으로 인권의 중요한 요소입니다. 민주시민을 양성하기 위해 노동교육은 필수 요소임에도 불구하고 현재의 교과에서는 이를 전혀 다루지 않고 있습니다.[7] 민주시민을 양성하기 위한 필수적인 교과 내용에 대한 사회적 성찰과 점검이 필요할 것입니다.

교과 내용을 점검하기 위한 전제로서 7차 교육과정 이후 시행되고 있는 선택형 교육과정에 대한 전면 재검토도 이루어져야 합니다.[8] 선택형 교육과정이 실시된 이후 민주시민으로서 필수적으로 필요한 교양 교육이 제대로 이루어지지 않고 있습니

---

6. 단결권, 단체교섭권, 단체행동권을 말한다. 이를 흔히 사회적 기본권이라 하는데, 이는 사람이 인간답게 살아가기 위해서 기본적으로 갖추어야 할 사회적 권리로 보는 것이다. 그런데 우리 교육에서 노동교육은 전무하다고 해도 과언이 아니며 이는 시민으로서 기본 자질을 갖추는 데 걸림돌이 되고 있다.

7. 현재 뉴스에 종종 오르내리는 재벌가의 갑질 행태는 우리 사회에 노동교육의 전무한 상태를 반증하는 것이라 할 수 있다. 재벌 기업주들은 자신들과 고용 계약을 한 노동자의 노동자성을 인정하지 않고 마치 전근대 시대의 종이나 머슴처럼 생각하고 있는 것이다. 그래서 입에도 담기 힘든 갑질을 노동자들에게 하고 있는 것이라 할 수 있다. 노동교육은 인권의 차원에서도 적극적으로 교육되어야 한다.

다. 가령 역사과목의 경우 세계사를 선택하면 한국 근·현대사를 들을 수 없고, 한국 근·현대사를 선택하면 세계사를 수강할 수 없는 일이 벌어졌습니다. 이에 세계화 시대에 세계사 수업을 듣지 않고 졸업한 학생들이 부지기수로 양산되었습니다.

이런 상황은 다른 교과들에서도 마찬가지입니다. 특정과목을 선택하면 다른 과목을 들을 수 없는 구조로 인해 필수 교양조차 배우지 못하고 있는 것이 현실입니다. 특히 학생들의 선택권으로 인해 특정한 과목으로 쏠림 현상이 나타나서 교양과 지식을 분절적으로 쌓을 수밖에 없는 상황이 만들어졌습니다. 과연 이런 상황이 민주시민을 양성하는 데 바람직한 것인지 근본적인 검토가 필요하리라 생각합니다.

교육과정과 교과 내용에 대한 점검과 더불어 중요한 것은 교과를 매개로 하여 이루어지는 수업 방식에 대한 성찰입니다. 주지하듯이 교사의 일방적 강의를 학생들이 받아들이는 주입식 교육은 우리 교육이 극복해야 할 가장 중요한 문제 중 하나입니다. 이는 민주시민을 양성하는 교육과는 양립할 수 없습니다. 민주시민을 양성하기 위해서는 일방적인 주입식이 아니라 "교사와 학생이 상호 소통하는 교육"이 이루어져야 합니다.

물론 교사의 강의식 수업도 필요하고 매우 중요합니다. 그러나 모든 수업이 일방적인 강의로 끝나서는 안 됩니다. 강의 과정 속에서도 학생과 교사가 서로 질문하고 대답하는 소통이 이루어져야 합니다. 그리고 수업 과정 속에서 제기되는 특정

---

8. 7차 교육과정에서 시작된 선택형 교육과정은 수요자 중심 교육으로 도입된 교육과정이라 할 수 있다. 수요자 중심 교육의 측면에서 보면 교과도 일종의 상품으로 수요자(학생)의 선택권을 부여해야 하는 것이다. 이에 선택형 교육과정을 통해서 학생들이 교과와 과목 선택권을 부여했던 것이다.

주제에 대해서 학생 상호 간 그리고 교사와 학생 간 토론을 통해서 학생들이 주체적으로 판단하고 사고할 수 있는 능력을 길러야 합니다.

저는 개인적으로 수업이 교사의 일방적인 강의로 끝나지 않기 위해서 가장 중요한 조건이 학생 간 협력이 이루어지는 수업 형태라 생각합니다. 학생들은 특정 주제에 대해서 서로의 생각을 주고받아야 합니다. 가령 학생들을 모둠별로 구성하여 특정 주제를 토론하고, 이런 과정에서 제기되는 문제를 교사와 함께 해결하기 위해 소통해야 합니다. 저는 개인적으로 현재의 교육 환경 속에서는 "모둠별 토론수업이 기존의 주입식 교육에서 탈피하여 민주시민의 기본 자질을 기르는 교육 본연의 모습을 찾는 데 핵심적 수업 모델"이 될 것으로 확신합니다.[9]

모둠별 토론수업을 통해서 학생들은 의견을 서로 나누고 교환하면서 소통 능력을 향상시킬 수 있고, 또한 이 과정에서 스스로 판단할 수 있는 사유 능력을 키움으로써 민주시민으로서 기본 자질을 갖추게 될 것입니다. 민주시민은 상대방을 인정하고 토론을 통해서 서로의 생각을 나누고 소통할 줄 아는 능력을 갖춘 존재입니다. 그런 자질을 가지고 있어야 사회의 공익적 이익을 위해 서로 협력할 수 있을 것입니다. 이런 자질을 갖춘 존재들이 사회의 절대다수를 이룰 때 그 사회는 건강한 민주사회가 될 것입니다.

---

9. 모둠별 토론수업이 가능하기 위해 가장 중요한 조건이 있다. 그것은 공부를 잘하는 학생과 잘하지 못하는 학생이 섞여야 한다는 것이다. 모둠별 토론수업이 원활하게 되기 위해서라도 외고와 자사고 등 특권 학교는 폐지되어야 한다. 그래야만 공부 잘하는 학생들이 일반고에 들어오게 될 것이고 이에 학생이 골고루 잘 섞이게 될 것이다. 또한 학교선택제도 동일한 이유에서 폐지되어야 한다. 공부 잘하는 학생들이 특정 선호 학교로 몰리는 것은 결코 바람직하지 못한 것이다.

이런 변화는 하루아침에 이루어지는 것이 아니라 상당한 시간이 필요합니다. 교사들이 오랜 기간 일방적인 강의를 통한 주입식 교육에 상당히 익숙해져 있고 학생들도 이를 편안하게 받아들이는 것이 현실입니다. 그러나 하드웨어에 해당하는 입시제도를 바꾸고 그에 합당한 소프트웨어인 교육 콘텐츠를 개발하여 확산하는 노력을 한다면 서서히 학교현장의 모습은 바뀔 것입니다. 이는 혁신학교의 모델을 통해서 이미 그 가능성이 충분히 입증된 것이라 할 수 있습니다.

이러한 변화를 이루려면 모든 교육 주체들이 함께 협력해서 노력해야 합니다. 이를 위해서 "사회적 교육과정위원회"와 같은 기구를 만들 필요가 있습니다. 여기에는 교육전문가와 더불어 교사와 학부모 그리고 시민단체 등 다양한 교육 주체가 참여해서 민주시민교육을 위해 서로 소통하고 협력해야 합니다. 그래서 현재의 교육과정과 교과가 과연 민주시민을 양성하기 위한 필수 교양을 제대로 가르치고 있는지, 그리고 교과 내용은 적정하고 학생들의 수준에 맞는지에 관한 전면 검토가 이루어져야 합니다. 이를 통해서 민주시민교육에 걸맞은 교육과정과 교과를 만들어나가야 합니다. 그리고 민주시민의 양성에 걸맞은 수업 모델에 대해서 고민하고 이를 현장 교사들과 교감 속에서 만들어나가야 할 것입니다.

 어떤 의미인지 알 것 같습니다. 입시제도의 변화를 통해 교사와 학생이 교육과정에 토대를 둔 학교 수업에 충실할 수 있도록 하고, 이에 발맞추어 민주시민교육에 걸맞은 교과 내용과 수업 방식의 교육 콘텐츠를 개발하여 확산한다면 학교교육의 목적과 위상에 맞는 교육을 어느 정도 달성할 수 있으리라고 생각하시는 것 같습니다. 이를 위해 "사회적 교육과정위원회"와 같은 기구의 필요성을 주장하셨는데, 이는 충분히 고민해볼 가치가 있는 것으로 느껴집니다. 정말로 중요한 문제군요. 교과내신만을 통한 선발제도가 교육계에 가져다줄 또 다른 긍정적인 변화는 없는지요?

3) 사교육비의 절감

 물론 있습니다. 이는 학부모님들이 정말로 듣고 싶어 하는 얘기지요. 교과내신만을 통한 선발제도는 사교육비의 절감을 실질적으로 이룰 수 있을 것입니다.

주지하듯이 수능이 완전히 자격고사로 전환되면, 수능에 대비한 학원 수업은 많이 줄어들 것입니다. 또한 학생부종합전형과 논술과 면접 그리고 적성고사 등을 대비한 사교육은 완전히 사라질 것입니다.

그리고 교과내신만을 통한 선발제도가 도입된다면 학생들은 특목고와 자사고에 들어가려고 하지 않을 것입니다. 왜냐하면 주로 공부 잘하는 학생들이 입학하는 이들 학교에서는 좋은 내신을 받기가 매우 어렵습니다. 따라서 지원하는 학생들이 급속히 줄어들어 이 학교들은 고사될 위기에 빠질 것입니다. 더욱이 특목고와 자사고는 자신의 생존을 위해서 자발적으로 일반고로 전환할 것입니다. 특목고와 자사고가 일반고로 전환한다면, 그에 대비한 사교육비 또한 사라질 것입니다.

그렇더라도 학원 등 사교육 기관은 교과내신을 대비한 수업으로 발 빠르게 움직이겠지요. 그런데 내신은 수능과 좀 다른 성격을 지닙니다. 일단 교사마다 시험을 내는 스타일이 다릅니다. 이제까지는 수능시험이 표준화된 시험 모델이었기에 교사들도 수능시험과 같은 형식으로 문제를 많이 출제했습니다. 그런데 수능이 자격고사가 된다면 교사들은 굳이 수능시험의 형식을 따를 필요가 없습니다. 교과내신이 중요해지기 때문에 수능 형식을 벗어나서 자신들만의 독특한 스타일로 문제를 출제하는 데 아무런 심리적 제약이 없게 됩니다. 내신 시험에서 교사 각 개인의 개성과 스타일이 강화된다면 학원의 효용성은 지금보다 약화될 것으로 충분히 예견됩니다. 그리고 학생들의 학원 등 사교육에 대한 의존도 약화는 수업 방식의 개선과도 밀접한 관련을 가지게 될 것입니다. 즉, 토론과 발표 수업 등 민주시민 양성 교육에 맞는 참여형 수업 방식이 확산된다면 이는 학원의 효용 가치를 더욱 떨어뜨릴 것입니다.

사실 학원 등 사교육에 대한 의존이 일반화된 것은 1990년대 이후입니다. 그 이전에도 고액 과외는 있었고 사회문제가 되기도 했습니다. 그러나 사교육의 저변이 확산되어 거의 모든 학생들이 학원에 다니는 문화가 본격화된 것은 1990년대로 접어들면서 나타난 현상입니다. 1980년대 학력고사가 시행된 이후 곧바로 사교육이 폭발적으로 증가할 가능성이 있었지만 전두환 정부는 이를 강력하게 막았습니다. 그리고 거의 대부분의 학교에서 강제적 보충수업과 강제적 야간자습을 실시하였기 때문에 지금처럼 사교육이 성행할 수 없었습니다.

1987년 민주화 이후 사교육에 대한 규제가 풀리고 민주화의 영향으로 학교에서 실시하던 강제적 보충수업과 야간자습도 서서히 약화되기 시작했습니다. 이렇게 되자 일부 학부모님들이 입시경쟁에서 유리한 고지를 선점하기 위해 자녀들을 학원에 보내기 시작했습니다. 일부 학부모가 그러자 나머지 학부모님들도 자신의 자녀들이 경쟁에서 뒤처질지도 모른다는 불안감에 휩싸이게 되어 자녀들을 학원에 보내기 시작했습니다. 너도나도 학원에 보내는 경쟁이 시작되자 경쟁에서 우위를 점하려고 점차 자녀들을 이른 시기에 학원에 보내기 시작했습니다. 이로써 심지어 유치원생들조차 학원에 보내는 기형적인 사회가 된 것입니다.

대부분의 학생이 학원에 다니는 문화가 고착화된 것은 입시경쟁을 내면화한 심성구조의 반영입니다. 그래서 이는 단순한 캠페인으로 근절할 수 없습니다. 그런데 교과내신만을 통한 선발제도가 정착되면 초등학교 때부터 학원이 아니라 학교교육에 충실해야 한다는 사실을 깨닫게 될 것입니다. 학교 수업에서 토론과 발표 수업 등의 민주적인 참여형 수업 방식이 확산된다면 학원의 효용성이 점점 떨어질 것입니다. 이에 학원에 심리적으로 의존하는 경향은 상당히 약화될 것입니다. 그리고 특목고와 자사고가 일반고로 전환되면 이들 학교를 대비한 사교육의 필요성이 사라지니까 학원에 대한 의존성은 더욱 약화될 것입니다. 물론 사교육에 대한 의존이 완전히 사라지는 세상은 오지 않을 것입니다. 다만 사교육에 의존하는 경향이 점점 약화되어 사교육비가 어느 정도 절감되는 것은 꿈이 아니라 현실이 될 것이라 확신합니다.

4) 특목고와 자사고의 일반고로의 전환

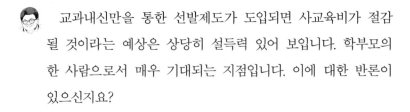

교과내신만을 통한 선발제도가 도입되면 사교육비가 절감될 것이라는 예상은 상당히 설득력 있어 보입니다. 학부모의 한 사람으로서 매우 기대되는 지점입니다. 이에 대한 반론이 있으신지요?

이 제도의 도입에는 반대하지만 이 제도가 도입되면 사교육비가 절감될 것이라는 예상은 저도 어느 정도 공감합니다.

사교육비 절감에 대해선 동의하시는군요. 그런데 이 제도의 도입으로 가장 커다란 지각 변동의 하나가 앞에서 잠깐 언급한 특목고와 자사고의 일반고로의 전환일 것 같습니다. 이에 대해 먼저 의견을 듣고 싶습니다.

저도 교과내신만을 통해 학생들을 선발한다면 특목고와 자사고는 100% 일반고로 전환될 것이라 생각합니다. 공부 잘하는 학생들이 주로 모이는 이 학교들은 좋은 내신을 받기 어렵기 때문에 학생들이 기피할 것이고, 이에 이 학교들은 살아남기 위해서 자발적으로 일반고로 전환할 것입니다. 그래서 저는 이 제도의 도입에 절대 반대합니다. 무엇보다도 특목고와 자사고가 사라지면 이는 교육 수요자의 선택권이 사라지는 것입니다. 아마도 이는 한국 교육을 망칠 것입니다. 특목고가 무엇입니까? 특수목적을 위해 존재하는 고등학교입니다. 자사고 또한 학생들의 수월성 교육을 위해 설립한 학교입니다. 이들 학교의 학생들은 국가의 인재요 동량입니다. 이 뛰어난 인재들을 조기에 발굴하여 육성하는 학교들이 사라진다면 국가적 차원에서 엄청난 손실입니다.

만약에 특목고와 자사고가 사라지면 초·중학생들 중에 누가 열심히 공부하겠습니까? 너도나도 놀기 바쁠 것입니다. 학생들이 열심히 공부하지 않고 놀아도 되는 분위기가 형성된다면 이 나라의 장래는 없을 것입니다. 이에 교과내신만을 통한 선발제도는 절대 도입되어서는 안 됩니다.

앞서 특목고가 자신의 존재 근거인 특수목적을 달성하지 못하고 있는 현실을 살펴보았습니다. 그리고 자사고의 경우는 이런 학교를 설립할 사회적 근거가 없을뿐더러 교육의 기회균등이라는 헌법 정신을 훼손하는 학교라는 사실을 충분히 이야기했습니다. 신보관 님은 여전히 이를 인정하지 않으시는군요.

자사고는 단지 비싼 학비를 내면 교과편성의 자율권이라는 특혜를 누리는 일종의 특권 학교입니다. 비싼 학비를 받아서 운영되는 자사고의 목적은 오직 상위권 대학에 학생들을 많이 입학시키는 것입니다. 실제로 많은 자사고 학생들은 상위권 대학의 진학률에서 일반고보다 앞서고 있습니다. 결국 비싼 학비를 내는 학생들이 명문 대학에 많이 입학하는 사회 시스템이 만들어진 것입니다. 어떻게 이런 학교를 인정할 수 있는지 도저히 납득이 되지 않습니다. 이는 헌법에 나온 교육의 기회균등 정신을 명백히 위배하는 것입니다.

특목고는 자사고와 달리 특수목적이라는 공공적 가치를 내세우기 때문에 사회적으로 충분히 허용이 될 수도 있습니다.

그런데 외고의 경우 외국어 인재를 발굴 육성할 필요성이 있는지 의문이 듭니다. 외국어 능력을 가진 인재를 집중 발굴 육성할 사회적 이유는 과연 무엇일까요? 통·번역을 위한 것일까요? 아니면 우수한 문화자본을 가진 부유한 사람들의 자녀들 중에는 외국어에 능통한 학생들이 많고, 이에 이들이 상위권 대학에 들어갈 수 있는 통로로 활용되는 특권 학교로 기능하는 것일까요?

현재 외고 출신들은 자신의 전공과는 무관한 계열과 학과로 다수가 진학하고 있습니다. 이는 외고가 자신의 특수목적과 무관하다는 것을 단적으로 보여주는 것입니다.

더욱 놀라운 사실은 외국어 인재를 전문적으로 육성할 대학이 없다는 사실입니다. 외국어대학교가 있긴 하지만 익히 알다시피 이는 외국어 인재를 육성하기 위해 국가가 만든 대학이 아닙니다. 고등교육 기관이 없는 상태에서 중등교육 기관에서만 외국어 영재를 육성한다는 것은 그 자체로 블랙코미디 같은 일입니다. 이처럼 외고는 자신의 특수목적을 애초에 달성할 수 없음에도 불구하고 유지되고 있는 것입니다. 이에 외고는 자신의 공익성을 달성하지 못하는 위법적이고 심지어 위헌적일 수 있는 학교라는 비판에서 자유로울 수 없습니다.

물론 과고는 달리 생각할 수 있습니다. 많은 사람들이 과학영재를 조기에 발굴하여 이를 육성하는 것은 국가 발전을 위해 필요한 공익적 가치를 가진다고 생각하고 있습니다. 현재의 과고의 일부 학생들도 졸업 후 자신의 전공 계열이 아닌 학과로 진학하는 문제점을 가지고 있으나 외고와는 달리 많은 학생들이 자신의 전공 계열 분야로 진학하고 있습니다. 이에 과고는 자신의 특수목적을 어느 정도 실현하고 있다고 생각할 수도 있습니다.

그런데 놀랍게도 과고 또한 과학 영재를 전문적으로 육성하는 대학과 명확히 연계되어 있지 않습니다. 이는 무슨 이야기일까요? 국가 차원에서 과학 영재를 육성하기 위한 대학으로 카이스트가 존재합니다. 그래서 외고와는 달리 과고는 과학 영재 육성을 위한 대학이 있는 것으로 볼 수 있습니다.

엄밀히 말하면 카이스트는 과고와 연계되어 있지 않습니다. 주지하듯이 많은 과고 학생들이 카이스트가 아니라 서울대를 비롯한 소위 명문 대학에 진학하고 있는 실정입니다. 이것이 학벌사회의 영향 때문임은 두말할 나위가 없습니다. 카이스트보단 이들 대학을 나와야 취직도 잘되고 승진도 유리하기 때문일 것입니다. 과연 이런 상황에서 과고가 과학 영재 육성이라는 자신의 특수목적을 제대로 실현하고 있다고 말할 수 있을까요? 이는 국가 차원에서 과학 영재 육성 전략이 부재하다는 것밖에는 달리 생각할 수 없습니다.

 과고와 외고가 자신의 설립 목적을 완전히 실현하지 못하는 것은 사실이지만 그렇다고 해서 과고와 외고처럼 영재를 육성하기 위한 학교가 필요 없는 것일까요? 현진교 님께선 정말로 외국어와 과학 영재의 육성을 부정하시는 것입니까?

저도 과학 영재 육성에는 반대하지 않습니다. 저는 이렇게 생각합니다. 수능의 자격고사 전환과 교과내신만을 통한 선발 제도로 인해 특목고가 일반고로 전환되면, '영재를 육성하기 위한 새로운 국가 전략을 짜야 한다'고 생각합니다.

우선 외국어 영재에 대한 비판적 검토가 필요합니다. 과연 외국어 영재를 육성하기 위한 전문적인 중등교육기관이 필요한지에 대한 근본적인 검토가 필요하다고 생각합니다. 이를 재검토하여 그 공익적 가치를 인정한다면 외고를 새롭게 만들 수도 있습니다. 이렇게 새롭게 만들어진 외고는 대학 기관과 반드시 연계를 가져야 합니다. 따라서 외고의 경우에는 우선 외국어 영재를 육성할 대학 설립 문제부터 검토해야 합니다. 물론 개인적으로 외국어 영재 교육은 필요치 않다고 생각합니다.

그럼 과학 영재를 육성하는 것은 사회적으로 필요할까요? 이 또한 사회적 토론이 필요하지만 저는 이에 대해선 어느 정도 인정하는 편입니다. 만약 과학 영재의 육성이 필요하다는 것을 사회적으로 합의한다면, 과학 영재를 육성하기 위한 새로운 제도적 틀을 만들어야 합니다.

우선 전체 인구에서 과학 영재가 평균적으로 어느 정도 차지하는지에 관한 통계 자료가 있는지 궁금합니다. 만약 이런 통계가 있다면 영재로 육성할 수 있는 학생 수가 나올 것이고 이에 맞추어 과고의 수를 조정할 수 있다고 생각합니다. 그리고 과학 영재를 발굴할 독자적인 영재 발굴 프로그램[10]을 구축해야 합니다. 사실 과학 영재 육성에 제일 먼저 필요한 것은 어떤 학생을 과학 영재라 할 것이며, 이들을 선발할 수 있는 명확한 기준과 프로그램의 존재 유무일 것입니다. 전문가들을 통해서 과학 영재를 명확히 규정하고 이들을 선발하기 위한 명확한 절차가 만들어져야 합니다.

그리고 과학 영재로 선발되어 과고에 들어온 학생들에게는 반드시 혜택이 주어져야 합니다. 이들은 향후 국가 과학기술 발전에 기여할 동량들이기 때문입니다. 일단 학비와 급식비를 비롯한 모든 교육비를 전액 무상으로 해야 할 것입니다. 당연히 과학 영재 육성의 대학 기관인 카이스트에서도 학비를 전액 무상으로 하고 심지어 생활비도 일부 보조해줄 수 있어야 합니다. 그리고 카이스트를 졸업한 후 유학을 원한다면 국비 장학생으로 보내주어야 합니다.

또한 영재 교육을 위해 선발되어 과고에 들어온 학생들은 과학 영재 육성의 고등교육 기관인 카이스트와 자동 연계되어야 합니다. 즉, 이들은 학교를 졸업하면 자동적으로 카이스트의 동일 계열 학과로 입학해야 합니다. 이를 위해 '유급제도'를 두어야 합니다. 과고에 들어온 학생들은 일정한 수준의 성적이 되지 않으면 유급되거나 방출되어야 합니다. 유급되지 않고 무사히 졸업을 한다면 카이스트로 자동 진학하는 것입니다.

그래도 과고에서 카이스트로 진학하지 않고 지금처럼 명문대의 의대에 진학하려는 학생들이 생겨날 수도 있을 것입니다. 이런 학생들에 대해선 그동안 무상으로 지원했던 교육비를 비

---

10. 영재 전문가와 과학 전문가들이 모여서 영재의 특징을 바탕으로 과학 영재를 발굴할 독자적인 영재 발굴 프로그램을 만들어야 한다.

롯한 각종 혜택을 다시 회수해야 합니다. 그렇지만 변화된 제도 아래에서는 과고 학생들이 타 대학으로 들어갈 우려는 거의 없습니다. 왜냐하면 교과내신만을 통한 대학 선발제도 아래에선 명문대 의대를 생각하는 학생들이 굳이 내신 성적을 받기에 불리한 과고에 들어올 이유가 없기 때문입니다.

과학 영재에 주는 모든 혜택은 이들이 모든 학업을 마쳤을 때 자신의 과학적 재능을 사회에 환원하여 사회 발전에 기여하기 위해서입니다. 이들이 학업을 모두 마쳤을 경우 국내의 과학 연구 기관 등에서 상당 기간 의무적으로 근무하도록 하는 규정을 두어야 할 것입니다. 이들 중 모든 학업을 마치고 나서 생각이 바뀌어서 자신의 의무를 저버리고 다른 직장에 취업하거나 심지어 해외에서 취업하는 사람이 생겨날 수도 있을 것입니다. 만약 이런 사람이 나타나면 이에 대한 강력한 페널티를 부과해야 합니다. 가령 그동안 그가 지원받았던 교육비의 몇 배를 물리는 징벌적 손해배상제도와 어떠한 국가 기관에도 취업할 수 없도록 하는 제도적 장치를 마련할 수 있습니다. 그리고 유학을 갔다가 국내로 돌아오지 않고 해외에서 취업하는 경우에는 징벌적 손해배상과 더불어 국적을 박탈하는 등 일체의 권리를 박탈하는 법적 규정을 두어야 합니다.

이제까지 과학 영재 교육은 제대로 이루어지지 않았습니다. 이는 과고와 영재고가 카이스트와 연계되지 않았다는 것만을 의미하지 않습니다. 현재 이들은 자신이 열심히 공부해서 어렵게 과고에 들어갔으며 비싼 학비를 스스로 감당하고 있습니다. 국가가 과학 영재를 육성하겠다고 하면서 이들에게 아무런 특혜를 주지 않았기 때문에 이들은 자신의 재능을 국가와 사회에 환원할 생각 자체를 하지 않고 있는 것입니다. 이런 측면에서 보면 과학 영재를 육성하기 위한 국가 차원의 전략이 부재하다고 해도 과언이 아닙니다.

저는 국가적 차원에서 과학 영재 육성이 이루어져야 한다고 생각합니다. 과학 영재 학생들은 국가로부터 충분한 혜택을 받고, 그들이 받은 만큼 자신의 재능을 국가와 사회에 환원하겠다는 의식을 갖도록 해야 합니다. 제가 제안하는 과학 영재 육성 방식은 하나의 예시에 불과할 수 있습니다. 저는 이 분야의 전문가가 아니기 때문에 저의 아이디어가 합당한 것인지조차 확신을 가질 수 없습니다. 그렇지만 저의 기본 생각은 "국가적 차원에서 과학 영재를 육성하기 위해서는 과학 영재들에게 일정한 특혜를 줌으로써 이들 스스로 자신의 재능을 사회에 환원하겠다는 의식을 가질 수 있는 시스템을 구축해야 한다"는 것입니다. 이런 측면에서 보면 현재의 과고는 과학 영재 육성을 제대로 하지 못하고 있으며, 또 하나의 입시 명문고에 불과하다는 지적에서 결코 자유로울 수 없습니다.

 과학 영재 육성에 대한 매우 흥미로운 생각이군요. 과학 영재 육성에 대한 국가 차원의 제대로 된 프로그램이 없었다는 지적은 매우 날카로운 주장이라는 생각이 듭니다. 어떻게 생각하시는지요?

 저는 지금까지 현진교 님이 평등주의적인 사고에 경도된 분이라 생각했는데 이런 생각을 하고 계시다니 다소 놀랍습니다.

상당히 경청해보아야 할 주장입니다. 다만 과고와 카이스트 등이 있음에도 불구하고 국가 차원의 과학 영재 육성 전략이 부재하다고 평가하신 것은 좀 과한 것이 아닌가 생각합니다. 그러나 현재 과학 영재들에게 국가 차원에서 혜택을 충분히 주지 못하고, 이들이 순전히 자신의 노력과 비용을 들여서 공부하고 있다는 것은 사실입니다. 이에 자신의 재능을 국가와 사회에 환원하려는 의식이 부족할지도 모르겠다는 생각이 듭니다. 이 주장에 대해선 충분히 검토해볼 만한 가치가 있다고 생각합니다.

그런데 현진교 님은 외고의 경우 그 자체를 부정하시는 것 같은데 저는 이에 결단코 반대합니다. 외국어 재능은 굳이 통·번역의 능력으로만 사용되는 것이 아닙니다. 세계화 시대에 뛰어난 외국어 구사 능력을 가진 학생들을 집중적으로 육성하는 것은 사회적으로 매우 필요하다고 생각합니다. 뛰어난 외국어 구사 능력을 가진 인재는 사회 어느 분야에서도 필요한 것이 아니겠습니까? 사기업, 공기업, 국가 기관 등 어느 기관이나 조직에도 외국어를 빼어나게 구사하는 능력을 지닌 인재가 필요하다는 것을 그 누가 부정할 수 있겠습니까? 따라서 빼어난 외국어 구사 능력의 자질을 가진 인재를 조기에 발굴해서 육성하는 것은 매우 필요한 일로 외고는 충분히 그 가치를 사회적으로 인정받을 수 있습니다. 이에 외고도 존속되어야 한다고 생각합니다.

 어느 정도 일리가 있어 보입니다. 그러나 외국어를 잘하는 빼어난 인재를 사회에서 필요로 한다는 것과 이런 인재를 특목고를 통해서 이른 시기부터 발굴 육성해야 한다는 것은 다른 문제입니다. 이에 대한 심도 깊은 사회적 토론은 필요하리라 생각합니다.

다만 현재의 외고는 졸업생들이 어학과는 전혀 관계없는 다른 분야로 진출하면서 외국어 인재 육성이라는 자신의 존재 이유를 무색하게 합니다. 단지 외국어를 잘하는 인재들이 사회에 진출하면 좋을 것이라는 막연한 기대로 그 공익적 가치를 충족하지 못하는 외고를 인정할 수는 없는 것입니다.

현재의 외고는 입시 명문학교로 전락한 지 오래되었습니다. 솔직히 말하면 "비싼 학비를 대가로 명문대 진학의 발판으로만 삼는 외고는 예전의 경기대-서울대 체제의 향수를 잊지 못하는 사람들의 사회적 욕망을 충족하는 것에 불과한 것"이라는 생각을 지울 수 없습니다.

 두 분의 의견은 잘 알겠습니다. 이에 대한 판단도 역시 독자의 몫이라 생각합니다. 그럼 교과내신만을 통한 선발제도가 불러올 또 다른 교육계의 변화는 없는지요?

5) 교육의 기회균등 실현

 이번에는 제가 먼저 이야기를 하겠습니다. 저는 교과내신만을 통한 선발제도가 불러올 가장 커다란 문제점은 전국에 있는 고등학교의 수준이 다름에도 불구하고 이를 무시하고 동일한 기준을 가지고 학생을 선발하게 된다는 것입니다. 대학들은 결단코 이를 인정하지 않을 것입니다. 그래서 오히려 논술이나 면접과 같은 대학별 고사나 본고사를 부활할 가능성이 매우 높다고 생각합니다. 대학별 고사나 본고사가 부활한다면 현진교 님이 주장하는 중등교육의 정상화와 사교육비의 절감에 역행하는 것입니다. 따라서 이런 방향의 입시제도 개편은 현진교 님의 생각을 따르더라도 재고되어야 할 것입니다.

 그것은 매우 타당성이 있는 지적으로 저도 충분히 공감합니다. 저도 대학들이 학교 간 학력 격차의 명분으로 교과내신만을 통한 선발제도를 도입하는 것에 반대하거나 본고사 내지 대학별 고사 부활을 시도할 가능성이 매우 높다고 생각합니다. 그런데 저는 오히려 전국의 고등학교들의 학력 격차 때문에 이런 입시제도를 도입해야 한다고 생각합니다.

 잠깐만요. 전국의 고등학교들의 학력 격차 때문에 오히려 교과내신만을 통한 선발제도를 도입해야 한다는 것이 무슨 의미인지 모르겠습니다. 전국의 고등학교의 학생들 간에 존재하는 엄연한 학력 차이를 인정하지 않겠다는 것인지요? 이는 너무나도 평등주의적 사고에 경도된 것이 아닌가요?

 저도 전국 고등학교 학생들 간의 학력 격차를 무시하는 것은 지나치게 평등주의적 사고에 경도된 것처럼 느껴집니다.

● 교과내신만을 통한 선발과 기회균등 정신

  두 분의 의문은 충분히 이해합니다. 사실 전국의 모든 고등
학교의 학생들의 학력 수준은 동일하지 않고 차이가 난다는
것은 명백한 사실입니다. 각 학교별로 수능(내지 수능 모의고
사)의 평균 점수 차이는 이를 단적으로 보여줍니다.

그런데 여기에서 전국의 학생들 간의 학력 수준의 차이와 격
차는 학생들 자신만의 잘못이 아니라는 점을 인식하는 것이
매우 중요합니다. 학교 간 학력 격차가 발생하는 것은 우선 학
교의 교육적 환경과 시설이 다르기 때문입니다. 그리고 더욱 중
요한 점은 학생들이 살고 있는 지역의 경제적, 문화 수준의 차
이에 의해서 학력 격차가 발생하는 것입니다. 즉, "학교 간 학
력의 격차는 학생 개인들의 노력 차이만이 아니라 더 중요하게
는 사회의 구조적 요인에 의해 발생한다"는 사실입니다. 이에
학교 간 학력 격차를 줄이기 위해 필요한 것은 학생 개인들의
노력만이 아니라 사회적 노력이 절실합니다.

먼저 교육 환경과 시설이 낙후된 지역의 학교에 재정을 우
선적으로 투여해서 환경과 시설 개선을 해나가야 합니다. 이를
통해 학교 간 교육의 격차를 줄여나가야 합니다.

더 큰 문제는 학생들이 살고 있는 지역의 경제적, 문화적 수
준 차이로 인해 발생하는 학력 격차입니다. 이를 줄이는 데 상
당한 시간이 필요할 뿐만 아니라 완전히 극복하는 것은 사실
상 불가능에 가깝습니다. 이런 환경에서 교과내신만을 통한 선
발제도는 경제적, 문화적 수준의 불평등에서 비롯되는 학력 격
차를 해결하는 데 매우 중요한 정책적 수단이 될 수 있습니다.

교과내신만을 통한 선발제도를 도입하면 가난하고 낙후된 지역의 학생들도 학교에서 열심히 공부하여 교과내신 성적을 잘 받으면 좋은 대학에 갈 수 있습니다. 이렇게 되면 현재 잘사는 지역의 학생들이 누리는 사교육과 이들 지역 학생들이 가진 우월한 문화자본이 대학 입시에 거의 영향력을 발휘할 수 없게 됩니다. 왜냐하면 교과내신은 단위학교 내의 학생 간 경쟁을 통해서 얻은 것으로 어느 학교를 다니든지 동일한 성적으로 인정되기 때문입니다. 이에 가난하고 낙후된 지역의 학생들도 학교에서 열심히 공부하여 좋은 성적을 거두면 명문대에 진학할 수 있는 것입니다. 이는 교육의 기회균등이라는 헌법 정신을 온전히 살릴 수 있는 것으로 한국사회에 역동성과 활력을 불어넣어줄 것이라 생각합니다. 이는 곧 "개천에서 죽은 용을 부활시킬 것"입니다.

　　사실 교과내신만을 통한 선발은 수능에 합격한 학생들에 한해서 실시하는 것입니다. 수능에 합격했다는 것은 누구나 대학에서 공부할 수 있는 능력이 있다는 것을 의미하는 것입니다. 원래는 수능에만 합격하면 자신이 원하는 대학에 들어갈 수 있어야 합니다. 그런데 우리나라는 대학의 서열화로 인해 이는 불가능합니다. 이에 교과내신만을 통한 선발제도라는 차선책이 필요한 것입니다. 따라서 교과내신이 단순히 학생 선발을 위한 학력의 수준을 측정하는 기준을 의미하는 것이 아닙니다. "교과내신은 교육의 기회균등이라는 헌법 정신을 실현할 수 있는 수단으로 학교 수업을 충실히 듣고 열심히 공부하면 사회적으로 좋은 성과를 거둘 수 있다는 것을 보여주는 사회적 지표"인 것입니다. 이 점이 매우 중요합니다.

듣고 보니 이는 교육의 기회균등을 실현할 수 있는 방편이라는 측면에서는 충분히 고려해볼 만합니다. 그런데 각 학교의 학력 격차를 무시하고 교과내신을 똑같이 인정한다고 했을 때 학력 수준이 떨어지는 지역의 학생들이 대학에 들어와서 과연 제대로 공부할 수 있을까 하는 의문이 제기될 수 있을 것 같은데 이에 대해서 어떤 답변을 할 수 있는지요?

 저도 제기하신 그 문제에 깊이 동감합니다. 아마 교과내신만을 가지고 선발하면 출신 학교별로 학력 수준의 차이가 나서 이들 학생들이 함께 공부하면 여러 문제를 낳을 것 같습니다.

 그런 우려를 하는 것은 당연한 건지도 모르겠습니다. 그런데 현실에서는 그런 우려를 완전히 불식시키고 남음이 있습니다. 현재 대학에 들어오는 학생들 중에서 그 어떤 전형보다 학생부교과전형(교과내신을 통해 선발)을 통해 들어온 학생들의 대학 성적이 가장 우수하다는 것을 보여줍니다.[11] 이는 교과내신 성적이 수능보다 훨씬 학생들을 평가하는 데 신빙성이 있다는 것을 의미합니다. 수능은 사교육을 통해서 획기적으로 점수를 올릴 수 있지만 학교 내신은 그렇지 않습니다. 기본적으로 학교 수업에 충실하지 않으면 좋은 성적을 거둘 수 없습니다. 이런 측면에서 교과내신은 학생들이 대학에 들어가서 스스로 공부

---

11. 2016학년도 2학기 대학들의 발표에 의하면 학생부교과, 학생부종합전형, 논술전형, 정시(수능 위주) 순으로 학생들의 학점이 좋은 것으로 나타났다. 교과내신으로 들어온 학생들이 대학에서 가장 공부를 잘하고 있음을, 교과내신만을 통한 선발제도를 도입하는 데 아무런 장애가 없음을 보여준다. 논술전형과 정시전형으로 들어온 학생들의 학점이 낮은 것은 이들 전형이 사교육과 밀접히 관련을 갖는다는 합리적 의심을 뒷받침하는 증거로 볼 수 있다.

를 할 수 있는 능력을 보여주는 것입니다. 이에 학교별 수준이 다르기 때문에 교과내신만을 가지고 선발하지 못하겠다는 것은 별 설득력이 없습니다. 어느 학교에서든 교과내신 성적이 우수하다는 것은 그 학생이 학교 수업에 매우 충실하고 열심히 공부한 학생이라는 점을 보여주는 것입니다. 이는 낙후된 지역의 학생들도 마찬가지입니다. 전국의 모든 고교의 교과내신 성적을 동등하게 대우하는 것에는 아무런 문제도 없습니다.

마지막으로 교과내신만을 통한 선발제도는 대학이 인재 양성의 측면에서 오히려 적극적으로 고려해야 한다고 생각합니다. 교과내신만을 통해서 선발한다면 현재처럼 대학에 들어오는 학생들이 특정 지역이나 사회계층으로 편중되는 현상이 사라지게 됩니다. 현재 명문 대학에 들어오는 학생들의 상당수는 서울의 특정 지역에 살고 있는 비교적 부유한 학생들이 주류를 이루고 있습니다. 그런데 이는 인재 양성의 측면에서 바람직하지 않습니다.

사람의 재능이나 능력은 각기 다 다릅니다. 그런데 사람들의 능력은 그들이 자란 환경에 상당한 영향을 받습니다. 그리고 사람들은 서로 서로 영향을 주고받으면서 성장하기 마련입니다. 이런 측면에서 보면 "다양한 계층과 다양한 지역 출신들이 함께 모여 공부하는 것이 훨씬 학생들의 능력을 신장하는 데 도움이 될 것이라"생각합니다. 자연계의 생물체의 다양성을 중요하게 생각하듯이 인간 사회에서도 더욱 다양한 지역과 계층의 사람들이 함께 공부하는 것이 훨씬 긍정적인 영향을 미칠 것입니다. 특정 계층과 지역 사람들이 주로 모여서 공부를 하게 되면 그들이 자란 환경이 비슷하기 때문에 다양성이 그만큼 떨어질 것입니다. 이는 결코 교육적으로 바람직하지 않습니다. 교과내신만을 통한 선발제도는 더욱 다양한 지역과 계층의 학생들이 골고루 대학에 들어와서 함께 공부할 수 있도록 함으로써 인재 양성에 매우 긍정적인 효과를 발휘할 것입니다. 대학들도 이런 사실을 자각하게 된다면, 이 제도의 도입에 적극 찬성하는 쪽으로 돌아설 가능성이 있다고 확신합니다.

 수능의 자격고사 전환과 교과내신만을 통한 선발제도가 왜 필요한지에 대해 어느 정도 수긍을 할 수 있을 것 같습니다.

 낙후한 고등학교에 재정적 지원을 하고 교육 환경과 시설의 격차를 줄여야 한다는 것에는 공감을 합니다. 그러나 저는 여전히 교과내신만을 통해 인재를 제대로 선발할 수 있는 것인지 미심쩍습니다. 전국의 학교마다 학력의 차이가 엄연히 존재함에도 불구하고 이를 고려하지 않고 학생을 선발하는 것은 설득력이 떨어진다고 생각합니다. 이에 대학들이 고교등급제를 실시하거나 논술과 면접고사와 같은 대학별 고사나 아니면 노골적으로 본고사 부활의 시도를 포기하지 않을 것입니다.

 대학들이 그런 시도를 할 가능성은 매우 농후합니다. 앞에서 언급했듯이 노무현 정부 시절 내신 강화 정책이 특목고에 불리하자 고교등급제를 몰래 실시하거나 논술전형과 같은 대학별 고사를 부활하였습니다. 이는 고교 내신을 믿을 수 없다는 그럴싸한 명분을 내세웠지만 실제로는 등록금 납부를 잘하며 기부금을 더 많이 낼 수 있는 계층의 학생들을 많이 받고 싶다는 욕망에서 비롯된 것은 앞에서 언급한 그대로입니다.

그런데 수능을 완전히 자격고사로 만들고 교과내신만을 통한 선발제도를 도입한다면 어떻게 될까요? 일단 특목고와 자사고 등은 일반고로 전환될 수밖에 없는 상황에 놓이게 됩니다. 이에 대학들은 특목고와 자사고가 일반고로 전환하기 전에 이들 학교를 살리기 위해 대학별 고사 또는 본고사의 부활을 꾀하려 할 것으로 예상됩니다.

그런데 특목고와 자사고가 일반고로 일단 전환되면 대학들도 더 이상 대학별 고사나 본고사를 부활할 이유가 사라지게 됩니다. 만약에 있다면 강남과 같은 부유한 계층이 많이 살고 있는 지역의 학교의 학생들을 받고 싶다는 욕망 때문일 것입니다. 그러나 이는 시민들이 용납하지 않을 것입니다. 따라서 대학들의 저항은 이 제도가 도입되기 전에 집중적으로 나타날 것입니다. 이에 교과내신만을 통한 선발제도 도입 초기에 대학에 대한 매우 엄중하고 철저한 통제를 통하여 대학별 고사나 본고사 부활을 막아야 합니다. 이를 위해선 대학들의 행태에 대해 충분히 국민들에게 알릴 필요가 있습니다. 그리고 더욱 중요한 것은 교과내신만을 통한 선발제도의 도입에 대한 충분한 사회적 공감대의 형성입니다. 국민적 공감대가 형성된다면 대학들도 특목고와 자사고 등을 살리기 위해 본고사와 대학별 고사를 쉽사리 부활할 수 없을 것입니다. 왜냐하면 이런 대학의 행태는 엄청난 사회적 비난과 국민적 저항에 직면할 것입니다. 제도 개혁이 성공하려면 국민적 공감대가 형성되어야 한다는 것은 바로 이러한 이유 때문입니다.

교과내신만을 통한 선발제도의 도입은 매우 치밀한 계획과 더불어 국민적 공감대가 선행되어야 한다는 사안이겠군요. 이에 대해 더 하실 말씀이 있으신지요?

  현진교 님이 주장하셨듯이 교과내신만을 통한 선발제도를 대학들은 용인하지 않을 것입니다. 그리고 특목고와 자사고 자녀를 둔 학부모들이나 공부를 잘하는 부유한 계층이 많이 사는 지역에 살고 있는 학부모들도 반대할 것입니다. 이런 엄청난 사회적 갈등이나 저항을 무릅쓰고 이를 실시할 이유가 없다고 생각합니다. 이들의 저항으로 교과내신만을 통한 선발제도가 정책적 결과를 이루지 못할 가능성이 매우 농후합니다. 좀 더 신중한 접근이 필요할 것입니다.

  저도 이 제도의 도입은 상당한 사회적 갈등을 유발할 것으로 생각됩니다. 그러나 이는 더 좋은 사회로 나아가기 위한 사회적 진통일 것입니다. 어떠한 사회적 갈등이나 진통 없이 사회의 변화를 이끌어낼 수 있을까요? 중요한 것은 우리가 어떤 방향으로 사회적 변화를 추구할 것인지에 대한 사회적 토론과 합의를 이끌어내는 것입니다. 제가 제안하는 방안은 헌법과 교육법에 나온 교육의 정신과 목적에 기초하고 있다는 점을 다시 한 번 상기해주시길 바랍니다. 향후 충분한 논의와 토론을 통해서 충분히 사회적 합의가 가능하리라 생각합니다.

3. 입시제도 개편과 제기되는 몇 가지 문제들

1) 단위학교 내 성적 경쟁 격화 문제

 앞에서 교과내신만을 통한 선발제도가 불러올 교육계의 변화에 대해서 살펴보았습니다. 간략히 정리하면, 민주시민을 양성하는 교육 목적을 실현할 수 있고, 사교육비를 절감하며, 특목고와 자사고의 일반고로의 전환을 이룰 것입니다. 그리고 가장 중요한 것은 "교육의 기회균등이라는 헌법 정신의 실현"입니다. 이를 통해 개천에서 죽은 용이 다시 부활한다면 우리 사회의 역동성과 활력이 다시 살아나지 않을까 기대해봄직합니다.

그런데 모든 제도적 변화에는 긍정적인 측면만 있는 것이 아니겠지요. 빛이 있으면 어둠이 있기 마련인데, 교과내신만을 통한 선발제도도 부정적인 측면이 있을 것입니다.

 제가 먼저 문제제기를 해보겠습니다. 교과내신만을 통한 선발제도는 학생 선발을 위해 교과내신 성적을 유일한 변별 기준으로 삼는 정책입니다. 이는 "학생 선발을 위한 성적이 전국의 모든 학생들의 경쟁이 아니라 단위학교 내의 학생들 간의 경쟁으로 바뀐다"는 것을 의미합니다. 이에 단위학교 내에서 학생들 간 성적 경쟁이 더욱 치열하게 될 것으로 예상됩니다. 학생들은 단 1점의 점수에도 더욱 민감해지는 상황이 초래될 것입니다. 이에 내신 성적을 둘러싸고 학생 간 점수 경쟁은 상상을 초월하게 될 것이고 이에 학교현장은 황폐화될 것입니다. 이런 상황에서는 현진교 님이 추구하는 소통과 협력 교육은 불가능할 것입니다.

 학생 간 경쟁을 통해 학생들의 학력 신장을 주장하시는 신보관 님이 학생 간 치열한 경쟁을 우려하시다니 다소 의외라는 생각이 듭니다. 저도 그 문제에 대해 매우 잘 알고 있고 누구보다도 이 문제에 대해 우려하고 있습니다. 이는 제가 제안하는 입시제도 개혁 방안의 가장 커다란 약점이자 문제점입니다. 치열한 대학 입시경쟁이 현존하는 상황에서 내신 성적을 유일한 변별 수단으로 삼는다면 학생들은 단 1점에도 민감해지고 친구 관계도 경쟁으로 얼룩져서 서로 협력하고 소통하는 교육은 불가능할지도 모릅니다. 이런 상황에서 민주시민교육은 영원히 잡을 수 없는 신기루가 될지도 모릅니다.

그럼에도 불구하고 저는 교과내신만을 통한 선발제도가 현재 상황에서 민주시민교육과 평등교육을 위해 어쩔 수 없이 선택할 수밖에 없는 차선책이라는 신념을 버릴 수 없습니다. 이는 입시경쟁체제와 심성구조가 사라지지 않는 한 그러하다는 것입니다.

 학교 교실 현장이 황폐화될지도 모르는데 그런 정책을 차선책이라 주장하시는 이유가 무엇인지요? 학부모들의 입장에서도 이 문제는 심히 우려되는 지점입니다. 대체 왜 이를 차선책이라고 하시는지요?

 이 문제를 이야기할 때 먼저 솔직해져야 합니다. 교과내신만을 통한 선발제도를 도입할 때 교실에서 학생 간 성적 경쟁이 더욱 격화되는 문제를 해결할 방법이 없다는 것을 솔직히 인정합니다. 그러나 저는 교실에서 학생 간 성적이 격화함에도 불구하고 이 제도를 선택해야 하는 것이 올바른 교육개혁 방향이라는 생각에는 변함이 없습니다. 이를 설명하기 이전에 몇 가지 짚고 넘어갈 것이 있습니다.

현재에는 교실에서 학생들의 치열한 성적 경쟁이 존재하지 않는 걸까요? 알다시피 현재 수시모집의 비중이 70%를 넘어서고 있습니다. 수시모집에서는 학생부교과전형이든 학생부종합전형이든 교과내신 성적이 가장 중요합니다. 이에 학생들은 대학에 들어가기 위해선 교과내신을 무엇보다 잘 받아야 합니다. 이는 현재에도 교실에서 학생들의 내신을 둘러싼 경쟁이 치열하게 일어나고 있다는 것을 의미합니다.

 잠깐만요. 수시모집으로 70% 이상을 선발하지만 여기에는 학생부종합전형이 큰 비중을 차지하고 있어서 교실에서 내신을 둘러싼 학생 간 경쟁이 생각보단 치열하지 않을 수도 있습니다. 왜냐하면 학생부종합전형은 교과내신만이 아니라 비교과 활동을 중요시하기 때문입니다. 이런 점을 고려하지 않으신 의견처럼 느껴집니다.

맞습니다. 수시모집에서 학생부종합전형이 큰 비중을 차지하고 있는 것은 사실입니다. 그렇지만 학생부종합전형에서도 교과내신은 기본입니다. 교과내신 성적이 뒷받침되지 않은 상태에서 비교과 활동이 우수하다고 해서 대학에 합격할 수는 없습니다.

　이에 학생들은 기본적으로 교과내신을 잘 받기 위해 치열하게 경쟁하고 있습니다. 학생들 입장에서는 학생부교과전형이든 학생부종합전형이든 이 두 전형을 위해서 교과내신을 잘 받아야 하는 것입니다.

　알겠습니다. 계속 말씀해주시죠.

　제가 제안하는 방안은 결국 70% 내외에서 학생을 선발하는 수시모집과 30% 내외에서 학생을 선발하는 정시모집을 통합하자는 것입니다. 이렇게 된다면 교실 현장에서 내신 성적을 둘러싼 경쟁이 현재보다 조금 더 격화될 것이라는 점은 예상할 수 있으나 이 제도를 도입하지 못할 정도는 아니라고 생각합니다.

　현재에도 수시모집으로 학생들을 70% 정도 선발하고 있어서 교과내신이 매우 중요합니다. 물론 일부의 학생들은 수능 위주로 선발하는 정시모집을 생각하여 수능에 집중하고 내신 성적에 대해선 상대적으로 관심이 적은 것도 사실입니다. 그렇지만 대학 입학을 생각하고 있는 학생들은 기본적으로 내신을 소홀히 할 수 없습니다. 이런 점에서 교과내신으로 100% 선발하는 저의 방안이 교실 내 성적 경쟁의 격화로 인해 도입을 못 할 정도는 아니라고 생각됩니다. 이미 현실에서는 이런 제도를 도입할 수 있는 여건이 성숙한 것으로 보입니다.

그런데 여기에서 한 가지 더 주목해보아야 할 사실이 있습니다. 제가 제안하는 방안은 결국 민주시민을 양성하는 교육 목적을 실현하기 위한 것입니다. 이는 입시제도의 강력한 현실적 힘을 활용하여 교육을 보다 바람직한 방향으로 이끄는 것임은 주지의 사실입니다. 이를 위한 교육 콘텐츠를 개발하여 학교현장에 확산해야 하는 것이 향후 교육개혁의 가장 중요한 과제가 될 것입니다. 교과내신만을 통한 선발제도가 도입되면 모둠별 토론수업 같은 협력수업이 학교현장에 확산되고 안착할 가능성이 매우 높습니다.

협력수업은 공부 잘하는 학생과 그렇지 못한 학생들이 서로 도와주고 협동하는 수업으로 이 과정을 통해 서로 동반 성장할 수 있습니다. 공부 못하는 학생은 잘하는 학생의 도움을 받으면서 실력이 향상되고, 잘하는 학생은 도움을 주는 과정에서 자신의 공부를 더욱더 심화할 수 있습니다. 이를 통해 학생들은 서로 협력하여 도움을 주는 것이 얼마나 중요한지를 깨닫게 될 것입니다.

현재 학교에서 지필고사만이 아니라 수행평가를 실시합니다. 수행평가는 고사기간에 평가를 하는 것이 아니라 수업 시간을 통해 과정 평가를 하는 것입니다. 이는 토론수업 등과 같은 협력수업을 평가하는 것과 밀접한 관련이 있습니다.

그런데 학생들이 참여하는 협력수업은 한 명이 잘해서 되는 것이 아닙니다. 모둠원들이 함께 협력해야만 좋은 점수를 받을 수 있는 것입니다. 이미 학교현장에서는 경쟁이 아니라 협동을 통해서만 좋은 점수를 얻을 수 있는 모둠별 수업을 진행하는 교사들이 상당수 있습니다. 이때 중요한 것은 모둠을 공부 잘 하는 학생과 그렇지 못한 학생이 골고루 섞이게 하는 것입니다. 이를 통해 공부를 잘하는 학생과 그렇지 못한 학생이 함께 어우러져서 서로 도움을 주고 살아간다는 사실을 자연스레 체득할 것입니다. 이렇듯 협력과 협동하는 수업이 확산된다면 내신을 둘러싼 치열한 경쟁의 양상을 바꿀 수 있으며 이로써 치열한 내신 경쟁도 어느 정도 완화할 수 있을 것입니다.

 현진교 님의 주장대로 된다면 교실에서 학생들의 경쟁이 어느 정도 완화될 것이라는 점에는 동의할 수 있습니다. 그런데 교과내신만을 통한 선발제도를 도입한다고 해서 학교현장에서 모둠형 토론수업 등과 같은 협력수업이 확산될 것이라고 일반화하는 것은 너무 성급한 판단으로 보입니다. 사실 교과내신만을 통한 선발제도를 도입하면 학교 수업이 가장 중요하게 되는 것은 맞지만 그렇다고 해서 모둠형 토론수업 등과 같은 협력수업이 일반화될 것이란 보장은 없습니다. 앞에서도 주장했듯이 이 둘은 논리적인 인과관계를 가지고 있는 것은 아닙니다.

 맞습니다. 교과내신만을 통한 선발제도를 실시한다고 해서 협력수업이나 토론수업 등 민주시민을 양성하는 데 적합한 수업 방법이 학교현장에 널리 확산되어 일반화된다는 보장은 없습니다. 저도 이 둘이 논리적으로 직접 연결되지 않는다고 생각합니다. 다만 교과내신만을 통한 선발제도가 도입되면 현재처럼 수능을 대비한 문제풀이 위주의 주입식 교육의 필요성은 점차 사라지게 되고 교사와 학생 모두 교육과정과 수업에 충실할 수밖에 없다고 했던 것입니다.

문제는 이런 상황이나 분위기가 만들어지는 것이 중요합니다. 앞에서 언급했듯이 이는 일종의 하드웨어가 구축되는 것입니다. 물론 이런 하드웨어가 구축되었다고 해서 민주시민 양성에 걸맞은 수업(소프트웨어)이 자동적으로 교육현장에서 구현되는 것은 아닙니다. 소프트웨어는 또 다른 영역으로 이를 개발하고 확산하는 노력이 병행되어야 합니다. 그래서 이를 위한 교육개혁에 힘을 쏟아야 한다고 주장한 것입니다.

지금 교육현장에서는 혁신학교에서 하고 있는 참여형 수업이나 토론수업 등을 실시하고 있는 교사들이 상당수 존재합니다. 하지만 이런 수업 방식이 고교에서 확산하는 데에는 한계가 있는데 이는 입시 위주의 교육 때문임은 주지의 사실입니다. 이때 입시 위주 교육은 수능에 대비한 문제풀이형 주입식 교육으로 나타나고 있습니다. 수능이 입시에서 여전히 커다란 비중을 차지하는 상황에서 학생들이 당장 좋은 수능 점수를 얻기 위한 문제풀이 수업을 진행하는 것은 불가피한 것입니다. 이런 상황에서 민주시민을 육성하는 수업 방식이 학교현장에 들어오는 것은 한계가 있을 수밖에 없습니다.

이제 하드웨어 자체를 바꾸어야 합니다. 교과내신만을 통한 선발제도를 통해서 교사와 학생이 교육과정에 충실한 수업에 열중할 수 있도록 만들어야 합니다. 그래야만 민주시민을 양성하는 데 적합한 수업 방법이 확산될 것입니다.

 충분히 일리가 있는 주장이지만 저는 아직도 논리적인 비약이 심하다고 생각합니다. 사실 교과내신만을 통한 선발제도로 인해 수업이 중요해져서 교사와 학생이 이에 충실히 임한다고 하더라도 굳이 모둠형 협동수업이나 토론수업을 할 이유는 없습니다. 교사들은 이제까지와 같이 교과서에 나온 내용을 강의하고 시험을 봐서 내신을 산출하면 됩니다. 교사의 입장에서는 이렇게 하는 것이 좀 더 편안하고 익숙할 것입니다.

 매우 타당한 이야깁니다. 교사들이 오랫동안 익숙한 강의식 수업을 편하게 여기는 것은 어쩌면 당연한 건지도 모릅니다.

그런데 저는 앞에서 교과내신만을 통한 선발제도는 하드웨어만 구축하는 것이라 하였습니다. 그 하드웨어란 교육과정과 수업에 학생들과 교사들이 충실할 수밖에 없는 상황이라 하였습니다. 그렇다면 그다음으로 중요한 것이 바로 소프트웨어에 해당하는 교육과정과 수업 방식을 개혁하는 것을 사회적 과제로 설정하는 것입니다.

교육과정은 교과의 내용과 더불어 그 수준의 적절성과 이를 교실 현장에서 학생들과 수업을 하는 방식 모두를 포함하는 것입니다. 저는 교과내신만을 통한 선발제도를 도입한 이후 가장 핵심적이고 중요한 교육개혁은 바로 교육과정과 수업 방식의 개혁이라 했습니다. 이를 위해서 "사회적 교육과정위원회"와 같은 기구를 제안한 것입니다.

지금 교육현장에도 모둠형 협동수업이나 토론수업과 같은 새로운 방식의 수업을 갈구하는 교사들이 점점 많아지고 있습니다. 이제까지 주류를 이루어온 일방적인 강의식 수업으로는 학생들을 수업에 적극 참여시키는 데 한계를 느끼고 있습니다.

수업 시간에 자거나 떠드는 학생들은 결국 수업이 흥미가 없어서 그런 것입니다. 이런 학생들의 흥미를 불러일으켜 수업에 참여할 수 있도록 하는 것은 일방적 강의식 수업으로는 한계가 있습니다.

그런데 수업을 바꾸고 학생들을 적극 수업에 참여시키기 위한 노력을 교사들에게만 맡겨두어서는 곤란합니다. 사실 교육이라는 것은 한 사회의 문화를 전수하는 과정입니다. 이를 위해서는 사회의 다양한 주체들이 함께 노력해나가야 합니다. 이에 앞에서 언급한 "사회적 교육과정위원회"와 같은 기구는 절실하다고 할 수 있습니다. 이를 통해서 교육과정과 교과 그리고 수업 방식을 바꾸어야나가야 할 것입니다. 이런 분위기가 조성되고 만들어진다면 교사들도 자신을 바꾸려고 할 것이고 이 과정 속에서 수업 문화는 변해갈 것입니다. 물로 이런 과정은 하루아침에 이루어지는 것은 아닐 것입니다. 문화를 전수하는 과정인 교육은 급속히 바뀌기보다 천천히 바뀌는 특성을 가지고 있습니다.

 잘 알겠습니다. 상당히 일리가 있고, 충분히 검토할 필요가 있다고 생각합니다. 그렇지만 학교현장에서 수업 방식이 변화한다고 할지라도 교실 내에서 학생 간의 경쟁이 격화되는 문제가 완전히 해결되는 것은 아닐 것입니다. 따라서 교실 내에서 학생들의 성적 경쟁의 격화를 불러올 교과내신만을 통한 선발제도의 도입은 더욱 신중해질 필요가 있다고 생각합니다.

● 입시제도와 입시경쟁의 양상

 맞습니다. 앞에서 저는 이 문제에 대해선 솔직해질 필요가 있다고 했습니다. 어떤 제도를 도입하던 입시를 둘러싼 학생 간 경쟁 자체를 없앨 수 없습니다. 그건 근본적으로 학벌사회와 대학서열화로 인해 발생하는 문제이기 때문입니다. 입시사회체제가 바뀌지 않는 한 학생 간 입시경쟁은 사라지지 않을 것입니다. 학벌사회와 대학의 서열화 그리고 입시경쟁은 서로 톱니바퀴처럼 맞물려 굴러가고 있습니다. 이를 근본적으로 변화시키기 위해서는 상당한 시간이 필요하며 단지 교육개혁만으로는 가능하지 않습니다. 이는 분명 정치·사회적인 문제와 연관된 것이라는 점은 이미 첫째 날에 충분히 토론하고 확인했습니다.

여기에서 주목할 지점은 "어떠한 입시제도 개혁으로도 입시경쟁 그 자체를 근본적으로 해결할 수 없지만, 입시경쟁의 양상을 바꿀 수는 있다"는 사실입니다. 사실 교과내신만을 통한 선발제도를 도입했을 때 입시경쟁은 단위학교 내 학생들 간의 교과내신 성적을 둘러싼 경쟁이 그 주된 양상이 될 것입니다. 이에 비해 수능이 더 중요하다면 학생들은 수능 점수를 둘러싼 경쟁이 주된 양상이 될 것입니다. 이는 학생부종합전형도 마찬가지입니다. 학생부종합전형이 중요해지면 학생들이 단위학교 내에서 교과 성적만이 아니라 비교과 활동을 둘러싸고 경쟁이 격화될 것입니다.

현재에는 수시모집 비중이 점점 강화되어서 내신 성적이 굉장히 중요해졌지만 이전에는 입시에서 수능 성적이 제일 중요했습니다. 이 시기에도 학생들은 수능 점수를 잘 받기 위해 치열하게 경쟁을 하였습니다. 물론 수능이 가장 중요했을 때 그 경쟁은 근본적으로 단위학교 학생들 간의 경쟁이 아니라 전국의 모든 학생들의 수능 점수를 둘러싼 경쟁이었습니다. 그런데 수능이 전국의 모든 학생들이 경쟁하는 것이라고 해서 학생들은 타 학교 학생들과 수능 점수를 둘러싼 경쟁에서 승리하기 위해 단위학교 학생들 간에 서로 협력한 것은 아닙니다. 수능이 중요한 시기에도 교실 내에서 학생들 간의 경쟁은 치열했고 성적을 위해서 서로 견제하거나 갈등하여 교실의 황폐화가 종종 문제가 되기도 했습니다. 설혹 수능 경쟁에서 타 학교 학생들을 이기기 위해 단위학교 학생들이 서로 협동하는 그 자체도 그리 바람직한 모습은 아닐 것입니다.

저의 주장의 핵심은 학벌사회와 대학서열화로 인해 벌어지는 치열한 입시경쟁의 양상을 어떻게 교육적으로 좋은 방향으로 이끌 수 있는가 하는 것입니다. 교과내신만을 통한 선발제도를 도입한다면, 교실 내에서 학생들의 내신 성적 경쟁이 주된 양상이 될 것입니다. 이는 교실 내에서 학생들 간 내신 경쟁의 격화로 나타날 것입니다. 그런데 교과내신만을 통한 선발이 불러오는 입시경쟁의 이러한 양상은 일종의 기회비용으로 볼 수 있습니다. 학벌사회와 대학서열화가 없어지지 않는 이상 이런 기회비용은 사라지지 않을 것입니다.

그런데 교과내신만을 통한 선발이 치르는 이런 기회비용은 다른 방식의 입시제도를 선택했을 때보다 훨씬 교육을 바람직한 방향으로 이끌 수 있다는 점입니다. 이는 다른 방식의 입시제도와 비교하면 쉽게 이해될 것입니다.

가령 입시에서 수능의 비중이 높다면, 어떤 기회비용을 치러야 할까요? 이럴 경우에는 학교현장은 수능을 대비한 문제풀이형 주입식 교육이 계속 성행할 것입니다. 그리고 수능은 전국 단위의 성적 경쟁이기 때문에 단위학교 학생들이 입시에서 좋은 성적을 거둘 수 있도록 심화반과 같은 우등반을 운영한다거나 강제적 자율학습이나 강제적 방과후수업 등 비교육적인 현상이 계속 유지될 것입니다. 그리고 보다 중요하게는 수능은 사교육비나 문화자본에서 우월한 부유한 계층이나 이들 계층의 자녀들이 많이 다니는 특목고나 자사고에 유리할 것입니다. 이는 교육 불평등을 심화시킬 것입니다. 그런데 이러한 기회비용을 치러야 하는 수능 위주의 선발제도 또한 교실 내 학생들의 성적 경쟁을 사라지게 할 수 있는 것도 아닙니다.

　그럼 학생부종합전형의 비중을 높인다면 어떤 기회비용을 치러야 할까요? 이럴 경우에는 단위학교의 교실 내에서 학생들의 성적 경쟁이 교과내신만을 통한 선발제도 못지않을 뿐만 아니라 심지어 비교과를 둘러싼 경쟁까지 해야 합니다. 물론 비교과를 둘러싼 경쟁은 단위학교 학생 간의 경쟁이 아니라 전국의 모든 학생들 간의 경쟁이라는 성격을 지니는 것입니다. 그리고 학생부종합전형의 경우 더욱 문제는 앞에서 살펴보았듯이 특목고나 자사고 아니면 부유한 계층이 많이 살고 있는 지역의 학교들에게 유리한 전형이라는 사실입니다. 이 또한 교육 불평등을 심화시킬 것입니다.

　또한 수능과 학생부종합전형이 치러야 하는 기회비용 때문에 논술전형 등과 같은 대학별 고사를 선택할 수도 없을 것입니다. 주지하듯이 대학별 고사는 수능과 학생부종합전형보다 더욱 값비싼 대가를 요구하는 것입니다.

교과내신만을 통한 선발제도로 인해 교실 내 학생 간 교과내신 경쟁이 좀 더 격화되는 대가를 치러야 하는 것은 부정할 수 없습니다. 이는 학벌사회와 대학서열화가 사라지지 않는 이상 어쩔 수 없는 것입니다.

그런데 교과내신만을 통한 선발제도를 도입한다면 강제적 자율학습과 강제적 방과후수업이 사라지고 심화반과 같은 우등반의 운영이 폐지되는 등 교육활동이 더욱 바람직한 방향으로 바뀔 수 있을 것입니다. 그리고 이는 민주시민을 양성할 수 있는 교육 콘텐츠와 접목될 수 있는 환경을 조성합니다. 그리고 사교육비를 절감할 수 있을 것이며 특목고와 자사고가 일반고로 전환될 것입니다. 무엇보다 이 제도가 가져올 가장 중요한 변화는 역시 교육의 기회균등이라는 헌법 정신을 살림으로써 개천에서 죽은 용을 살릴 수 있다는 점입니다. 이러한 교육적 효과를 가져오게 될 교과내신만을 통한 선발제도에 대해서 진지하게 고민하고 사회적 성찰과 토론을 안 할 이유가 없다고 생각합니다.

 잘 알겠습니다. 이 제도의 도입은 충분히 사회적으로 논의해 볼 가치가 있는 것으로 생각됩니다. 그런데 현진교 님께서는 이 제도를 곧바로 도입할 수 있다고 생각하시는지 궁금합니다. 저는 개인적으로 어떤 이상적인 제도라 할지라도 일정한 부작용이 있을 수 있다고 생각합니다. 이에 어떤 제도를 도입하려면 충분한 연구와 진지한 검토가 필요하고, 이에 상당한 시간이 필요하다는 생각입니다.

저도 그 생각에 동의합니다. 저는 교과내신만을 통한 선발제도는 "이상적 모델"이라 생각합니다. 이런 이상적 모델을 원형 그대로 곧바로 도입하는 것은 상당한 문제가 발생할 여지가 있습니다. 이에 신중해질 필요가 있습니다.

그런데 이런 이상적 모델은 입시제도의 개혁 방향을 제시하는 데 준거점이 될 것이라 생각합니다. 다만 여기에서는 시간 관계상 입시제도 개혁의 현실적인 구체적 방안에 대해서 이야기하기는 어렵고, 이 토론이 끝난 뒤 따로 시간을 가졌으면 하는 기대를 합니다.

 잘 알겠습니다. 나중에 반드시 입시제도 개혁 현실적인 구체적 방안에 대해서 이야기하는 시간을 갖도록 노력하겠습니다.

그럼 교과내신만을 통한 선발제도를 도입했을 때 발생할 수 있는 또 다른 부작용이나 문제점은 없는지요?

2) 기타 문제들

 저는 이 제도를 도입하면 피해를 보는 학생들이 발생할 것 같아 우려스럽습니다. 가령 교과내신만을 통해 선발한다면, 학교 다닐 때 공부를 열심히 하지 않은 것을 후회하고 다시 열심히 공부해서 더 좋은 대학에 가려는 학생들이 있을 수 있는데, 이런 학생들은 어떻게 해야 할까요? 또 검정고시를 보는 학생들은 어떻게 될까요? 만약 검정고시를 비교내신으로 환산하는 제도를 통해 학생을 선발한다면 많은 문제가 생기지 않을까요?

학생들 중에서 내신이 좋지 않은 학생들은 고의로 학교를 그만
두고 검정고시를 보려고 하는 학생들이 많이 생겨날 것입니다.
이처럼 교과내신으로만 선발한다면 예기치 못한 문제들이 상
당히 발생할 수 있습니다. 이로 인해 피해를 보는 학생들이 생
겨나면 누가 책임을 질 수 있을까요?

 저도 신보관 님이 지적하신 문제점이 필연적으로 발생하리라
생각합니다. 그리고 또 하나 지적할 것은 특성화 고등학교 학생
들 중에서 대학에 가고자 하는 학생들도 있는데 이럴 경우는
어떻게 해야 하는지도 궁금합니다. 특성화 고등학교는 일반고
와 다르기 때문에 이들의 내신을 일반고와 동일하게 취급할 수
는 없을 것입니다.

 두 분이 지적해주신 문제점들이 있다는 것은 부정할 수 없
습니다. 새로운 제도를 도입하면 항상 예기치 못한 부작용이
발생할 수밖에 없습니다. 그렇지만 우리 속담에 "구더기 무서
워서 장을 못 담그랴"라는 말이 있습니다. 이런 예기치 못한 부
작용보다 제도 개혁으로 얻게 될 긍정적인 효과가 더 크다면
제도 변화를 과감히 선택할 수 있어야 합니다. 그리고 개혁 과
정에서 발생하는 부작용을 최소화하기 위해 세심히 배려한다
면 충분히 극복 가능하리라 생각합니다. 두 분께서 제기해주신
문제점에 대해 제가 이 자리에서 완전한 해결책을 제시할 순
없을 것입니다. 이를 위해서는 전문가들과 이해 당사자들이 참
여하는 기구를 통해 좀 더 심도 깊은 연구와 논의가 필요할 것
입니다. 다만 저는 두 분이 제기한 문제가 결코 해결하지 못할

정도는 아니라는 점만을 간략히 이야기하겠습니다.

저는 이렇게 생각합니다. 이제까지 늘 재수, 삼수를 하는 사람들이 있었습니다. 학생들이 재수와 삼수를 하는 이유는 학교 다닐 때 열심히 공부하지 않은 것을 후회하고 좋은 대학에 들어가고 싶은 마음이 생겼거나 그해 입시 결과에 충분히 만족하지 못해서입니다. 이들이 더 좋은 대학에 들어가려는 욕구는 매우 정당한 것이고 존중받아야 합니다. 이에 이들의 욕구를 해결할 수 있는 방안은 반드시 제시되어야 합니다.

한편 검정고시에 응시하는 사람들은 다양한 이유가 있을 것입니다. 제도 교육에 적응하지 못해서 학교를 그만두거나 아니면 내신이 좋지 못하여 전략적으로 학교를 그만두는 경우도 있을 것입니다. 물론 이런 학생들에게도 자신이 원하는 대학에 들어갈 수 있는 공정한 기회가 주어져야 합니다.

이에 대한 해결책으로 우선 지금까지 재수, 삼수를 통해 대학에 들어온 학생들과 검정고시를 통해서 대학에 들어온 학생들이 입학생 전체에서 차지하는 비율에 대한 통계를 낼 필요가 있습니다. 이에 대한 통계 자료가 나오면 그 비율 이내로 이들 학생들에 대한 별도의 정원을 할당하면 됩니다. 가령 특정 학과에 재수와 삼수 그리고 검정고시 등으로 입학한 학생들이 차지한 비율이 약 20%라는 통계 자료가 나오면 20% 이내에서 이들의 정원을 할당하면 될 것입니다. 즉, 해당 학과의 총 정원이 100명이면 재수와 삼수 그리고 검정고시 등으로 들어오는 사람들을 위해 20명을 정원으로 별도 배정하면 됩니다.

별도 정원으로 배정된 이들은 당연히 교과내신을 통해서 선발하는 것이 아닙니다. 이들에 대해서는 별도의 고사를 실시하고 이를 통해서 선발하면 될 것입니다. 이는 국가에서 실시하는 일종의 '학력고사'가 될 것입니다. 성적을 수능과 같이 9등급 상대평가제로 한다면 선발을 위한 변별력을 충분히 확보할 수 있을 것입니다.

이들은 수능시험을 볼 필요는 없습니다. 검정고시를 보는 학생들의 경우 검정고시로 수능을 대체하면 됩니다. 검정고시는 고교의 학력을 인정하는 것이기 때문에 이에 합격하면 충분히 대학에서 수학할 수 있는 것으로 보아야 합니다. 그리고 재수, 삼수생들은 이미 수능에 합격한 사람들이기 때문에 이들을 별도 고사를 통해서 선발하는 것에는 아무런 문제도 없을 것입니다.

한편 검정고시에 합격한 사람들은 별도 고사를 통해서 재수, 삼수생과 경쟁을 하는 것이기 때문에 고의로 학교를 그만두고 검정고시를 보는 학생의 수는 그리 많지 않을 것입니다.

다음으로 특성화고 학생들의 대학 입학 문제는 상당히 신중하게 접근해야 할 것으로 보입니다. 원래 특성화 고등학교는 졸업 후 직업 세계에 바로 갈 수 있도록 기술 교육을 하는 곳입니다. 이는 대학을 진학하기 위해 들어가는 인문계고와 근본적 성격이 다릅니다.

현재 특성화고 출신 학생들 중에 직업 4년제 대학으로 진학하는 경우가 많이 있습니다. 처음부터 특성화고 전형을 생각하여 대학을 가기 위해 이들 학교에 들어가는 학생들도 상당수 있습니다. 이런 현상의 밑바탕에는 학력에 기초한 학벌사회가 놓여 있습니다.

특성화고의 기능을 제대로 살리기 위해 일반 대학으로의 진출은 금지하고 전문적 인력을 양성하는 전문대로의 진학만을 허용하는 정책을 생각해볼 수도 있습니다. 그러나 이는 특성화고 학생들의 직업 선택의 자유와 행복 추구권을 침해할 여지가 있습니다. 저는 법률 전문가가 아니기 때문에 이 문제에 대해서 어떻게 이해해야 하는지 확신이 서지 않습니다. 어쨌든 특성화고 출신 학생들의 인문계 대학의 진학을 막는 것이 직업 선택의 자유나 행복 추구권 등을 침해한다면, 이들의 대학 진학을 허용해야 할 것입니다. 이럴 경우 특성화고 전형을 통해서 별도로 선발할 것인지, 아니면 비교내신을 통해서 인문계고와 동일하게 뽑을 것인지, 이도 아니면 검정고시생처럼 별도 학력고사를 통해서 선발할 것인지 등 여러 가지 방안을 생각해 볼 수 있습니다.

사실 이 문제는 해결책이 없는 것이 아니라 이에 대해 어떻게 접근할 것인지에 대한 사회적 합의가 필요한 사항이라 생각합니다. 직업 인력을 양성하기 위한 전문적인 학교로서 특성화고의 기능을 살리기 위해 일반 대학으로의 진출을 금지해야 할 것인지 말 것인지에 대한 사회적 토론이 우선일 것입니다.

 지금 제시하신 해결책은 충분히 고려해볼 수 있고 상당히 합리성을 가진 것으로 판단됩니다. 이 문제들 또한 심도 깊은 연구와 사회적 논의를 통해서 충분히 해결 가능할 것이란 생각이 듭니다. 어떻게 생각하시나요?

 현진교 님이 제시하신 해결책은 어느 정도의 합리적인 대안이 될 수 있다고 생각합니다. 다만 저는 이런 지엽적인 문제보다는 역시 수능을 완전히 자격고사로 만들고 교과내신만을 통한 선발제도를 도입했을 때 학생들의 학력이 저하되지 않을까 하는 우려를 도저히 떨쳐낼 수 없습니다. 이런 우려가 불식되지 않는 한 이 제도 도입에 동의할 수 없습니다. 특히 특목고와 자사고 등이 일반고로 전환된다면 교육 수요자의 선택권을 박탈할 수 있기 때문에 더더욱 동의하기가 어렵습니다.

 앞에서 그런 문제는 충분히 이야기했다고 생각되는데, 다시 제기하시니 조금 당황스럽기도 합니다. 학력 저하 이외에 다른 문제점은 없는지요?

 네, 딱히 없습니다.

 현진교 님은 더 하실 말씀 없으신지요?

 앞에서 충분히 이야기했다고 생각합니다. 저는 수능의 완전한 자격고사 전환과 교과내신만을 통한 선발제도가 교육계에 혁신적인 바람을 불러일으킬 것이라 생각합니다. 이는 학교교육을 정상화할 수 있는 제도적 기반이 될 것이며, 교육의 기회균등 정신을 현실에서 실현할 수 있을 것이라 생각합니다. 이번 토론을 계기로 대입제도에 대한 광범위한 사회적 토론과 성찰이 이루어지길 기대해봅니다.

 저도 그런 기대를 간절히 해봅니다. 그럼 입시제도 개혁에 대한 토론을 이것으로 모두 마치겠습니다. 이번 토론에서 미진한 부분은 향후 사회적 토론이나 정책 연구를 통해서 채워나가야 할 것으로 믿습니다. 이 토론이 아무쪼록 교육개혁의 밑거름이 되었으면 합니다. 저는 개인적으로 매우 유익한 토론이었다고 생각합니다. 두 분의 생각은 어떠신지요?

저도 기본적으로는 매우 유익한 토론이었다고 생각합니다. 이 자리에서 토론한 내용들이 사회적으로 충분히 논의되는 계기가 되었으면 합니다.

저도 매우 유익한 토론이었다고 생각합니다. 이 토론이 입시 문제를 비롯한 교육 전반에 대한 사회적 성찰이 일어날 수 있는 계기가 되기를 진정 바랍니다.

사흘 동안 매우 길고 치열한 토론에 적극적으로 임해주시고 성의껏 토론해주셔서 정말로 감사드립니다. 토론 내용이 매우 알차고 향후 교육개혁을 위한 중요한 아이디어를 함께 나누었다는 점에서 보람이 있었습니다. 다음에도 이런 기회가 있다면 두 분을 모시고 싶습니다. 이것으로 대단원의 막을 내리겠습니다. 감사합니다.

현 시기 입시제도 개편을
둘러싼 쟁점에 대하여

현진교 님 다시 뵈니 반갑습니다. 신보관 님과 함께 토론을 한 지 1년 남짓 되었는데 그동안 어떻게 지내셨는지 궁금합니다.

　반갑습니다. 저는 학생들과 더불어 잘 지내고 있습니다. 서일학 님께서도 그동안 잘 지내셨죠?

　저도 별일 없이 잘 지냈습니다.

　오늘 제가 현진교 님을 모시고 이렇게 대담을 나누는 것은 지난 토론 말미에 입시제도의 현실적인 구체적 개혁 방안에 대해서 이야기하기로 한 약속을 지키기 위한 것입니다. 현진교 님께서 당시 "수능의 완전한 자격고사로의 전환과 교과내신만을 통한 선발"은 하나의 이상적 모델로 이는 향후 입시제도 개혁의 준거점이 될 것이라고 하셨습니다. 이에 이 이상적 모델을 토대로 하여 입시제도의 현실적인 구체적 개혁 방안을 제시해주시기로 했던 것으로 기억하고 있습니다. 제 기억이 맞는지요?

맞습니다. 저에게 이런 기회를 주셔서 감사합니다. 이번 대담은 입시제도의 현실적인 구체적 개혁 방안과 더불어 이와 연관된 몇 가지 교육적 문제들에 대해 이야기해보고 싶습니다.

 촛불혁명을 통해 등장한 현 정부는 그동안 사회 곳곳에 쌓인 적폐들을 청산하고 새로운 시대의 청사진을 제시하고 있습니다. 그런데 현 정부는 유독 교육문제에 대해서는 오락가락하는 모습을 보여주고 있습니다. 새 정부는 출범 첫해 호기롭게 수능의 절대평가제 도입을 추진하다가 현실적인 장벽에 부딪쳐 이를 1년간 유예하였습니다.

알다시피 교육부는 수능의 모든 과목을 절대평가하겠다고 공언하다가 막상 공청회를 앞두고는 일부 과목만을 절대평가로 하는 1안과 모든 과목을 절대평가로 하는 2안을 제시하였습니다. 애초의 공언과는 달리 일부 과목만 절대평가로 하는 1안을 제시한 것은 결국 정시모집에서의 수능이 선발을 위한 변별 수단으로 활용되는 현실을 넘어설 수 없다는 것을 보여주었습니다. 이런 우왕좌왕하는 모습 끝에 결국 교육부는 수능제도 개혁 방안을 1년간 뒤로 미루겠다고 발표하였습니다.

그런데 올해 들어와서 교육부는 수능제도 개편을 둘러싸고 또다시 우왕좌왕하고 있습니다. 얼마 전 교육부가 학생부종합전형의 불공정성 시비를 의식해 수능 중심으로 선발하는 정시의 비중을 늘리기 위해 대학과 정책 협의하는 모습이 언론을 통해 보도되었습니다. 이는 수능제도 개편에 대한 교육부 안을 제시하고 공청회를 통해 의견을 수렴하여 수능 개편안을 확정하는 절차를 밟기 전에 교육부가 보인 졸속 행정으로 많은 사람들의 따가운 눈총을 받았습니다.

여론의 질타 이후 교육부는 자신들이 수능제도 개편의 독자적 안을 제시하기보다는 국민들의 여론을 수렴해 수능제도 개편안을 마련하겠다고 발표하였습니다. 이를 위해 교육부는 '국가교육회의'와 '공론화위원회'를 통해 국민 여론 수렴 절차를 거쳐서 대입제도 안을 마련하겠다고 공언하였습니다.

교육부는 "학생부종합전형과 수능전형의 적정 비율", "선발 시기(수시·정시 모집 통합 여부)", "수능 평가 방식(절대평가·상대평가·원점수제)" 등 2022학년도 대입제도 개편과 관련된 쟁점을 담은 보고서를 국가교육회의에 이송한 것으로 언론에 보도되었습니다. 교육부가 국가교육회의에 이송한 것은 수능 개편을 둘러싼 주요한 쟁점들로 보이며, 이 쟁점들이 정리되면 수능에 대한 최종 개편 시안이 마련될 것으로 보입니다.

교육부가 국민 여론 수렴을 통해 입시제도 개편안을 마련하겠다는 것은 민주적인 절차를 밟겠다는 것으로 이를 긍정적으로 볼 수도 있습니다. 그런데 지난해를 돌이켜 보면 이해관계를 달리하는 여러 집단들이 입시제도 개편을 둘러싸고 자신들의 이익을 최대한 관철시키기 위해 충돌하였습니다. 입시제도는 이해를 달리하는 집단들이 복잡하게 얽힌 문제로 여론 수렴을 통해서 사회적으로 합의할 수 있는 단일안을 마련하는 것이 생각보다 쉽지 않습니다. 입시제도 개편 방향에 대한 명확한 철학과 이념이 제시되지 않는다면 이익 집단들에 휘둘려서 입시제도 개혁이 좌초될 것이란 우려는 단순한 기우가 아닐 것입니다.

지난번 토론을 통해 현진교 님께서는 헌법과 교육법에 나온 교육의 이념과 정신에 입각해 입시제도의 개편 방안을 제시해주셨습니다. 즉, "교육의 기회균등"이라는 헌법 정신과 더불어 "민주시민을 양성하는 전인교육"과 "수학능력을 길러주는 교육" 등 〈교육기본법〉에 나온 교육의 목적과 정신을 실현할 수 있는 입시제도 개편 방안이었습니다. 그 방안은 바로 "수능의 완전한 자격고사로의 전환과 교과내신만을 통한 선발"이었습니다. 물론 이 방안은 하나의 이상적인 모델로 이는 향후 입시제도 개편을 위한 판단의 준거가 될 수 있다고 하셨습니다.

이제 현진교 님이 제시하신 이상적 모델에 기초하여 현 시기 문제가 되고 있는 입시제도 개편의 다양한 쟁점을 평가하고, 이를 바탕으로 입시제도 개혁의 현실적인 구체적 방안을 제시해주시면 감사하겠습니다.

1) 수시모집과 수능전형의 비율에 대하여

 지난번 토론에서 제가 제시한 방안을 간략히 정리해주셔서 감사합니다. 방금 언급하셨듯이 제가 제시한 "수능의 완전한 자격고사로의 전환과 교과내신만을 통한 선발제도"는 이상적 모델로 현재 입시제도 개편 방안을 둘러싼 쟁점들을 평가할 수 있는 준거가 될 것입니다.

우선 학생부종합전형(이하 학종)과 수능전형의 적정 비율에 대해서 말씀드리겠습니다. 교육부가 제시한 이 쟁점은 매우 심각한 문제가 있습니다. 이는 교육부의 입시제도에 대한 이해

부족이거나 아니면 특정 집단과 계층의 이익을 대변하기 위한 것이 아닌가 하는 의구심마저 듭니다.

여기에서 말하는 학종은 수시모집 전형 중 하나입니다. 주지하듯이 수시모집에는 학종만 있는 것이 아니라 학생부교과전형(이하 교과전형)과 논술전형, 적성고사, 그리고 교과특기자전형 등이 있습니다. 물론 논술과 적성고사 그리고 교과특기자전형은 그리 비중이 크지 않으며, 교과전형이 가장 큰 비중을 차지하고, 그다음이 학종입니다. 이처럼 학종이 수시모집 전부를 대변하지는 않습니다. 이에 학종과 수능전형의 적정 비율을 쟁점으로 설정하는 것은 그 자체가 잘못된 것입니다.

주지하듯이 전국적으로 교과전형이 학종의 약 2배로 그 비율이 훨씬 높습니다. 그런데 이는 서울의 중·상위권 대학에 오면 그 비율이 역전되어 학종이 교과전형의 2배 정도로 높게 나타납니다. 교육부가 제시하는 것은 서울의 중·상위권 대학의 상황을 반영한 것으로, 학종이 마치 수시모집의 전부인 양 문제를 잘못 제시한 것입니다.

따라서 학종과 수능전형의 비율로 쟁점을 제시하면 문제를 왜곡하게 됩니다. 지난번 교육부가 대학과 협의하여 수능전형의 비율을 높이려다가 여론의 질타를 받았는데, 이후 마치 학종과 수능전형 간 비율이 입시에서 중요한 쟁점인 것처럼 비쳐졌습니다. 현재도 교육부는 학종과 수능전형 비율의 적절성을 주요한 쟁점인 양하고 있습니다. 만약 쟁점을 이렇게 설정하게 되면, 학종을 줄이면 수능전형이 늘어나게 되고, 그 반대로 수능전형을 줄이면 학종이 늘어나게 될 것입니다.

앞에서 언급했듯이 수시모집에서는 교과전형이 학종보다 그 비율이 더 높습니다. 이에 수능전형을 줄이면 학종이 자동적으로 늘어나는 구조가 되어서는 안 됩니다. 정시모집을 줄이면 수시모집의 비율이 늘어나는 것으로 문제 설정을 바꾸어야 합니다.

만약 지금처럼 학종과 수능전형 비율의 적절성으로 문제가 설정되면, 이는 서울의 중·상위권 대학의 학생 선발에 대한 이해관계를 대변하는 것입니다. 또한 이는 어느 전형의 비중을 높이더라도 특목고와 자사고 학생들이나 부유한 계층 출신의 학생들에게 유리하게 작용하게 되어 교육 불평등 문제를 전혀 해결할 수 없습니다. 촛불혁명으로 등장한 현 정부의 지향점이 더욱더 공정하고 균등한 교육에 있다면 이런 문제 설정은 폐기해야 한다고 생각합니다. 그렇지 않으면 촛불정신을 정면으로 위배하는 게 될 것입니다.

 현진교 님의 주장은 지난번 토론에서 충분히 이야기된 것으로 매우 공감이 갑니다.

서울의 중·상위권 대학들이 학종의 비율을 높이는 것은 이를 통해 특목고와 자사고 학생들을 주로 선발하기 위해서라는 점을 구체적인 통계 자료를 가지고 제시해주신 것을 독자들도 기억하실 것입니다. 학종 그 자체의 여러 문제점에 대해 지적해주신 것도 기억이 납니다. 그리고 수능 위주의 정시모집은 사교육의 위력이 강해 부유한 계층이나 특목고와 자사고에 유리한 전형으로, 실제 정시모집 결과에서도 특목고와 자사고 출신들이 일반고보다 서울의 중·상위권 대학 합격률이 훨씬 높게 나온 통계 자료에 대해서도 모두들 기억하실 것입니다. 이에 학종과 정시모집(수능전형) 비율의 적정성으로 문제를 설정하게 되면, 특목고와 자사고 등의 특권 학교와 부유한 사회계층 출신의 학생들을 주로 선발하고 싶은 욕망을 지닌 서울의 중·상위권 대학의 이익을 대변하게 될 것이라는 문제제기는 매우 공감이 갑니다. 이에 문제 설정을 수시모집과 정시모집(수능전형) 비율의 적정성으로 바꾸어야 할 것입니다. 그럼 수시모집과 정시모집(수능전형)의 적정한 비율은 어떻게 이해해야 할까요?

 수시모집은 내신 성적을 바탕으로 하는 전형입니다. 정시모집은 당연히 수능을 바탕으로 하는 전형입니다. 수능의 완전한 자격고사로의 전환과 교과내신만을 통한 선발제도 실현이라는 입장에서 보면, 수능의 비중을 약화시키는 방향으로 가야 하는 것은 너무나 당연합니다.

지난번 토론에서 충분히 이야기되었듯이, 수능의 비중이 강화되면 학교 수업은 수능에 대비한 문제풀이형 주입식 교육으로 경도될 가능성이 매우 높습니다. 이는 학교교육의 정상화에 반대되는 방향으로 가는 것입니다.

또한 사회자께서 조금 전 확인해주셨듯이 수능전형은 교육 불평등을 심화시키는 요인으로 작용합니다. 서울의 중·상위권 대학을 살펴보면 정시모집(수능전형)에서 특목고와 자사고 학생들이 일반고 학생들보다 훨씬 강점을 보여주었습니다. 수능전형은 사교육이 커다란 영향을 미치는 것으로 부유한 계층에게 절대적으로 유리합니다.

교육 불평등과 격차를 해소하고 교육의 기회균등이라는 헌법 정신을 실현하려는 의지가 있다면 수능 비중을 약화시키는 방향으로 입시제도가 개혁되어야 할 것입니다. 이에 수능 위주로 선발하는 정시모집을 줄이고 수시모집의 비율을 높이는 방향으로 나아가야 합니다.

지난번에 교육부가 정시모집의 비율을 높이려 했던 것은 그야말로 졸속 행정의 표본입니다. 교육부는 수능이 객관식 시험이기 때문에 수능전형(정시모집) 비율을 높인다면 불공정성 문제를 해결할 수 있을 것이라고 생각했는지 모릅니다. 그러나 사교육 등 사회경제적 요인의 영향을 받는 수능시험은 교육 불평등을 심화시키는 전형이라는 사실을 교육부가 망각한 것입니다. 단지 수능이 객관식 시험이기 때문에 공정할 것이라는 믿음은 단순한 형식 논리에 빠진 것입니다.

 잘 알겠습니다. 그럼 정시모집(수능전형) 비율을 줄이는 데에서 고려해야 할 사항은 없는지요?

 물론 있습니다. 우선 정시모집, 즉 수능으로 학생을 선발하는 제도의 의미를 이해해야 합니다. 수능의 비중을 약화시키는 것은 학교교육을 정상화하는 것과 교육의 기회균등을 실현하려는 목적이 있습니다. 수능은 이런 교육의 목적을 훼손하지 않는 정도에서 최소한의 비율을 차지해야 합니다.

수능은 일부 학생들에게 기회를 제공하는 측면이 있습니다. 지난번 토론에서 언급했듯이, 학교 다닐 때 열심히 공부를 하지 않아서 교과내신이 좋지 못하거나 입시 결과가 자신이 원하는 만큼 나오지 않은 학생들에게 기회를 주는 것입니다. 자신이 원하는 대학과 학과에 들어가려는 이런 학생들의 욕구를 수용하는 것은 교육의 공정성과 기회균등 정신에 부합합니다. 또 검정고시를 본 학생들의 경우에도 수능을 통해 자신이 원하는 대학에 들어갈 기회를 주어야 함은 물론입니다.[1]

수능은 입시 결과가 좋지 못한 학생들이나 검정고시생들에게 기회를 제공하는 기능을 하고 있습니다. 이런 측면에서 보면 정시모집(수능전형) 비율을 정하기 위해서는 이제까지 재수 이상을 해서 입학한 학생과 검정고시 출신의 비율을 합쳐서 통계를 내볼 필요성이 있습니다. 이 통계 자료를 통해서 정시모집 비율을 정할 수 있을 것입니다. 예컨대 재수 이상을 통해 들어온 학생과 검정고시 출신의 비율을 합친 통계를 평균했을 때 약 15% 내외를 차지했다면 정시모집 비율을 15% 정도에서 결정하면 될 것입니다.[2]

이런 통계에 기초하여 정시모집 비율을 정하게 되면, 현역 학생들은 수능시험보다는 학교 수업에 열중하게 될 것이고 이는 학교교육 정상화로 이어질 것입니다. 현역 학생들은 주로 학교 내신을 통해서 대학에 들어가기 때문에 교육의 기회균등 정신도 살아날 수 있을 것입니다. 주지하듯이 교과내신은 단위학교 학생들 간의 성적 경쟁으로, 어느 지역에 있는 학교이든 내신

---

1. 현재 검정고시를 본 학생들은 검정고시 성적을 비교내신으로 환산해서 수시모집에도 지원할 수 있지만, 서울의 중·상위권 대학들은 비교내신을 잘 인정해주지 않는다. 이에 검정고시생들은 자신이 원하는 좋은 대학에 가려고 수능을 많이 활용하고 있다. 사실 검정고시 결과를 비교내신으로 높게 인정해주면 검정고시를 통해 대학을 가려고 고의로 학교를 그만두는 학생들이 많이 늘어나기 때문에 비교내신을 높게 설정해서는 안 된다. 이에 수능을 통한 기회 보장은 당연하다고 하겠다.
2. 현재 수능전형은 약 19% 정도를 차지하고 있다. 수능전형을 어느 정도로 할 것인지 통계 자료가 나오기 전에라도 그 비율을 현재의 19% 이하로 제한하는 가이드라인을 제시해야 한다. 수능전형의 비율을 줄이는 것은 교육 정상화를 위해 반드시 필요한 일이다.

성적이 우수하면 명문 대학에 입학할 수 있는 것입니다. 결론적으로 말씀드리면, 재수 이상으로 들어온 학생과 검정고시 출신이 대학 입학에서 차지한 평균적인 비율에 기초하여 정시모집의 비율을 정한다면, 수능의 완전한 자격고사로의 전환과 교과내신만을 통한 선발제도와 거의 흡사한 정책적 효과를 거둘 수 있을 것이라 예상합니다.

2) 수능의 상대평가제와 절대평가제에 대하여

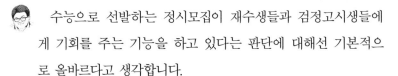 수능으로 선발하는 정시모집이 재수생들과 검정고시생들에게 기회를 주는 기능을 하고 있다는 판단에 대해선 기본적으로 올바르다고 생각합니다.

그런데 수능으로 학생들을 선발할 때 또 하나 고려해야 할 것은 수능시험을 절대평가로 해야 하는지 상대평가로 해야 하는지에 관한 문제일 것입니다. 이 또한 교육부가 제시하는 쟁점 중 하나입니다. 이에 대해선 어떻게 판단해야 하는지요?

  이 문제는 그렇게 어려운 것이 아닙니다. 수능이 수학능력을 판별하는 자격고사로 완전히 전환되지 않으면, 이는 명백히 선발의 기능을 하고 있는 것입니다. 수능이 학생들을 선발하는 기능을 한다면 절대평가보다는 상대평가가 훨씬 효율적이고 그 성격에 맞습니다. 절대평가는 선발 기능에는 효율적이지 못합니다.

만약 절대평가제(9등급)를 도입하여 선발한다면, 각 등급 간 인원수가 적절하게 배분될 수 있도록 난이도 조절을 기가 막히게 해야 합니다. 만약 수능이 쉽게 출제되면 상위 등급에 많이 몰려서 변별력이 약화되고, 어렵게 출제되어도 하위 등급에 많은 수가 몰려서 이 또한 변별력 확보에 어려움을 겪게 됩니다. 그래서 난이도 조절을 기가 막히게 해서 각 등급 인원을 적절하게 배분하여 상대평가제를 실시했을 때와 비슷한 정도의 인원 배분이 이루어져야 합니다. 그러나 이렇게 시험문제를 출제하는 것은 거의 불가능에 가까울 뿐만 아니라 이럴 바에는 차라리 상대평가를 하는 게 훨씬 좋을 것입니다. 따라서 학생 선발을 위한 변별력을 확보하기 위해선 상대평가제가 훨씬 효율적이며, 이는 대학이 서열화되어 있는 현실에서 불가피한 것입니다. 이에 현재처럼 한국사와 영어는 절대평가를 유지하고 나머지 과목들은 9등급의 상대평가제를 유지하여 학생들을 원활하게 선발할 수 있도록 해야 합니다.

그런데 수능은 정시모집에서 학생들을 선발하는 기능만을 하고 있는 게 아닙니다. 현재 수능은 수시모집에서 최저학력기준으로 활용되고 있습니다. 이는 수능이 한편으로는 자격 기준을 판별하는 기능도 함께하고 있음을 의미합니다. 현재는 상대평가제(9등급)를 활용하여 최저학력기준으로 판별하고 있는데, 특히 서울의 중·상위권 대학들은 그 기준을 높게 잡고 있습니다. 최저학력기준이 높으면 일반고에 불리하고 특목고와 자사고 등에 유리한 것은 더 이상 말하지 않아도 아실 것입니다. 실제로 일반고 학생 중에는 최저학력기준을 맞추지 못해서 탈락하는 사례들이 왕왕 발생합니다. 수능의 영향력을 약화시키는 입장에서 보면 이는 결코 바람직하지 않습니다.

그렇다면 어떻게 해야 할까요? 수시모집에서 수능을 최저학력기준으로 활용하는 것은 수능이 자격고사로 기능하고 있는 것으로 볼 수 있습니다. 수능이 자격고사의 기능을 한다면 이는 상대평가가 아니라 절대평가가 더 적합합니다. 대학에서 수학할 능력은 상대 등급이 아니라 절대적인 학력 수준을 통해서 판별해야 하는 것이니까요. 이에 수능의 최저학력기준은 절대평가제를 활용해야 하는 것입니다.

잠깐만요. 상대평가와 절대평가 두 종류의 수능을 두자는 것인지요? 그렇다면 수능을 두 번 보아야 한다는 말씀 같은데요. 즉, 정시모집에서 변별 수단으로 활용하기 위한 상대평가의 수능과 수시모집에서 최저학력기준으로 활용하는 절대평가의 수능을 구분하여 두 번 시험을 보자는 말씀으로 들립니다. 만약 그렇다면 이는 결코 바람직해 보이지 않습니다만.

수능을 두 종류로 해서 두 번 시험을 치르는 것은 저도 바람직하지 않다고 생각합니다. 상대평가와 절대평가의 등급을 위해서 두 종류의 시험을 치를 필요는 없습니다. 현재처럼 한 번 시험을 치르고, 등급을 산출할 때 상대평가와 절대평가 등급을 동시에 내어서 병기하면 됩니다. 저는 상대평가는 9등급으로 하고, 절대평가는 3등급 정도로 하는 것이 적당하다고 생각합니다.[3]

---

3. 절대평가는 3등급으로 활용하는 것이 적당하다. 만약 등급을 더욱 나눈다면 대학서열화를 지나치게 반영하게 되는 것이고, 또한 수능의 비중을 높이게 되는 것이다. 이에 3등급 정도로 해서 대학에서 활용하게 하는 것이 가장 적절한 것으로 보인다.

9등급의 상대평가는 정시모집에서 활용하고 3등급의 상대평가는 최저학력기준으로 활용하면 됩니다. 물론 상대평가와 절대평가의 등급 활용에 대한 명확한 지침을 제시하고 이를 대학들이 준수하도록 해야 할 것입니다.

 현진교 님의 주장은 정말로 신의 한 수처럼 느껴집니다. 수능 등급을 산출할 때 상대평가와 절대평가 등급을 동시에 내어서 병기하고, 각각의 기능을 부여한다면 현재 논란이 되고 있는 수능의 절대평가제로의 전환 문제도 쉽사리 해결될 것으로 보입니다. 역시 뭐든 그 성격에 맞게 정확하게 하면 될 것이라는 생각이 듭니다. 정시모집에서 수능을 통해 학생들을 변별하는 데에는 상대평가(9등급) 등급을 활용하고, 자격 기준을 묻는 최저학력기준에는 절대평가(3등급) 등급을 활용하면 절대평가를 둘러싼 논란도 종식될 것으로 보입니다.

그럼 다음 문제로 넘어가보겠습니다. 수능을 통해 선발하는 정시모집이 줄어들면 수시모집이 늘어나게 됩니다. 그 비율이 높아진 수시모집의 각 전형들은 어떻게 해야 하는지에 대해 설명해주세요.

3) 대학별 고사와 학생부종합전형에 대하여

 네, 정시모집이 줄어들면 수시모집의 비율이 높아지게 됩니다. 이는 학교교육을 정상화하고 교육의 기회균등 정신을 실현하는 방향으로 가는 기본 토대가 될 것입니다.

물론 교육부가 제시하는 것처럼 정시모집이 줄어드는 것이 학종의 확대로 이어져서는 안 됩니다. 이는 교육의 기회균등 정신과 위배되는 것이니까요.

우선 교과전형과 학종을 제외한 논술전형이나 적성고사 그리고 교과특기자전형 등은 어떻게 해야 되는지 말씀드리겠습니다. 논술이나 적성고사는 일종의 대학별 고사로서, 이는 학교교육 정상화에 걸림돌이 되는 것입니다. 논술과 적성고사는 학교의 정규 교육과정에 있는 것이 아닙니다. 이에 이들 전형에 대비하려면 사교육에 의존해야 하고, 학생들은 학교 수업보다는 이들 시험에 대비한 공부에 열중하게 되어 학교교육 정상화에 방해가 됩니다.

특히 논술전형은 사교육 의존성이 크기 때문에 부유한 계층 출신의 학생들에게 절대 유리합니다. 지난번 토론에서 언급했듯이, 원래 논술전형 자체가 노무현 정부 시절 내신 강화 정책이 특목고에 불리하자 대학들이 특목고 학생들을 선발하기 위해 만든 전형입니다. 실제로 특목고와 자사고 학생들은 논술전형으로 일반고 학생들보다 월등히 높은 비율로 서울의 중·상위권 대학에 들어가고 있습니다. 논술전형을 비롯한 일체의 대학별 고사의 금지는 어쩌면 매우 당연한 것입니다.

그럼 교과특기자전형은 어떻게 해야 할까요? 이는 예체능 계열 학과에만 허용하면 될 것입니다. 예체능 계열은 단순히 지적인 능력만으로 선발할 수 없는 특수성이 있습니다. 이들 계열에는 일정한 기능과 능력이 요구됩니다. 이에 교과특기자전형은 예체능 계열에만 허용하는 것이 맞습니다.

이제 수시모집에서 교과특기자전형을 제외하면 교과전형과

학종 두 가지가 남습니다. 현재에도 이 두 전형이 수시모집의 대부분을 차지하고 있습니다. 수시모집에서 교과내신과 학종의 비율은 어떻게 조정하는 것이 바람직할까요?

주지하듯이 학종은 교과내신만이 아니라 비교과 요소도 반영하는 전형입니다. 현재 이 전형은 교과내신을 받기에 불리한 특목고나 자사고 학생들을 선발하기 위한 전형으로 활용되고 있습니다. 익히 알다시피 학종은 서울의 중·상위권 대학에서 그 비율이 높은데, 이 대학들이 이 전형을 통해 특목고와 자사고 학생들을 많이 선발하고 있습니다.

사실 학종의 비교과 요소 반영은 고교등급제의 적용을 합법화할 수 있는 수단이 될 수 있고, 현실에서도 대학들이 전형을 활용해 고교등급제를 활용할 가능성이 매우 농후합니다. 특히 서울의 중·상위권 대학들은 자신들 학교에 들어오는 고교생들의 수능 평균 등급을 산출하여 고교의 수준을 파악하고 있을 것으로 추정됩니다. 이에 대학들은 수능 평균 등급이 높은 고교들에게 비교과를 활용해 높은 점수를 부여하고 이들 학교의 학생들을 적극 선발하고 있을 것으로 충분히 추정할 수 있습니다. 이는 심증은 있지만 물증은 없습니다. 학종의 비교과 요소 반영은 고교등급제 적용의 물증을 찾을 수 없도록 하니까요. 그래서 학종을 깜깜이 전형이라고 하는지도 모릅니다.

심증이지만 고교등급제 적용의 일차 대상은 특목고와 자사고일 것입니다. 이들 학교는 서울의 명문대에 학종으로 일반고에 비해 월등히 높은 비율로 합격하고 있습니다. 물론 고교등급제의 적용은 비단 특목고와 자사고만 해당되는 것은 아닐 것입니다. 서울의 중·상위권 대학의 입시를 보면 학종을 통해서 유독 특정 일반고 학생들을 많이 선발하는 것을 볼 수 있는데, 이는 고교등급제의 적용이 아니면 쉽사리 설명이 되지 않습니다. 이에 대한 물증은 없지만 강한 혐의를 두지 않을 수 없습니다.

학종의 불공정성은 비단 대학들의 고교등급제 적용을 합법화할 수 있는 수단을 제공하는 측면에만 있는 것이 아닙니다. 학종 또한 사교육에 상당히 의존하는 측면이 강합니다. 이미 학원들은 학종에 대비하여 학생들에게 어떻게 비교과 활동을 해야 하는지 컨설팅하고 있습니다. 일명 '자소설'이라 불리는 자기소개서 작성에 대해서도 컨설팅하고 있습니다.

물론 학종의 불공정성은 사교육의 의존에만 있는 것은 아닙니다. 학종은 학교의 비교과 프로그램 개설 능력과 이를 실행할 수 있는 학생의 능력 등이 복합적으로 작용하는 전형입니다. 아무래도 학종에 대비한 비교과 프로그램을 실행할 수 있는 능력은 특목고와 자사고 아니면 공부를 잘하는 부유한 계층이 많은 학교의 학생들이 유리할 것입니다.[4]

사실 학종에서 교과내신은 단위학교 학생 간 경쟁이지만 비교과 요소를 통한 경쟁은 전국의 모든 고교 간 경쟁의 성격을 지닙니다. 비교과는 정성적인 것으로 객관화된 점수가 아닙니다. 이에 비교과 활동에 대한 평가는 전국의 모든 고교를 함께 평가하는 측면이 강합니다. 수능이 전국의 모든 학생들의 경쟁

---

4. 가령 비교과 활동 중 하나인 소논문 쓰기에서 누가 유리한지를 생각하면 단번에 알 수 있다. 그리고 자율동아리활동 등도 문화자본이 풍부한 지역의 학생들이 유리한 것은 삼척동자도 알 것이다. 학종은 사회경제적 요인이 크게 작용하는 불평등한 전형으로 교육의 격차를 심화시킨다.

을 통해서 성적을 내듯이 학종도 이런 측면을 내포하고 있습니다. 이에 학종이 부유한 계층이나 특목고와 자사고 등에 유리하게 작용하는 것은 불을 보듯 뻔한 것입니다.

한편 학종은 학생들의 전인적 성장을 위해 필요한 비교과적 요소마저 대학 입시를 위한 활동으로 전락시키는 문제점이 있습니다. 학종으로 인해 기존의 정규 교육과정에 없었던 무수히 많은 비교과 활동 프로그램들이 양산되었습니다. 즉, 자율동아리, 소논문 쓰기, 각종 강연회, 폭발적으로 증가한 교내 경시대회와 학교 특색 사업 등은 정규 교육과정에 없는 것이기 때문에 정규 수업 시간이 아니라 짬짬이 시간을 내어서 이런 활동을 하는 것입니다. 학생들은 죽음의 트라이앵글 정도가 아니라 죽음의 늪에 빠지게 된 것입니다. 따라서 학생들의 전인적인 성장을 위해서라도 학종은 재고되어야 합니다.

 그럼 수시모집에서 학종의 비중을 약화시키려면 어떻게 해야 하는지요?

 그것은 두 가지 방향으로 진행될 수 있습니다.

우선 수시모집에서 학종이 차지하는 비율을 획기적으로 줄이고 교과전형으로 학생들의 대부분을 선발하는 것입니다. 학종의 부정적인 영향을 최소화하기 위해서는 수시모집에서 10% 이하로 해야 한다고 생각합니다.

수시모집을 주로 교과전형으로 선발한다면 교과내신만을 통한 선발제도를 도입했을 때와 거의 흡사한 정책적 효과를 가져올 수 있을 것입니다.

두 번째로 입학사정관제(학종)로 인해 생긴 정규 교육과정에 없는 비교과 활동을 폐지해야 합니다. 정규 교육과정에 없는 비교과 활동들은 정상적인 교육활동을 왜곡하고 학생들의 부담을 가중시키는 요인입니다.

이런 비교과 활동 중에서 독서활동의 경우에는 인정할 수 있을 것입니다. 정규 교육과정에는 없지만 학생들의 지적, 정서적 발달을 위해 독서활동은 충분히 그 가치를 인정할 수 있습니다.

한편 학종 이전부터 존재했던 봉사활동은 축소해야 합니다. 봉사활동은 1년에 최소 20시간을 하도록 규정하고 있어서 학교에서 실시하는 소양교육 10시간에 학생이 개별적으로 최소 10시간을 더 해야 합니다. 학교에서 실시하는 소양교육에서는 봉사활동의 기본 정신을 자발적으로 하는 활동이라고 교육하는데, 학생들은 대학을 가기 위해서 어쩔 수 없이 10시간을 의무적으로 더 해야 합니다. 이는 봉사활동의 기본 정신과 맞지 않습니다. 이에 봉사활동은 학교에서 실시하는 소양교육만 하는 것으로 축소되어야 합니다.

 현진교 님의 주장을 간략히 요약하면 수시모집에서 대학별 고사는 완전히 폐지하고, 예체능 계열만 교과특기자전형을 인정해야 한다는 것입니다. 이렇게 되면 수시모집에서 학종과 교과전형만이 남게 되는데, 학종의 비율을 신속히 낮추어서 10% 이하로 하고, 수시모집에서 학생 선발은 주로 교과전형으로 해야 한다는 주장인 것 같습니다.

수시모집에서 학종을 10% 이하로 낮추면 그 성격이 변화하는 것처럼 느껴집니다. 학종은 궁극적으로 어떻게 변화해야 한다고 생각하시나요?

 저는 종국적으로 학종을 폐지하여 교과전형에 통합해야 한다는 기본 입장을 견지하고 있습니다. 그런데 교육계에서는 학종의 긍정성을 주장하는 분들이 상당히 많습니다. 이에 학종의 전면 폐지는 현실적으로 상당히 어렵다는 것을 인정하지 않을 수 없습니다. 이에 수시모집에서 학종의 비율을 10% 이하로 줄이는 것을 차선책으로 제시한 것입니다. 이렇게 학종의 비율을 낮게 제한하는 것은 학종을 통해 고교등급제를 합법화하는 제도로 활용되거나 자사고와 특목고 학생들을 선발하는 전형으로 기능함으로써 교육 불평등을 심화시키는 역할을 약화 내지 중단시키기 위해서입니다. 그리고 학종의 비율을 낮춤과 동시에 정규 교육과정에 없는 비교과 활동을 폐지해 학생들의 부담을 경감하기 위한 것이기도 합니다. 학종이 이렇게 바뀐다면 그 부정성을 최소화하고 교육적으로 긍정적인 역할을 할 수도 있을 것입니다.

예컨대, 아인슈타인은 전체 성적이 낮았지만 수학에 탁월한 재능이 있어서 그 재능을 알아본 사람에 의해서 발탁되었다는 이야기를 들어보셨죠. 아인슈타인처럼 특정 분야에 탁월한 재능을 지닌 학생 중 전체 교과 성적이 좋지 못한 학생이 있을 수도 있습니다. 학종은 이런 인재를 선발할 수 있는 제도로 기능할 때만 의미를 지닐 수 있습니다. 저는 이를 위해 현재의 학생부종합전형을 폐지하고, '창의인재전형'(가칭)과 같은 것으로 완전히 그 성격이 탈바꿈돼야 한다고 생각합니다.

제가 이런 의견을 견지하는 것은 대학들이 학종 비율을 축소하는 것에 반발해 이를 수용하지 않을 수도 있기 때문입니다. 그러므로 학종 자체를 완전히 폐지하는 것이 정책 성공을 위해서 오히려 좋은 방법인지도 모릅니다. 그리고 나서 창의인재전형으로 학종의 긍정성을 살릴 수 있을 것이라고 설득하면 되리라 생각합니다.

창의인재전형에서 생각하는 특별한 재능을 지닌 학생은 그리 많지 않을 것입니다. 이에 창의인재전형은 10% 미만으로 규정해야 합니다.

그러면 창의인재전형으로 학생을 선발하기 위해서 가장 중요한 선발 요소는 무엇이 될까요? 교과전형의 경우에는 교과내신만을 통해서 선발하는 것입니다. 창의인재전형은 교과내신만으로 알 수 없는 특별한 재능을 지닌 학생을 선발하는 것입니다. 그렇지만 창의인재전형이 교과 능력과는 다른 어떤 특별한 재능만을 의미하지는 않습니다. 아이슈타인의 재능도 결국 탁월한 수학적 재능입니다. 이런 능력은 단순히 교과내신 성적으로만 드러나는 것이 아닙니다.

교과내신의 객관화된 점수만으로 알 수 없는 지적 능력을 파악하는 것은 현재 과목별 세부 능력과 특기사항일 것입니다. 이는 단순한 성적이 아니라 그 과목에서 보인 학생의 특별한 재능과 능력을 기술하는 것입니다. 이에 과목별 세부 능력과 특기사항이 주요한 선발 요소가 되어야 합니다. 물론 이와 같은 탁월한 능력을 보이는 학생은 극소수일 것입니다.

학생의 특별한 지적 능력은 또한 독서 활동을 통해서 알 수 있습니다. 특정 분야에 탁월한 능력을 지닌 학생은 독서에서 남다른 면모를 보여줍니다. 이런 학생들은 대체로 자신의 관심 분야에 대한 깊이 있는 독서를 하는 특징이 있는데, 이에 독서가 중요한 전형 요소가 될 수 있을 것입니다.

마지막으로 주요한 평가 요소가 있는데, 바로 동아리활동입니다. 여기에서 동아리는 정규 교육과정 내의 활동을 가리키고, 자율동아리는 당연히 폐지해야 합니다. 물론 동아리활동은 학생의 특별한 재능과 잠재력을 알 수 있는 중요한 요소가 될 수도 있습니다. 학생들은 자신의 특별한 재능을 동아리활동을 통해서 나타낼 가능성이 매우 큽니다. 이에 창의인재전형은 교과내신을 기본으로 하여 과목별 세부 능력과 특기사항 그리고 독서와 동아리활동 등의 비교과 활동에 한정해서 평가하면 될 것입니다. 그래야만 교육활동을 왜곡하지 않으면서 학생들의 부담을 경감할 수 있으며, 학생들의 진정한 재능을 파악할 수 있을 것입니다.

4) 학생부교과전형에 대하여

 지금까지 말씀을 정리하면 논술과 적성고사 등 일체의 대학별 고사는 폐지하고 교과특기자전형은 예체능계만 인정하자는 것입니다. 이렇게 되면 수시모집은 교과전형과 학종 두 가지가 남는데, 선발은 주로 교과전형으로 하고 학종의 비율은 10% 미만으로 하자는 것이 현진교 님의 주장의 핵심으로 보입니다.

그렇다면 수시모집의 대부분을 차지하는 교과전형은 교과

내신으로만 선발하자는 주장이신지요? 가령 면접과 같은 다른 전형 요소는 일체 포함하지 말아야 하나요? 또 교과내신으로 선발할 때 변별력 확보를 위해 상대평가를 하자는 것인가요? 만약 상대평가를 하게 된다면 이는 교육부에서 예고하고 있는 고교학점제와 연동된 절대평가제 도입과는 대립되는 것입니다.

 교과전형은 교과내신만을 통해 선발하자는 것입니다. 오직 교과내신으로 선발하고, 면접 같은 것은 일체 포함하지 않아야 합니다. 만약 여기에 교과내신이 아닌 다른 요소가 들어가면 학종처럼 고교등급제 등의 적용을 합법화할 수 있는 여지를 주게 될지도 모릅니다. 그렇게 되면 교과전형을 통해서 달성하려는 교육적 목표를 이룰 수 없습니다.

지난번 토론에서 자세히 말씀드렸듯이 교과전형으로 학생들을 대부분 선발하면, 교사와 학생이 학교 수업에 충실하게 됨으로써 민주시민을 양성하는 교육 목적을 실현할 수 있는 기반이 조성됩니다. 둘째로 교과내신은 단위학교 학생의 경쟁으로 어느 지역의 학교에서든 좋은 교과내신 성적을 거두면 명문 대학에 진학할 수 있게 됨으로써 교육의 기회균등을 실현할 수 있습니다. 개천에서 죽은 용이 부활하는 것입니다. 셋째로 교과내신이 중요해지면 외고와 자사고 같은 특권 학교의 일반고로의 전환이 빨리 이루어질 것입니다. 넷째로 교과내신이 대학 선발에서 가장 중요한 요소가 된다면 사교육에 대한 의존이 상당히 줄어들 것입니다. 마지막으로 교과내신은 단위학교 학생 간 경쟁이기 때문에 심화반과 같은 우등반 운영의 필요성이 사라지고, 강제적 방과후수업과 강제 야자 등 학교 내에 존재하는 비민주적인 교육적 관행이 사라질 가능성이 매우 높습니다. 이런 교육적 효과를 온전히 달성하려면 반드시 교과내신만을 통해서 선발해야 합니다.

그런데 교과내신만을 통해서 선발한다면, 그건 당연히 상대평가제여야 합니다. 만약에 성취평가제(절대평가제)를 도입한다면 거의 모든 학교에서 자기 학교 학생들이 좋은 대학을 가기를 바라기 때문에 문제를 쉽게 출제하고, 그에 따라 내신 부풀리기 현상이 나타날 것입니다. 이렇게 되면 교과내신은 전혀 변별력을 가질 수 없게 되어 사실상 무력화될 것입니다. 이에 대학들은 변별력 확보를 위해서 대학별 고사를 부활할 것이고, 따라서 교과전형을 통해서 달성하려는 교육적 목표는 물거품이 될 것입니다. 이런 점에 비추어 저는 절대평가제와 연동되어 있는 고교학점제에 대해서도 동의하지 않습니다.

5) 교과내신의 절대평가제(성취평가제)와 상대평가제에 대하여

 성취평가제는 상대평가처럼 학생 간 경쟁이 아니라 학생 개인의 성취수준을 평가하는 것이므로, 교육(학)적으로 올바른 평가 방식으로 이의 도입을 주장하는 분들이 상당히 많습니다. 고교학점제 또한 학생들이 스스로 진로를 설계하고 이에 기초하여 자신이 원하는 과목을 선택하고 필요한 학점을 이수하면 졸업할 수 있게 하는 제도로서, 학생들의 자율성을 신장시킨다는 점에서 이에 동조하는 분들이 상당수 있습니다. 이

때문에 성취평가제(절대평가제) 도입과 고교학점제는 충분히 검토할 가치가 있다고 생각합니다.

 서일학 님께서 말씀해주신 것은 상당한 일리가 있고 충분히 검토해볼 가치가 있습니다. 이제 절대평가제(성취평가제)와 이와 연동되어 있는 고교학점제를 왜 반대하는지 제 생각을 좀 더 자세히 말씀드리겠습니다.

우선 절대평가제(이하 성취평가제)부터 말씀드리겠습니다.

많은 사람들이 성취평가제는 교육(학)적으로 올바른 것이기 때문에 이를 실시해야 한다고 믿고 있습니다. 저도 교육(학)적으로 상대평가가 아니라 성취평가제가 올바른 것이라고 생각합니다. 그리고 원칙적으로 상대평가가 아니라 성취평가제를 실시해야 한다고 생각합니다. 그런데 성취평가제는 과연 다른 어떠한 교육적 문제를 고려함이 없이 절대적인 가치를 지니는 것일까요?

성취평가제는 학생들의 성취수준에 따라 학생의 학력 수준을 평가하는 방법입니다. 즉, 학생 간 상대적 수준에 따른 등급이 아니라 학생들이 도달한 학력의 성취수준에 따라 절대적 성취수준(등급)을 매기는 제도인 것입니다.

이에 비해 상대평가는 학생들의 성취수준과 무관하게 학생 상호 간 상대적 학력 수준의 차이를 표기하는 평가 방식입니다. 교육(학)적으로는 상대평가보다 절대평가를 하는 성취평가제가 올바른 평가 방법인 것은 명백합니다. 성취평가제는 학생들이 배운 내용에 대해 얼마나 잘 이해하고 성취했는지에 관해 알려주지만, 상대평가제는 학생들의 성취수준과 무관하게 학생들 간의 상대적인 학력 차이만을 보여줄 따름입니다. 상대평가는 선발을 위한 변별 수단으로 활용할 때는 효과적일지 모르지만, 교과 학습에서 요구되는 성취수준에 대해 전혀 알려주는 바가 없습니다.

● 성취평가제와 성적 부풀리기의 현실

 교육(학)적으로 올바른 평가 수단인 성취평가제의 의미를 좀 더 깊이 있게 들여다볼 필요가 있습니다. 도대체 왜 학생들의 성취수준을 파악하는 시험이 필요할까요? 학생들 입장에서 보면, 성취평가제이든 상대평가제이든 평가 그 자체는 별로 유쾌하지 않으며 아예 없는 게 가장 좋은 것입니다. 그렇지만 학생들이 평가를 싫어한다고 해서 평가 자체를 없앨 순 없는 노릇입니다. 왜냐하면 평가는 어떤 교육적 목적을 달성하기 위한 수단이기 때문입니다. 이는 성취평가제도 마찬가지입니다.

성취평가제의 의미를 이해하기 위해선 근대사회가 도래하면서 만들어진 학교의 조직 원리를 이해할 필요가 있습니다. 근대 이전의 학교들은 생물학적 나이의 단계에 따라 조직되지 않았습니다. 따라서 취학 연령도 없고 나이에 따라 학생들의 학년이 오르는 학년제나 나이에 따라 상급 학교로 진학하는 제도 자체가 없었습니다.

근대사회로 들어오면서 생물학적 나이에 따른 생애주기의 개념이 만들어졌습니다. 프랑스 아날학파의 선두주자 중 한 사람인 '필립 아리에스'가 주장한 "아동의 탄생"[5]을 원용하지 않아도 이는 매우 상식적인 것입니다. 근대인들은 영·유아, 아동

(소년), 청소년, 청년(성인), 장년, 노년 등으로 생애주기 개념을 통해 인간의 일생을 이해합니다. 이런 생애주기의 개념은 생물학적 나이에 따라 정신적·신체적 능력에서 차이가 난다는 믿음을 내포하고 있습니다. 이에 학교도 생물학적 생애주기에 따라 조직하는 것입니다. 유아(치)원, 초등학교, 중등학교, 대학 등으로 학교를 조직하는데, 이는 정확히 생물학적 나이의 단계에 조응하는 것입니다.

생물학적 나이 단계에 따라 학교나 학년을 조직하는 것은 하위 단계의 학교나 학년은 상위 단계의 학교나 학년으로 진학해 공부할 수 있는 수학능력을 길러주어야 한다는 의미를 내포하고 있습니다. 이는 나이에 따라 인간의 정신적·신체적 능력이 발달하고 각 생물학적 단계(나이)에 따라 성취해야 하는 학력의 수준이 있다는 생각과 밀접히 관련되어 있습니다. 학생들은 상위 학년으로 올라가거나 상급 단계 학교에 진학하려면 전 단계에서 요구되는 수학능력에 필요한 성취수준을 어느 정도 달성해야 합니다. 학생들에게 요구되는 이러한 성취수준을 파악할 수 있는 수단이 바로 성취평가제인 것입니다.

---

5. 필립 아리에스는 자신의 기념비적인 저작 『아동의 탄생』을 통해서 아동의 개념은 근대에 들어와서 만들어진 역사적·사회적 개념으로 이는 자연적인 사실이 아님을 주장하였다. 그런데 아동 개념의 탄생은 근대로 접어들면서 개인이 형성된 것과 밀접한 관련을 가진다.
근대로 접어들면서 '개인'이 탄생하였다. 전근대사회에서는 개인은 공동체에 종속된 부속물로 여겨져서 개인이 존재하지 않았다. 가령 전근대사회의 결혼제도를 보면 이를 확연히 알 수 있다. 우리의 역사에서도 조선시대까지 결혼은 개인의 행복이 아니라 가문의 대를 잇기 위한 것이었다. 이에 당사자들의 개인적 의사와 무관하게 집안에서 정해준 사람과 결혼해야 했는데, 결혼할 상대자를 혼례 날에 처음 보게 되는 경우가 많았다. 개인은 그 어디에도 존재할 수 없었던 것이다. 이에 비해 오늘날의 결혼이란 개인의 행복을 위한 것으로 순전히 사적인 것으로 변했다. 근대로 접어들면서 개인의 개념이 탄생하자 개인을 이해하는 다양한 방식이 생겨났는데, 생물학적 나이에 따라 개인의 삶을 이해하는 생애주기는 그 대표적인 것이다.

엄밀히 말해 평가는 평가 그 자체가 목적은 아닙니다. 평가는 어떤 목적을 달성하기 위한 수단에 불과합니다. 생물학적 나이에 따라 조직된 학교는 학년에 따른 성취수준을 설정하고, 학생들에게 어느 정도의 성취수준에 도달하도록 요구합니다. 이런 학생들의 성취수준을 알려줄 수 있는 것이 바로 성취평가제입니다. 성취평가제를 실시하는 것은 성취수준에 미달된 학생에 대해서 대책을 마련하기 위한 것입니다. 이런 대책을 통해서 요구되는 성취수준에 어느 정도 도달해야만 상위 학년과 상급 단계의 학교로 진학해 공부할 수 있습니다. 상대평가제는 이런 교육적 목표를 위해선 그야말로 무용지물입니다. 성취평가제야말로 이러한 교육적 목표를 달성할 수 있는 수단을 제공할 수 있기 때문에 교육(학)적으로 올바르다고 판단하는 것입니다. 결국 성취평가제는 학교나 학년에서 요구하는 성취수준을 파악하여 성취수준이 부족한 학생들에게 제대로 된 수학능력을 길러주기 위한 교육적인 수단인 것입니다.[6]

그런데 절대평가제(성취평가제)의 교육적 목적이 현실에서 제대로 그 기능을 발휘하고 있는지는 별개의 문제입니다. 절대평가는 분명히 학생들의 성취수준을 평가해서 성취수준에 도달하지 못한 학생들의 부족한 수학능력을 끌어올리기 위한 대책 마련을 위해 존재합니다. 그러나 현실에서 성취평가제는 이런 기능을 전혀 수행하지 못하고 있습니다. 특히 고등학교에서 성취평가제를 실시한다면 대학 입시라는 현실 때문에 본래 기능

---

6. 예전 국민학교(초등학교)를 다니던 시절의 사람들은 '나머지 공부'를 기억할 것이다. 이는 현재의 보충수업에 해당하는 것이다. 사실 나머지 공부(보충수업)는 성취수준에 미달인 학생들의 성취수준을 끌어올려 다음 학년으로 올라가서 학습할 수 있는 수학능력을 길러주기 위해 실시한 것이다. 보충수업의 본래적 의미는 바로 이런 것이다.

의 수행과 전혀 무관하게 될 것입니다. 고교 내신이 대학 입시의 전형 자료로 활용되는 현실에서 성취평가제는 본래의 고유한 기능을 수행하는 것이 아니라 대학 입학을 위한 변별 수단으로 활용될 것입니다.

고교 내신이 대학 선발의 전형 요소로 기능하는 현실에서 성취평가제(절대평가)를 도입하면 어떤 일이 벌어질까요? 앞에서도 언급했듯이 가장 우려되는 것이 내신 부풀리기 현상입니다. 전국의 모든 고등학교는 자기 학교 학생들이 명문 대학에 많이 들어가기를 원합니다. 그러다 보니 당연히 각 학교들은 자신의 학생들이 높은 성취 등급을 더 많이 받기를 바랄 것입니다. 그리고 이를 위해 시험 문제를 아주 쉽게 출제함으로써 그야말로 성적 부풀리기 현상이 일어날 것입니다.

이렇게 되면 대부분의 고교에서 높은 성취 등급을 받은 학생들이 우후죽순으로 생겨날 것입니다. 이런 학생들은 당연히 서울의 중·상위권 대학으로 몰릴 것이고, 대학들은 거의 동일한 성취수준을 가진 학생들을 선발해야 합니다. 대학들이 정원을 훨씬 초과하는 거의 동일한 성적을 가진 학생들을 변별한다는 것은 불가능합니다. 이에 대학들은 학생들을 변별하여 선발하기 위해 대학별 고사나 수능을 강화할 도리밖에 없을 것입니다.

만약 이런 일이 벌어진다면 교과내신만을 통한 선발제도의 도입으로 이루려던 교육적 목적은 애초에 달성할 수 없을 것입니다. 교과내신의 무력화로 인해 학생들은 정규 교육과정의 수업보다는 수능이나 대학별 고사에 열중하게 될 것입니다. 이에 교과내신만을 통해 이루려던 민주적 시민 양성을 위한 교육과 교육의 기회균등 실현이라는 교육적 목적은 달성할 수 없을 것입니다. 학생들은 애초에 달성해야 할 교육적 성취수준에는 관심이 없고 오직 높은 등급을 받아서 명문 대학에 입학하기를 바랄 뿐입니다. 이런 상황에서 성취평가제는 그 본래의 기능을 애초에 발휘하지 못할 것이고, 나아가 교과내신만을 통한 선발제도가 가져다줄 교육적 효과는 물거품이 되고 말 것입니다.

이런 현실에서 성적 부풀리기 없이 성취평가제의 본래적 의미를 살릴 수 있는 방법이 있을까요? 엄밀히 말해서 그런 방법은 있을 수 없습니다. 다만 성취평가제의 의미를 그나마 살릴 수 있는 최소한의 수단은 역설적으로 현재처럼 상대평가제를 유지한 상태에서 성취평가제를 도입하는 것입니다. 즉 상대평가의 등급과 절대평가의 등급을 동시에 병기하는 정책을 사용해야 합니다.

상대평가와 성취평가 등급을 동시에 병기하면 학교와 교사들은 성적 부풀리기를 할 필요성이 없기 때문에 문제를 소신껏 출제하여 학생들의 성취수준을 제대로 파악할 수 있을 것입니다. 물론 학생들의 성취수준을 파악하여 이를 현실에서 교육적으로 활용하는 것은 또 다른 문제입니다. 성취평가제 도입을 주장하려면 이것이 현실에서 왜 필요한지를 설명할 수 있어야 합니다. 평가는 평가 그 자체가 목적이 아니라 어떤 교육적 목표를 달성하기 위한 수단입니다. 대학이 서열화된 상황에서 학생들을 선발할 수단으로 교과내신이 기능하는 현실에서 상대평가제는 불가피한 것입니다.

6) 교육과정과 고교학점제에 대하여

 대학이 서열화되어 있는 상황에서 교과내신이 학생 선발을 위한 중요한 전형 요소로 작용한다면 상대평가제가 불가피하다는 말씀인데, 매우 설득력 있는 주장으로 생각됩니다. 지금처럼 대학이 서열화되어 있는 상황에서 절대평가제의 도입은 그리 쉽게 생각할 것은 아니라는 판단이 듭니다.

그런데 상대평가제 유지와 고교학점제 도입은 공존할 수 없는 것으로 보입니다. 학생들이 자신이 원하는 과목을 자유롭게 수강하려면 적은 인원이 선택한 과목도 개설할 수 있어야 하는데, 너무 적은 인원이 신청하는 과목은 상대 등급을 산출하기가 어렵습니다. 또한 학생들이 적게 선택하는 과목은 상대 등급의 내신을 받기에 불리하기 때문에 학생들 스스로가 이런 과목의 수강을 거부할 것입니다. 이에 고교학점제를 하려면 상대평가가 아니라 성취평가제의 실시가 필수적이라는 생각이 듭니다.

고교학점제는 학생이 스스로 진로 선택을 하고 이에 기초하여 교과를 자유롭게 선택하여 필요한 이수 학점을 채우면 졸업하게 하는 제도로 상당히 매력적으로 느껴집니다. 따라서 입시를 위해 상대평가제가 필요하기 때문에 고교학점제를 반대하는 것은 이에 동조하는 사람들에겐 설득력이 매우 약할 것으로 보입니다. 그렇다면 고교학점제 그 자체에 대해선 어떻게 판단해야 하나요?

 맞습니다. 고교학점제를 실시하려면 성취평가제는 필수적인 요소입니다. 그래서 고교학점제 도입은 매우 신중해야 하고 쉽게 추진될 수 있는 것이 아닙니다.

촛불혁명으로 등장한 현 정부의 교육정책 중에서 가장 의욕적으로 추진되고 있는 것 중 하나가 고교학점제입니다. 고교학점제를 간략히 설명하면 고등학교 1학년까지는 공통 교과를 운영하지만 고등학교 2~3학년에서는 대학처럼 학생들이 모든 과목을 자유롭게 수강 신청을 하여 수업을 듣고, 필요한 학점을 이수하면 졸업할 수 있도록 하는 제도를 말합니다. 고교학점제는 학생들의 자유로운 교과 선택권을 보장하여 학생들이 흥미를 가지고 있는 과목을 수강 신청함으로써 수업이 내실 있게 진행될 수 있으리라는 기대를 모으고 있습니다.

앞에서 언급했듯이 고교학점제는 성취평가제와 밀접히 연관되어 있습니다. 학생들이 자유로이 교과를 선택하는 경우 많은 학생들이 수강하는 과목이 있는가 하면, 그 반대로 소수의 학생이 수강하는 과목이 있을 것입니다. 상대평가제 아래에선 소수의 학생이 수강하는 과목은 교과내신을 받기가 어려워 학생들이 기피하거나 상대 등급을 산출할 수 없는 경우도 생길 수 있습니다. 이에 성취평가제를 도입해서 이런 문제를 해결해야만 학생들의 자유로운 수강이 보장될 것입니다.

● 선택형 교육과정에 대하여

 우리의 현실에서 고교학점제를 도입하는 것이 과연 올바른 방향일까요? 소위 7차 교육과정 이래로 실시된 '선택형 교육과정'을 간략히 살펴보면, 고교학점제에 대해 판단할 수 있는 근거를 찾을 수 있을 것입니다.

익히 알려졌듯이 7차 교육과정은 소위 교육 수요자의 선택권을 보장하기 위해 만들어진 '선택형 교육과정'이었습니다. 7차 교육과정은 기존 6차 교육과정까지와는 완전히 다르게 고1까지는 국민공통 교육과정으로 필수로 이수해야 하고, 고등학교 2~3학년 학생은 자유로이 교과를 선택하게 하는 교육과정이었습니다.

원래 7차 교육과정은 고교학점제처럼 학생들의 완전한 교과 선택의 자유를 보장하려고 했었습니다. 그러나 학생의 완전한 교과 선택권 보장은 현실적으로 불가능했습니다. 우선 그렇게 되면 학생들마다 시간표가 달라져 당시에는 시간표 자체를 구성하는 것조차 매우 어려웠습니다.

설혹 시간표를 구성한다고 해도 이를 학교현장에 실현하는 것은 물리적으로 어려웠습니다. 일단 학생들의 교과 선택에 따른 교실이 나올 수 없었던 것입니다. 학생들에게 완전한 교과 선택권을 부여하면, 각 교과 과목마다 선택한 학생 수가 다르기 마련입니다. 선호하는 과목에는 학생들이 대거 몰리고 그렇지 않은 과목은 학생들이 적을 수밖에 없습니다. 이에 과목에 따라 다양한 교실이 필요해집니다. 현실에서는 모든 교실의 크기가 동일하기 때문에 학생들의 교과목 선택에 따른 교실 제공이 어려워지는 것입니다.

다음으로 교사의 수급 또한 매우 해결하기 어려운 문제입니다. 과목마다 선택하는 학생 수가 해마다 달라지고 유동적이기 때문에 교사 수급을 조절하는 것 또한 만만찮게 됩니다.[7]

해마다 특정 과목을 선택하는 학생 수가 일정하게 나올 수

도 있습니다. 학생들이 선호하는 과목과 선호하지 않는 과목
은 대체로 정해져 있기 때문입니다. 이 경우에도 학생들이 선
호하는 과목은 그만큼 교사 수가 더 필요하고 선호하지 않는
과목은 기존 교사들이 남게 되어 과원 교사 문제가 발생하게
됩니다.

이처럼 7차 교육과정은 여러 가지 해결하기 어려운 문제로
인해 원래 계획한 대로 실시되지 못했습니다. 이에 7차 교육과
정은 학생들의 완전한 교과 선택권 보장이라는 차원에서 특정
교과 가운데 몇 개의 과목을 묶어서 그중에서 원하는 과목을
선택하는 정도로 후퇴하였습니다.

가령 역사교과의 경우에는 국사를 국민공통과목으로 하고
학생들의 선택권을 보장하기 위해 한국 근·현대사를 신설하였
습니다. 그리고 이 한국 근·현대사와 세계사를 묶어서 둘 중
한 과목을 선택하게 하였습니다. 이렇게 교과의 과목들을 묶어
서 학생들에게 선택하게 .함으로써 실질적인 의미를 가진 교과
는 사회과와 과학과 정도였습니다.[8]

7차 교육과정의 문제점은 단지 이를 실시하기에 물리적으로
어려운 것만은 아니었습니다. 선택형 교육과정은 학생들이 선
호하는 특정 과목으로 쏠림 현상을 불러와서 학생의 지식과

---

7. 7차 교육과정(선택형 교육과정)의 도입으로 학교현장에는 기간제 교사들이 대거 나타나
기 시작하였다. 학생들의 교과 선택은 매년 유동적이기 때문에 이에 대응하기 위해서 기
간제 교사들을 대폭 늘린 것이다. 신자유주의는 노동의 유연성을 추구하는데, 학교현장
에서 노동의 유연성은 선택형 교육과정으로 시작되었다고 해도 과언이 아니다.
8. 사회 교과에는 역사, 지리, 일반사회, 윤리 교과가 있고, 과학 교과에는 물리, 화학, 생물.
지구과학 등의 교과가 있다. 선택형 교육과정에서는 이들 교과 중에서 몇 과목을 묶어서
그중 한두 개를 선택하는 방식으로 나타났던 것이다. 가령 일반사회의 경우는 공통사회
가 필수이고, 경제, 사회문화, 법과 정치 등으로 과목을 나누고 이 중에서 한두 개 과목
을 선택하게 한 것이다.

교양의 분절화라는 근본적인 문제를 드러냈습니다.

예컨대, 역사과의 경우 6차 교육과정에서는 국사와 세계사가 학생들이 모두 필수적으로 이수해야 하는 필수 교양이었습니다. 7차 교육과정에 들어오면서 학생들에게 교과 선택권을 부여하기 위해 국사를 국민공통과목으로 하고, 한국 근·현대사와 세계사로 교과목을 세분화하여 선택하게 했습니다. 이에 한국 근·현대사를 선택하면 세계사를 배우지 못하고, 세계사를 선택하면 한국 근·현대사를 배우지 못하는 상황이 만들어졌습니다. 실제로 학생들은 주로 한국 근·현대사에 몰리고 세계사는 많이 선택하지 않았습니다. 이에 세계화의 구호가 외쳐지던 시대에 아이러니하게도 세계사를 배우지 않고 졸업하는 학생들이 부지기수로 생겨났습니다.

이런 문제는 단지 역사과만의 문제가 아니라 선택 과목으로 묶인 모든 교과에 나타난 공통적 현상입니다. 학생들이 선호하는 특정한 과목으로 쏠리게 되어 학생들이 지식을 분절적으로 받아들이게 되었던 것입니다. 이런 현상이 나타난 것은 교육 수요자의 교과 선택권을 보장하기 위한 것임은 두말할 나위도 없습니다.

선택형 교육과정에 대한 간략한 설명 잘 들었습니다. 설명을 들으니까 학생들이 스스로 교과를 선택하여 수강하는 고교학점제도 선택형 교육과정과 비슷한 문제점이 발생할 것으로 예상됩니다.

● 고교학점제와 교육과정에 대하여

   그렇습니다. 저는 기본적으로 고교학점제 또한 선택형 교육과정과 거의 비슷한 문제를 가지고 있다고 생각합니다.

현 정부는 2022년도부터 학생들이 자신의 흥미와 적성에 맞는 과목을 골라 수강 신청을 하고 일정한 학점을 이수하면 졸업하게 하는 고교학점제를 실시하겠다고 공약하였습니다. 고교학점제는 "아이들이 스스로 배울 과목을 정하기 때문에 자기 진로에 대한 고민을 일찍 하게 만든다. 틀 안에서 입시 준비만 하던 아이들이 이제 한 명의 시민으로서 배움의 주체가 되게 한다"[9]는 취지를 가지고 있습니다. 물론 고교학점제는 자신의 진로와 흥미에 따른 과목을 수강함으로써 원하지도 않는 흥미 없는 수업에서 탈피해 재미있고 즐거운 학교생활이 되도록 하기 위한 것이기도 합니다.

한편, 고교학점제는 교사별 평가제를 전제로 하고 있습니다. 만약 지금처럼 같은 교과를 가르치는 교사들이 동일하게 시험 문제를 출제한다면, 이들은 수업의 내용과 수준을 상당 부분 일치시켜야 합니다. 이렇게 되면 교사 개인의 창의적 수업은 어렵고 수업이 상당히 획일화될 수밖에 없을 것입니다. 교사별 평가제는 성취평가제에 의해 뒷받침되어야 합니다. 상대평가제는 상대 등급을 산출해야 하기 때문에 동일 과목을 가르치는 교사들은 동일한 시험 문제를 출제해야 합니다. 교사마다 다른 시험 문제를 출제하고 상대 등급을 내는 것은 말이 되지 않는

---

9. 이중현 교육부 학교정책실장, 『한겨레』 2017년 12월 10일, 김미향 기자의 기사.

것입니다.

고교학점제는 학생들이 자신의 진로에 따라 원하는 과목을 선택하여 이수하고, 평가 또한 교사별로 실시함으로써 획일적인 수업에서 벗어나서 자유롭고 창의적인 수업이 가능하게 한다는 점에서 교육적으로 매우 바람직한 것처럼 보입니다. 그런데 과연 고교학점제는 아무런 문제없이 실시할 수 있을까요?

우선 고교학점제는 고등학교 2~3학년 학생들이 원하는 과목을 자유롭게 수강하게 하는 제도이지만, 학생들이 선택하는 교과는 여전히 국가가 제시하는 공통된 교육과정에 의해 만들진 것입니다. 단일 과목 내에도 여러 종의 교과서가 있긴 하지만 그 교과서들도 결국 국가가 제시하는 교육과정에 기초해 구성된 것입니다. 이에 학생들이 어떤 교과와 과목을 선택하든 공통된 교육과정에 기초한 거의 비슷한 교과 내용을 배우는 사실에는 아무런 변화가 없습니다.

이런 제도 아래에서 고교학점제를 실시하는 것이 과연 합당한지 의문이 들 수밖에 없습니다. 실제로 고교학점제를 제대로 시행하려면 학생들이 자유롭게 과목을 선택하는 시기인 고등학교 2~3학년 단계에서는 국가가 제시하는 공통된 교육과정은 폐지해야 합니다. 지금처럼 교과서 집필 기준을 토대로 만들어지는 교과로 수업을 진행하는 체제에서는 온전한 의미의 학점제를 실시할 수 없습니다. 고교학점제가 제대로 시행되려면 국가가 제시하는 교육과정을 폐지하고 교사들이 자유롭게 강의를 개설할 수 있어야 합니다.

그런데 국가가 제시하는 공통된 교육과정을 폐지하고 교사들이 자유롭게 과목을 개설하고 수업하는 것이 가능할까요? 이를 위해선 교사들이 교과서 없이 스스로 과목을 개설할 준비가 되어 있어야 합니다. 아마 이런 준비가 되어 있거나 가능한 교사들은 많지 않을 것입니다. 이는 생각처럼 그리 만만한 일이 아니며 상당한 시간이 필요합니다.

게다가 고교학점제는 국가의 공통된 교육과정을 폐지하지 않은 상태에서 실시되는 것으로 예고되고 있습니다. 만약 그렇다면 많은 문제를 야기할 것입니다.

우선 선택형 교육과정처럼 고교학점제도 시간표를 짜기가 그리 쉽지 않을 것입니다. 또한 교과에 따라 학생들의 수강 신청 인원이 차이가 나기 때문에 그에 맞는 교실이 준비되어야 합니다. 현재와 같은 일률적인 교실 크기로는 상당한 어려움이 예상됩니다. 이 교실 크기 문제는 국가가 제시하는 교육과정을 폐지하고 교사들 스스로 자유롭게 과목을 개설해도 발생하는 문제일 것입니다.

수업을 진행할 다양한 크기의 교실을 확보하는 것보다 더욱 어려운 문제는 교사 수급입니다. 이는 두 가지 차원에서 문제가 됩니다. 우선 교과마다 이를 수강하는 학생 수가 매년 달라질 것입니다. 이는 교사 수급이 매우 유동적으로 될 수밖에 없음을 의미합니다. 이런 유동성에 대응하려면 정규직 교사보다는 기간제 교사와 같은 비정규직 교사가 더욱 필요하게 될지도 모릅니다. 선택형 교육과정이 시작된 7차 교육과정 이래로 나타난 문제인데, 고교학점제는 이를 더욱 심화시킬 것으로 예상됩니다. 이는 비정규직을 정규직으로 전환하려는 현 정부의 정책과도 어긋나는 것입니다.

교사 수급에서 또 다른 문제는 학생들이 특정 선호 과목으로 몰리는 것입니다. 특정 교과로 쏠림 현상이 일어나면 교사가 부족한 교과와 교사가 남아도는 교과로 나뉠 테고, 이는 매우 해결하기 어려운 숙제가 될 것입니다.

앞에서 살펴본 예견되는 어려움에도 불구하고 고교학점제를 실시할 이유가 있을까요? 사실 어떤 제도를 실시하는 데 현실적인 어려움이 있지만 그것이 올바른 방향이라면 시간을 두고 보완책을 마련하면서 천천히 추진해나갈 수도 있을 것입니다. 그렇다면 고교학점제는 실시하는 데 어려움이 있긴 하지만 기본적으로 올바른 방향이라 할 수 있을까요?

고교학점제는 학생들이 과목을 자유롭게 수강 신청하는 제도입니다. 고교학점제를 추진하는 사람들은 학생들이 스스로 진로에 대한 고민을 하고 이에 기초해 자신에게 필요한 과목을 수강 신청함으로써 한 명의 시민으로서 배움의 주체로 성장하는 것을 목표로 하는 제도라고 주장합니다.

그렇지만 고교학점제를 실제로 추진하게 되면 이 제도가 지향하는 목표와는 매우 다른 모습이 나타날 것입니다. 소신껏 자신의 진로에 맞게 과목을 선택하는 학생도 있겠지만, 그렇지 못한 학생들이 오히려 많을 것으로 예상됩니다. 이런 학생들은 입시에 도움이 되거나 학점 받기 수월한 과목 아니면 배우기 쉬운 과목을 수강 신청할 것입니다. 이는 교실과 교원 수급 문제만이 아니라 근본적으로는 특정 과목으로 학생 수강이 쏠리게 되어 지식의 분절화 현상이라는 근본적인 문제점을 노정하게 되는 것입니다.

요즘 대세인 간間학문이나 통섭과 융합교육의 측면에서도 학생들에게 자유로운 과목 수강을 맡겨서는 곤란합니다. 학생들에겐 애초부터 융합과 통섭의 개념 자체가 없습니다. 학생들은 그저 자신이 쉽게 배울 수 있고 학점을 잘 받을 수 있는 교과를 선택할 따름입니다. 이에 고교학점제는 융합과 통섭의 길이 아니라 지식의 단절과 분절화의 길을 가게 될 것입니다.

국가가 제시하는 교육과정을 유지하려 한다면 학생들에게 융합과 통섭이 일어날 수 있는 교육과정을 제시하고 안내해주어야 하는 것입니다. 이 과정에서 필수적으로 들어야 하는 교과에 대해 분명히 제시해야 합니다. 학생들의 교과 선택권은 최소한으로 제한되어야 할 것입니다.

이에 대해 학업상담 교사와 같이 학생들에게 일상적으로 교과 수강을 안내하는 데 도움을 줄 교사들을 충분히 확보하고, 이들이 학생 수강에 제대로 된 도움을 준다면 문제를 풀 수 있다고 주장할지도 모릅니다. 그러나 이는 교육 현실에 대한 안이한 인식에 불과합니다. 아무리 학업을 도와주는 상담 교사들을 둘지라도 최종 선택에서는 자신의 진로 적성과 흥미만이 아니라 현실적으로 배우기 쉽고 학점을 잘 받을 수 있는 과목으로 상당히 많은 학생들이 몰릴 것입니다. 물론 자기 소신이 확실한 학생은 진로 적성이 우선일 수 있지만 공부를 잘하지 못하거나 학업에 별 흥미가 없는 학생들은 현실적으로 어렵고 배우기 힘든 과목은 기피할 것입니다. 학생들의 특정 과목 쏠림 현상은 불가피한 것입니다.

이런 근본적인 문제점을 가진 고교학점제는 더욱이 성취평가제를 전제로 하고 있습니다. 성취평가제를 찬성하는 사람들은 교실 내에서 학생들의 성적 경쟁과 줄 세우기가 사라질 것으로 내다보고 이를 적극 찬성하고 있습니다. 그러나 앞에서도 자세히 살펴보았듯이 성취평가제는 그리 쉽게 도입할 수 있는 것이 아닙니다. 성적 부풀리기 현상으로 학교 내신의 신뢰도가 추락하고, 변별력 확보의 어려움으로 인해 대학들은 논술과 면접 같은 대학별 고사 등으로 학생들을 선발하려 할 것입니다. 그리고 수능의 중요성이 또다시 부각될 수도 있을 것입니다. 이는 고교학점제가 추구하는 교육적 목적과는 상충되는 결과를 초래할 것입니다.

대학별 고사가 강화되면 학생들은 학교 수업보다는 대학별 고사에 더욱 신경 쓰게 될 것입니다. 학교에서도 교과 수업보다는 대학별 고사에 대비한 교육에 더 초점을 맞추게 될 것입니다. 상황이 이렇게 되면 학생 자신의 진로에 기초한 과목 수강은 별 의미가 없어질 것입니다.

대학별 고사와 더불어 수능의 역할이 강화되면 학교에서 수능에 대비한 문제풀이 위주의 주입식 교육이 다시 성행할 것은 불을 보듯 뻔합니다. 학생들도 수능시험에 도움이 되는 과목에 수강 신청이 몰릴 것입니다. 이는 고교학점제를 통해 실현하려는 학교교육 정상화와는 명백히 다른 결과를 초래하는 것입니다. 한편, 수능과 대학별 고사가 강화되면 이는 특목고와 자사고에게 유리하게 작용할 것입니다. 이는 현 정부가 추진하는 외고와 자사고 폐지 정책과도 위배됩니다.

고교학점제가 아니라면 과연 어떤 교육과정이 필요할까요? 지난번 토론에서 이는 충분히 말씀드렸는데, 간략히 정리하면 다음과 같습니다.

교육과정은 기본적으로 민주시민을 양성하는 전인교육과 수학능력을 길러주는 학교교육의 목적을 실현할 수 있는 통로이자 수단이어야 합니다. 이런 교육과정을 제대로 만들기 위해서는 "사회적 교육과정위원회"와 같은 사회적 기구가 필요합니다. 이 기구는 교육의 목적을 실현할 교육과정이 과연 어떠해야 하는지에 대한 사회적 합의를 이끌어내야 합니다. 물론 사회적 교육과정위원회는 교육전문가와 시민단체 그리고 학부모, 학생, 교사 등 다양한 교육 주체들이 참여하는 사회적 대화기구의 성격을 띠어야 할 것입니다.

우선, 이런 기구를 통해서 학생들이 민주시민으로서 배워야 할 필수 교양교육에 대한 명확한 상이 제시되어야 합니다.[10] 그 다음에 여기에 맞게 학생들이 필수적으로 이수해야 하는 교과와 학생들이 선택할 수 있는 교과가 나올 것입니다.

둘째, 민주시민을 양성하기 위해 필요한 교과 내용에 대한 검토가 이루어져야 합니다. 많은 사람들이 지적하듯이 노동교육과 같은 사회적으로 필수적인 교육 내용을 검토해야 할 것입니다.

셋째, 교과 내용과 더불어 교과 내용의 수준에 대한 검토가 필요합니다. 현재 교과 내용의 수준이 지나치게 어렵다는 지적이 끊임없이 제기되고 있습니다. 이런 문제를 해결하는 것이야말로 초·중등교육의 핵심적인 개혁 과제로 설정되어야 합니다.

---

10. 도올 김용옥은 2018년 1월 11일 〈CBS 김현정의 뉴스쇼〉에 출연하여 고교학점제에 대해 비판적 견해를 밝혔다. 그는 중등교육은 민주시민으로서 기본 문법을 가르치는 것이 중요하다고 주장하면서, 교실은 공적인 장으로서 학생들이 서로 협동하고 나아가 교사와 협동하면서 교육이 이루어지는 공간이라 강조하였다. 그는 또한 민주시민을 양성하기 위한 기본 문법을 가르쳐야 할 학생들에게 교과 선택을 전적으로 맡기는 것은 있을 수 없다고, 학생들에게 필수적으로 필요한 기본 교과를 제대로 가르치게 되면 학생들은 이를 바탕으로 자신들이 해야 할 일을 스스로 찾아갈 것이라 설파하였다. 그의 깊은 혜안에 경의를 표할 수밖에 없다.

교과 내용이 너무 어려우면 학생들에게 엄청나게 부담을 주고 학습에 대한 흥미를 떨어뜨릴 것입니다.

마지막으로, 주입식 교육을 극복하고 민주시민 양성에 걸맞은 수업 모델을 연구하고 이를 교육현장에 접목할 수 있도록 노력해야 합니다.

7) 대담을 마치며

 고교학점제는 그리 쉽게 도입할 것이 아니라는 생각이 듭니다. 현진교 님께서 주장하신 것처럼 "사회적 교육과정위원회"와 같은 기구를 통해서 교육과정에 대한 근본적인 성찰과 검토가 필요하겠군요.

지금까지 대입제도 개혁과 관련된 여러 쟁점에 대해서 이야기를 나누었습니다. 이를 간단히 정리하면 다음과 같습니다.

첫째, 수능 전형인 정시모집을 줄이고 학생부 전형인 수시모집을 늘릴 것. 수능전형(정시모집)의 비율은 재수 이상으로 대학에 들어왔거나 검정고시 출신을 합하여 이에 대한 평균적인 통계를 내어서 그 비율로 정할 것.

둘째, 수능은 3등급의 절대평가와 9등급의 상대평가를 동시 병기하여 절대평가 등급은 수시모집의 최저학력기준으로 활용하고 상대평가 등급은 정시모집에서 학생들 선발에 활용할 것.

셋째, 수시모집에서 일체의 대학별 고사는 폐지하고 교과전형과 학종만을 활용할 것. 단 예체능 계열에서 교과특기자전형은 인정할 것.

넷째, 수시모집에서 학종은 10% 이하로 줄이고, 대부분을 교과전형으로 선발할 것.

다섯째, 학종과 교과전형에서 내신은 상대평가제를 유지할 것.

마지막으로, 성취평가제와 연동되어 있는 고교학점제 도입은 중단하고, "사회적 교육과정위원회"와 같은 사회적 기구를 통해 교육과정에 대해 전면 재검토할 것.

이렇게 요약을 해도 되겠지요?

 아주 잘 정리해주셨습니다. 노파심에서 하나만 더 정리를 하자면, 수시모집에서 학종을 10% 이하로 획기적으로 줄이는 것과 동시에, 학종으로 인해 생겨난 정규 교육과정에 없었던 비교과 활동을 당장에 폐지해야 한다는 것입니다. 이는 지금 곧바로 실시할 수 있는 것입니다.

 잘 알겠습니다. 그런데 한 가지 심히 걱정되는 것이 있습니다. 여기에서 제시한 입시제도 개혁 방안을 과연 실현할 수 있을까요? 당장 대학들은 수시모집과 수능전형의 비율을 정하는 것 자체를 대학 자율권의 침해라고 반발할 수도 있습니다. 그리고 수능전형과 학종을 획기적으로 줄이고 교과전형으로 대부분의 학생을 선발하는 것에 대해서 특목고와 자사고 내지 부유한 계층이 많이 살고 있는 지역의 학부모와 학생들이 반발할 수도 있겠다는 생각이 듭니다.

 맞습니다. 교과전형으로 대부분의 학생을 선발한다면 서울의 중상위권 대학이나 부유한 계층들이 많이 살고 있는 지역의 학부모(학생), 또 특목고와 자사고 학부모(학생)들이 반발할 수도 있습니다.

 그러면 어떻게 해야 하나요? 이들의 반발을 넘어서는 것은 쉽지 않을 텐데요.

 저도 이를 넘어설 수 있을지 걱정이 됩니다. 그런데 현 정부는 촛불혁명을 통해서 등장했으며, 보다 공정하고 균등한 사회를 지향하고자 합니다. 따라서 공정하고 평등한 사회에 대한 지향은 교육 분야에도 마찬가지로 적용되어야 할 가치이자 이념이 되어야 합니다.

1995년 '수요자 중심 교육'이 대두한 이래로 교육의 시장화가 상당히 진전되었습니다. 그래서 교육 분야에서도 이해집단들의 목소리가 굉장히 커졌고, 특히 힘 있는 집단들이 자기 이익을 위해 교육정책을 좌지우지하는 경우가 비일비재합니다.

주지하듯이 노무현 정부 시절 내신 강화(상대평가제 도입)를 통해서 학교교육 정상화를 꾀하려 했습니다. 그런데 내신 강화 정책은 특목고 학생들에 불리한 것이었습니다. 이에 이들 학생들을 주로 선발하고 싶은 욕망을 가진 서울의 중·상위권 대학들이 논술전형을 도입해 국가 정책을 흔들기 시작했습니다. 당시 노무현 정부는 대학들의 국가 정책 흔들기에 속수무책이었습니다. 현재에도 서울의 중·상위권 대학들은 학종, 논술, 수능전형을 활용해 특목고와 자사고 그리고 부유한 계층이 많이 사는 지역의 학교 출신들을 많이 선발하고 있습니다.

이러한 선발에 대한 욕구가 신자유주의, 즉 수요자 중심 교육으로 인한 교육의 시장화 때문임은 주지의 사실입니다. 수요자 중심 교육은 국가의 재정 지원을 줄이고 대학이 스스로 상당 부분 재정 문제를 해결하도록 맡겼습니다. 대학들은 주로 등록금과 기부금에 의존하여 이를 해결할 수밖에 없게 되었습니다. 이에 대학들은 부유한 계층이 많이 사는 지역의 학교 학생들 선발에 직접적인 이해관계를 갖게 되었습니다.

수요자 중심 교육이 표방한 시장에서 스스로 대학 재정을 해결하도록 맡긴 것은 두 가지 측면에서 교육 불평등을 심화시켰습니다. 우선 대학 등록금 인상으로 인해 가난한 계층은 대학 교육의 기회를 갖기가 매우 힘들어졌습니다. 반값 등록금 투쟁은 이에 대한 사회적 저항이었던 것입니다.

한편 재정을 대학에 맡긴 것은 대학의 자율권을 높여주었고, 대학들은 학생 선발에서 최대한 유리한 방향으로 움직였습니다. 물론 서울의 명문 대학들은 부유한 계층이 많이 사는 지역의 학교 학생들을 선발하는 것에 이해관계를 갖게 되었습니다. 부유한 계층 출신들은 비싼 등록금에 신경을 쓰지 않으며 향후 기부금을 많이 낼 수 있는 계층입니다. 또한 이들은 높은 사회적 지위를 획득할 가능성이 매우 높습니다. 이는 대학의 위신을 높이는 일이기도 합니다. 대학들의 이러한 이해관계로 인해 교육 불평등은 점점 심화되었습니다.

이제 촛불정부가 등장했습니다. 이 정부는 시장에 맡겨둠으로써 발생한 많은 사회적 문제들에 대해서 국가가 나서서 해결하겠다고 공약하고 있습니다. 일례로 비정규직 문제 해결을 위해 비정규직 노동자를 정규직으로 전환하는 모습을 보여주었습니다. 비록 그 결과가 아직 사람들이 원하는 만큼은 아니라 할지라도, 이는 공정하고 평등한 사회를 꿈꾸는 사람들이 진정으로 갈망하던 일이었습니다. 이제야 국가가 필요한 존재 이유를 사람들에게 보여주고 있는 것입니다.

보다 공정하고 평등한 나라를 위한 국가의 역할은 사회의 모든 부분에 필요한 것입니다. 당연히 교육 분야도 마찬가지입니다. 국가의 대학에 대한 재정 지원을 확대하여 대학들이 등록금 인상을 자제하도록 하고, 장기적으로 이를 낮추는 방향으로 가야 할 것입니다. 그래야 가난한 계층들도 고등교육을 받을 기회가 더욱 넓어질 수 있을 것입니다.

대학 선발에서도 모든 계층의 사람들이 공정하고 균등한 기회를 가질 수 있도록 해야 합니다. 그렇게 하려면 학생들의 대부분을 교과전형으로 선발해야 합니다. 교과전형은 단위학교 학생 간 경쟁으로 전국의 어느 지역에 있는 학교이건 상관없이 학교 교과내신이 우수하면 서울의 명문대에 진학할 수 있는 것입니다. 이에 가난한 계층이 많은 지역의 학교 학생들이나 지방 학생들도 서울의 명문대 진학률이 높아질 것입니다. 죽은 개천의 용들이 부활할 것입니다. 이는 교육 불평등을 해소하고 교육의 기회균등이라는 헌법 정신을 실현하여 보다 평등하고 공정한 사회를 만드는 길이 될 것입니다.

 너무나 공감이 가는 말씀입니다. 그런데 촛불정부의 교육부는 공정하고 균등한 교육을 지향하는 모습을 전혀 보여주지 못하고 있는 것 같습니다. 지난해 수능 절대평가의 도입에서도 원칙 없이 추진하다가 다양한 이해관계를 가진 집단들의 반발로 인해 좌초되었습니다. 현재 공론화위원회를 통해 국민 여론을 수렴해 입시제도 개편 방안을 제시하겠다는 것도 이해관계가 다른 여러 집단들의 대립으로 인해 제대로 된 개편안이 나올 수 있을지 의문이 듭니다. 공정하고 균등한 교육이라는 분명한 지향점 없이 단순히 여러 집단의 이해관계를 절충하는 것으로 과연 제대로 된 입시제도 개혁이 이루어질 수 있을지 의문이 들 수밖에 없습니다. 교육부는 지금이라도 교육 불평등 문제에 대해 깊이 자각하고, 학생 선발에서 공정하고 평등한 입시제도에 대해 확고한 지향점을 가져야 할 것입니다.

 맞습니다. 제가 제시하는 개혁 방향은 학생 선발에서 교육 불평등을 해소하고, 보다 평등한 교육을 실현할 수 있는 방안입니다. 이것은 공정하고 평등한 사회를 지향하는 현 정부의 모토와 합치하는 것입니다. 이에 대한 서울의 중·상위권 대학과 더불어 부유한 계층이 많은 지역의 학부모(학생)나 특목고와 자사고 학부모(학생)의 반발에 대해서는 국가가 왜 필요하며 그 존재 이유에 대한 분명한 입장을 제시함으로써 충분히 극복할 수 있다고 생각합니다. 즉 국가는 불평등한 사회를 보다 공정하고 평등한 사회로 만들어갈 의무가 있으며, 보다 공정하고 균등한 교육을 위해서 교과전형 확대가 필요함을 분명히 제시해야 합니다. 이러한 방향은 촛불혁명을 거치면서 충분한 사회적 공감대가 형성되었다고 생각합니다. 일부 대학들과 계층의 반발은 대다수 사람들의 사회적 공감대로 인해 충분히 극복할 수 있을 것입니다. 중요한 것은 이러한 교육 철학을 교육부가 확고히 하는 것입니다. 촛불혁명으로 공정하고 평등한 사회에 대한 사회적 공감대가 형성된 시기에 이러한 교육개혁을 하지 못한다면 향후에는 이러한 개혁이 더욱 힘들어질 것입니다.

 잘 알겠습니다. "나라다운 나라를 만들려면 모든 것을 시장에 맡긴다"는 신자유주의 이념에서 벗어나야 할 것입니다. 특히 교육은 인간이 누려야 할 기본 권리로서 공공적 성격을 지녀야 하므로 더더욱 시장에 맡겨서는 안 됩니다. 이것이 시대정신이라 생각합니다. 공정하고 균등한 교육은 국가가 제대로 된 역할을 할 때 비로소 가능할 것입니다.

지금까지 입시제도의 현실적인 구체적 방안에 대해서 함께 이야기를 나누었습니다. 만약 현 정부가 진정으로 공정하고 평등한 교육을 지향한다면 현진교 님께서 제안한 입시제도 개혁 방안을 적극적으로 수용하리라 믿습니다. 정말로 교육문제에 대해서 깊이 고민하고 현실에서 충분히 실현 가능한 입시제도 개혁 방안을 제시해주신 점 다시 한 번 감사드립니다.

 오히려 제가 더 감사합니다. 저의 생각을 충분히 펼칠 수 있도록 이끌어주셔서 진심으로 고맙게 생각합니다. 이번 대담이 향후 공정하고 평등한 교육을 위한 입시제도가 만들어지는 데 주춧돌이 되었으면 합니다.

 저는 이번 대담이 향후 입시제도 개혁의 주춧돌이 될 것을 확신합니다. 이것으로 대담을 마치겠습니다. 그동안 많은 정책

적 아이디어를 제시해주신 점 감사합니다. 항상 건강하시고 행
복하시길 진심으로 기원합니다.

삶의 행복을 꿈꾸는 교육은 어디에서 오는가?

미래 100년을 향한 새로운 교육 **혁신교육을 실천하는 교사들의 필독서**

▶ 교육혁명을 앞당기는 배움책 이야기
혁신교육의 철학과 잉걸진 미래를 만나다!

한국교육연구네트워크 총서

 01 핀란드 교육혁명
한국교육연구네트워크 엮음 | 320쪽 | 값 15,000원

 02 일제고사를 넘어서
한국교육연구네트워크 엮음 | 284쪽 | 값 13,000원

 03 새로운 사회를 여는 교육혁명
한국교육연구네트워크 엮음 | 380쪽 | 값 17,000원

 04 교장제도 혁명
한국교육연구네트워크 엮음 | 268쪽 | 값 14,000원

 05 새로운 사회를 여는 교육자치 혁명
한국교육연구네트워크 엮음 | 312쪽 | 값 15,000원

 06 혁신학교에 대한 교육학적 성찰
한국교육연구네트워크 엮음 | 308쪽 | 값 15,000원

 07 진보주의 교육의 세계적 동향
한국교육연구네트워크 엮음 | 324쪽 | 값 17,000원

 08 더 나은 세상을 위한 학교혁명
한국교육연구네트워크 엮음 | 404쪽 | 값 21,000원

 혁신학교
성열관·이순철 지음 | 224쪽 | 값 12,000원

 행복한 혁신학교 만들기
초등교육과정연구모임 지음 | 264쪽 | 값 13,000원

 서울형 혁신학교 이야기
이부영 지음 | 320쪽 | 값 15,000원

 혁신교육, 철학을 만나다
브렌트 데이비스·데니스 수마라 지음
현인철·서용선 옮김 | 304쪽 | 값 15,000원

 혁신교육 존 듀이에게 묻다
서용선 지음 | 292쪽 | 값 14,000원

 다시 읽는 조선 교육사
이만규 지음 | 750쪽 | 값 33,000원

 대한민국 교육혁명
교육혁명공동행동 연구위원회 지음 | 224쪽 | 값 12,000원

한국교육연구네트워크 번역 총서

 01 프레이리와 교육
존 엘리아스 지음 | 한국교육연구네트워크 옮김
276쪽 | 값 14,000원

 02 교육은 사회를 바꿀 수 있을까?
마이클 애플 지음 | 강희룡·김선우·박원순·이형빈 옮김
352쪽 | 값 16,000원

 03 비판적 페다고지는 세상을 변화시킬 수 있는가?
Seewha Cho 지음 | 심성보·조시화 옮김 | 280쪽 | 값 14,000원

 04 마이클 애플의 민주학교
마이클 애플·제임스 빈 엮음 | 강희룡 옮김 | 276쪽 | 값 14,000원

 05 21세기 교육과 민주주의
넬 나딩스 지음 | 심성보 옮김 | 392쪽 | 값 18,000원

 06 세계교육개혁: 민영화 우선인가 공적 투자 강화인가?
린다 달링-해먼드 외 지음 | 심성보 외 옮김 | 408쪽 | 값 21,000원

 대한민국 교사, 어떻게 가르칠 것인가?
윤성관 지음 | 320쪽 | 값 15,000원

 아이들을 어떻게 가르칠 것인가
사토 마나부 지음 | 박찬영 옮김 | 232쪽 | 값 13,000원

 아이들의 배움은 어떻게 깊어지는가
이시이 준지 지음 | 방지현·이창희 옮김 | 200쪽 | 값 11,000원

 모두를 위한 국제이해교육
한국국제이해교육학회 지음 | 364쪽 | 값 16,000원

 경쟁을 넘어 발달 교육으로
현광일 지음 | 288쪽 | 값 14,000원

 독일 교육, 왜 강한가?
박성희 지음 | 324쪽 | 값 15,000원

 핀란드 교육의 기적
한넬레 니에미 외 엮음 | 장수명 외 옮김 | 452쪽 | 값 23,000원

▶ 비고츠키 선집 시리즈
발달과 협력의 교육학 어떻게 읽을 것인가?

 생각과 말
레프 세묘노비치 비고츠키 지음
배희철·김용호·D. 켈로그 옮김 | 690쪽 | 값 33,000원

 성장과 분화
L.S. 비고츠키 지음 | 비고츠키 연구회 옮김
308쪽 | 값 15,000원

 도구와 기호
비고츠키·루리야 지음 | 비고츠키 연구회 옮김
336쪽 | 값 16,000원

 의식과 숙달
L.S 비고츠키 지음 | 비고츠키 연구회 옮김
348쪽 | 값 17,000원

 어린이 자기행동숙달의 역사와 발달 I
L.S. 비고츠키 지음 | 비고츠키 연구회 옮김
564쪽 | 값 28,000원

 분열과 사랑
L.S. 비고츠키 지음 | 비고츠키연구회 옮김
260쪽 | 값 16,000

 어린이 자기행동숙달의 역사와 발달 II
L.S. 비고츠키 지음 | 비고츠키 연구회 옮김
552쪽 | 값 28,000원

 관계의 교육학, 비고츠키
진보교육연구소 비고츠키교육학실천연구모임 지음
300쪽 | 값 15,000원

 어린이의 상상과 창조
L.S. 비고츠키 지음 | 비고츠키 연구회 옮김
280쪽 | 값 15,000원

 비고츠키 생각과 말 쉽게 읽기
진보교육연구소 비고츠키교육학실천연구모임 지음
316쪽 | 값 15,000원

 연령과 위기
L.S. 비고츠키 지음 | 비고츠키 연구회 옮김
336쪽 | 값 17,000원

 비고츠키와 인지 발달의 비밀
A.R. 루리야 지음 | 배희철 옮김 | 280쪽 | 값 15,000원

 수업과 수업 사이
비고츠키 연구회 지음 | 196쪽 | 값 12,000원

 교사와 부모를 위한 비고츠키 교육학
카르포프 지음 | 실천교사번역팀 옮김 | 308쪽 | 값 15,000원

▶ 창의적인 협력수업을 지향하는 삶이 있는 국어 교실
우리말 글을 배우며 세상을 배운다

 중학교 국어 수업 어떻게 할 것인가?
김미경 지음 | 340쪽 | 값 15,000원

 이야기 꽃 1
박용성 엮어 지음 | 276쪽 | 값 9,800원

 토론의 숲에서 나를 만나다
명혜정 엮음 | 312쪽 | 값 15,000원

 이야기 꽃 2
박용성 엮어 지음 | 294쪽 | 값 13,000원

 토닥토닥 토론해요
명혜정·이명선·조선미 엮음 | 288쪽 | 값 15,000원

 인문학의 숲을 거니는 토론 수업
순천국어교사모임 엮음 | 308쪽 | 값 15,000원

 어린이와 시
오인태 지음 | 192쪽 | 값 12,000원

 수업, 슬로리딩과 함께
박경숙·강슬기·김정욱·장소현·강민정·전혜림·이혜민 지음
268쪽 | 값 15,000원

▶ 남북이 하나 되는 두물머리 평화교육
분단 극복을 위한 치열한 배움과 실천을 만나다

 10년 후 통일
정동영·지승호 지음 | 328쪽 | 값 15,000원

 선생님, 통일이 뭐예요?
정경호 지음 | 252쪽 | 값 13,000원

 분단시대의 통일교육
성래운 지음 | 428쪽 | 값 18,000원

 김창환 교수의 DMZ 지리 이야기
김창환 지음 | 264쪽 | 값 15,000원

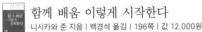

교육과정 통합, 어떻게 할 것인가?
성열관 외 지음 | 192쪽 | 값 13,000원

 동양사상에게 인공지능 시대를 묻다
홍승표 외 지음 | 260쪽 | 값 15,000원

 학교 혁신의 길, 아이들에게 묻다
남궁상운 외 지음 | 268쪽 | 값 15,000원

 프레이리의 사상과 실천
사람대사람 지음 | 352쪽 | 값 18,000원

 혁신학교, 한국 교육의 미래를 열다
송순재 외 지음 | 608쪽 | 값 30,000원

 페다고지를 위하여
프레네의 『페다고지 불변요소』 읽기
박찬영 지음 | 296쪽 | 값 15,000원

 노자와 탈현대 문명
홍승표 지음 | 284쪽 | 값 15,000원

 선생님, 민주시민교육이 뭐예요?
염경미 지음 | 244쪽 | 값 15,000원

 어쩌다 혁신학교
유우석 외 지음 | 380쪽 | 값 17,000원

 미래, 교육을 묻다
정광필 지음 | 232쪽 | 값 15,000원

 대학, 협동조합으로 교육하라
박주희 외 지음 | 252쪽 | 값 15,000원

 입시, 어떻게 바꿀 것인가?
노기원 지음 | 306쪽 | 값 15,000원

 학교 민주주의의 불한당들
정은균 지음 | 276쪽 | 값 14,000원

 교육과정, 수업, 평가의 일체화
리사 카터 지음 | 박승열 외 옮김 | 196쪽 | 값 13,000원

 학교를 개선하는 교장
지속가능한 학교 혁신을 위한 실천 전략
마이클 풀란 지음 | 서동연·정효준 옮김 | 216쪽 | 값 13,000원

 공자뎐, 논어는 이것이다
유문상 지음 | 392쪽 | 값 18,000원

 교사와 부모를 위한
발달교육이란 무엇인가?
현광일 지음 | 380쪽 | 값 18,000원

 교사, 이오덕에게 길을 묻다
이무완 지음 | 328쪽 | 값 15,000원

 낙오자 없는 스웨덴 교육
레이프 스트란드베리 지음 | 변광수 옮김 | 208쪽 | 값 13,000원

 끝나지 않은 마지막 수업
장석웅 지음 | 328쪽 | 값 20,000원

 대구, 박정희 패러다임을 넘다
세대열 엮음 | 292쪽 | 값 20,000원

 경기꿈의학교
진흥섭 외 지음 | 360쪽 | 값 17,000원

 학교를 말한다
이성우 지음 | 292쪽 | 값 15,000원

▶ 교과서 밖에서 만나는 역사 교실
상식이 통하는 살아 있는 역사를 만나다

 전봉준과 동학농민혁명
조광환 지음 | 336쪽 | 값 15,000원

 남도의 기억을 걷다
노성태 지음 | 344쪽 | 값 14,000원

 응답하라 한국사 1·2
김은석 지음 | 356쪽·368쪽 | 각권 값 15,000원

 즐거운 국사수업 32강
김남선 지음 | 280쪽 | 값 11,000원

 교과서 밖에서 배우는 역사 공부
정은교 지음 | 292쪽 | 값 14,000원

 팔만대장경도 모르면 빨래판이다
전병철 지음 | 360쪽 | 값 16,000원

 빨래판도 잘 보면 팔만대장경이다
전병철 지음 | 360쪽 | 값 16,000원

 영화는 역사다
강성률 지음 | 288쪽 | 값 13,000원

즐거운 세계사 수업
김은석 지음 | 328쪽 | 값 13,000원

 친일 영화의 해부학
강성률 지음 | 264쪽 | 값 15,000원

 강화도의 기억을 걷다
최보길 지음 | 276쪽 | 값 14,000원

 한국 고대사의 비밀
김은석 지음 | 304쪽 | 값 13,000원

 광주의 기억을 걷다
노성태 지음 | 348쪽 | 값 15,000원

 조선족 근현대 교육사
정미량 지음 | 320쪽 | 값 15,000원

 선생님도 궁금해하는
한국사의 비밀 20가지
김은석 지음 | 312쪽 | 값 15,000원

 다시 읽는 조선근대교육의 사상과 운동
윤건차 지음 | 이명실·심성보 옮김 | 516쪽 | 값 25,000원

 걸림돌
키르스텐 세룹-빌펠트 지음 | 문봉애 옮김
248쪽 | 값 13,000원

 음악과 함께 떠나는 세계의 혁명 이야기
조광환 지음 | 292쪽 | 값 15,000원

 역사수업을 부탁해
열 사람의 한 걸음 지음 | 388쪽 | 값 18,000원

 논쟁으로 보는 일본 근대교육의 역사
이명실 지음 | 324쪽 | 값 17,000원

 진실과 거짓, 인물 한국사
하성환 지음 | 400쪽 | 값 18,000원

 다시, 독립의 기억을 걷다
노성태 지음 | 320쪽 | 값 16,000원

▶더불어 사는 정의로운 세상을 여는 인문사회과학
사람의 존엄과 평등의 가치를 배운다

 밥상혁명
강양구·강이현 지음 | 298쪽 | 값 13,800원

 좌우지간 인권이다
안경환 지음 | 288쪽 | 값 13,000원

 도덕 교과서 무엇이 문제인가?
김대용 지음 | 272쪽 | 값 14,000원

 민주시민교육
심성보 지음 | 544쪽 | 값 25,000원

 자율주의와 진보교육
조엘 스프링 지음 | 심성보 옮김 | 320쪽 | 값 15,000원

 민주시민을 위한 도덕교육
심성보 지음 | 500쪽 | 값 25,000원
2015 세종도서 학술부문

 민주화 이후의 공동체 교육
심성보 지음 | 392쪽 | 값 15,000원
2009 문화체육관광부 우수학술도서

 교과서 밖에서 배우는 인문학 공부
정은교 지음 | 280쪽 | 값 13,000원

 갈등을 넘어 협력 사회로
이창언·오수길·유문종·신윤관 지음 | 280쪽 | 값 15,000원

 오래된 미래교육
정재걸 지음 | 392쪽 | 값 18,000원

 동양사상과 마음교육
정재걸 지음 | 356쪽 | 값 16,000원
2015 세종도서 학술부문

 대한민국 의료혁명
전국보건의료산업노동조합 엮음 | 548쪽 | 값 25,000원

 교과서 밖에서 배우는 철학 공부
정은교 지음 | 280쪽 | 값 14,000원

 교과서 밖에서 배우는 고전 공부
정은교 지음 | 288쪽 | 값 14,000원

 교과서 밖에서 배우는 사회 공부
정은교 지음 | 304쪽 | 값 15,000원

 전체 안의 전체 사고 속의 사고
김우창의 인문학을 읽다
현광일 지음 | 320쪽 | 값 15,000원

 교과서 밖에서 배우는 윤리 공부
정은교 지음 | 292쪽 | 값 15,000원

 카스트로, 종교를 말하다
피델 카스트로·프레이 베토 대담 | 조세종 옮김
420쪽 | 값 21,000원

 한글 혁명
김슬옹 지음 | 388쪽 | 값 18,000원

▶ 평화샘 프로젝트 매뉴얼 시리즈
학교 폭력에 대한 근본적인 예방과 대책을 찾는다

 학교 폭력 어떻게 만들어지는가
문재현 외 지음 | 300쪽 | 값 14,000원

 아이들을 살리는 동네
문재현·신동명·김수동 지음 | 204쪽 | 값 10,000원

 학교 폭력, 멈춰!
문재현 외 지음 | 348쪽 | 값 15,000원

 평화! 행복한 학교의 시작
문재현 외 지음 | 252쪽 | 값 12,000원

 왕따, 이렇게 해결할 수 있다
문재현 외 지음 | 236쪽 | 값 12,000원

 마을에 배움의 길이 있다
문재현 지음 | 208쪽 | 값 10,000원

 젊은 부모를 위한 백만 년의 육아 슬기
문재현 지음 | 248쪽 | 값 13,000원

 별자리, 인류의 이야기 주머니
문재현·문한뫼 지음 | 444쪽 | 값 20,000원

 우리는 마을에 산다
유양우·신동명·김수동·문재현 지음 | 312쪽 | 값 15,000원

▶ 살림터 참교육 문예 시리즈
영혼이 있는 삶을 가르치는 온 선생님을 만나다!

 꽃보다 귀한 우리 아이는
조재도 지음 | 244쪽 | 값 12,000원

 선생님이 먼저 때렸는데요
강병철 지음 | 248쪽 | 값 12,000원

 성깔 있는 나무들
최은숙 지음 | 244쪽 | 값 12,000원

 서울 여자, 시골 선생님 되다
조경선 지음 | 252쪽 | 값 12,000원

 아이들에게 세상을 배웠네
명혜정 지음 | 240쪽 | 값 12,000원

 행복한 창의 교육
최창의 지음 | 328쪽 | 값 15,000원

 밥상에서 세상으로
김흥숙 지음 | 280쪽 | 값 13,000원

 북유럽 교육 기행
정애경 외 14인 지음 | 288쪽 | 값 14,000원

▶출간 예정